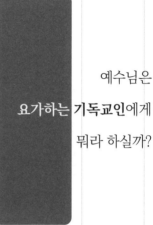

예수님은

요가하는 기독교인에게

뭐라 하실까?

예수님은
요가하는 기독교인에게
뭐라 하실까?

황창선 목사 지음

신앙과 건강을 함께 지키고 싶은

당신이 알아야 할 모든 것

꿈꿈

저자 : 　저는 남녀노소 기독교인들이 요가를 즐기는 세상을
　　　　꿈꿉니다. "몸만으로 이렇게 행복할 수 있다니! 몸
　　　　을 주신 하나님, 감사합니다." "요가하는 낙(樂) 때문
　　　　에 매일 행복합니다." "잔병치레에서 벗어나게 되었
　　　　습니다." 모두가 요가를 통해 몸이 주는 기쁨을 매일
　　　　실감하며 하나님께 감사드리는 모습을 상상합니다.
　　　　　허약했던 교회의 건강 인프라가 날로 좋아져 영과
　　　　육이 균형 있게 강건해집니다. 자연스레 모든 교회가
　　　　요가를 일상화합니다. 특히 주일엔 온 성도가 함께
　　　　요가를 합니다. 주일마다 영과 함께 육도 생기로 충
　　　　만해집니다.

청자 : 　맙소사! 정말 꿈같은 상상이네요. 기독교인들이 요가
　　　　를 해도 괜찮다는 말씀인가요?

저자 : 네. 괜찮습니다. 사실 이미 많은 기독교인들이 요가 강습에 참여하고 있는 게 현실입니다. 요가로 인해 신앙에 시험이 든 기독교인을 보셨는지요? 저는 아직 못 봤습니다. 오히려 목사님들의 반대 때문에 교회가 편협하다고 느끼며 시험에 드는 기독교인들은 보았습니다. 정확한 판단을 위하여 우선 팩트를 인식하는 것이 필요합니다.

청자 : **요가를 반대하는 목사님들이 다 틀렸다는 말인가요?**

저자 : 목사님들의 요가 반대는 성도님들이 신앙에 혼동을 일으킬까봐 염려하시는 마음에서 비롯되었습니다. 그분들의 선한 의도는 전적으로 존중합니다. 저도 전적으로 같은 마음이고요. 그러나 이러한 판단에 세 가지 결정적인 실수가 있기에 매우 안타깝습니다.

첫째, 현장 조사를 하지 않은 실수입니다. 요가 반대 목사님들은 요가원에서 무엇을 가르치고 배우는지 모르신 채로 반대하십니다. 요가의 종교적 이론과 현장의 실제를 구별하지 않은 것입니다. 이는 마치 한의학이 기독교의 세계관에 배치되는 음양오행설에 기초했으니 한의원에 가면 안 되고 한약을 먹어서도 안 된다고 주장하는 것과 비슷합니다. 일부 목사님들은 요가 행위를 이방신 숭배, 심지어 적그리스도의 행위라고까지 정죄합니다. 요가원 현장 경험이 있거나 적어도 현장을 아는 분이라면 그런 비판을 하지 못할 것입니다.

예수님은 요가하는 기독교인에게 뭐라 하실까?

둘째, 요가 반대 결론에 이르는 과정에 심각한 논리적 오류들이 있습니다. 현대인들은 논리적 오류가 있는 주장을 경시합니다. 이대로 방치하면 교회의 권위가 한층 더 추락할 것입니다.

셋째, 교회 지도자들의 요가 반대가 타종교 또는 무종교 요가인들의 마음을 매우 불편하게 만든다는 사실을 간과했습니다. 당연히 교회의 비호감도는 더욱 올라갔지요. 교회 지도자들이 전도의 문을 막은 셈입니다. 물론 요가가 진정 하나님의 진리를 훼손하고 성도님들의 신앙을 위험에 빠뜨린다면 목숨을 걸고라도 반대해야 합니다. 그러나 요가 반대는 실제 상황과 큰 괴리가 있습니다.

이상의 비판이 대부분의 목회자들에게는 해당하지 않습니다. 요가에 대한 목회자들의 입장은 아주 다양합니다. 요가 반대라는 공식적 입장에 동의하지 않는 목회자들이 의외로 많습니다. 그럼에도 공식적으로 부정적인 결정을 하게 된 배경이 있습니다. 요가 하는 교인들이 많아지자 이에 어떻게 대처해야 할지 문의가 있었고 이를 극소수 연구자에게 맡겼습니다. 그들이 현장 조사 없이 요가는 힌두교라는 결론을 내린 것이지요. 정보가 없었던 일반 목회자들은 그 결론에 놀라 연구자의 결론에 동의했을 뿐입니다. 결국 극소수 연구자의 과오를 모든 목회자가 짊어지게 된 셈이지요.

청자 : **저자께서는 요가를 잘 아신다는 말씀인가요? 다른 목사님들과의 차별성이 있다면 무엇인가요?**

저자 : 저는 목사이자 선교사인 동시에 요가인이며 요가교사이기도 합니다. 한평생 성경적 신앙을 보수(conserve)하는 일과 복음을 전하는 일에 열과 성을 다해 왔습니다. 또한 요가를 오래도록 즐겨왔을 뿐만 아니라 교회에서 요가를 가르치기까지 했습니다.

　얼핏 보면 양립할 수 없는 이중신분을 가지고 있는 셈입니다. 저는 "오직 예수"만이 생명이요 길이라고 믿습니다. 기독교 신앙의 순수성을 지키려 한다는 점에선 다른 목사님들과 동일합니다. 그러나 세 가지점에서 차별성이 있습니다.

　첫째, 저는 오랜 기간 요가를 해왔고, 한국과 인도에서 각각 요가교사 자격증을 획득했습니다. 둘째, 요가원 현장 체험이 다양합니다. 5개국(한국, 인도, 싱가포르, 이집트, 이란)에서 교습 현장을 경험했습니다. 셋째, 동국대학교 대학원 불교학과에서 인도불교를 전공하고 석사 학위를 받았습니다. 이때 요가와 관련이 깊은 힌두교와 그 철학도 연구했습니다.

청자 : 모든 종류의 요가가 다 괜찮은가요? 건강에 때문에 해보려고 해도 요가 이름들이 너무 많아서 선택이 어렵습니다.

저자 : 요가 이름에 주목하신 걸 보니 실질적인 고민을 해보신 분이군요. 문화센터나 피트니스센터 요가는 대체로 건강체조 수준이니 어떤 이름을 내걸었든지 그리 염려하지 않으셔도 됩니다. 하지만 특별한 이름을 내건 전문요가원은 자세히 알아볼 필요가 있습니다.

요가원들도 시장경제 원리를 따릅니다. 자유경쟁과 수요공급의 원리가 작동하지요. 결국 소비자의 욕구 충족이 관건(crux)인데, 요가 소비자 대다수의 초점은 건강과 몸매입니다. 아무리 다양한 이름을 내걸었더라도 실지 내용은 그리 다양하지 않습니다.

청자 : **요가하는 기독교인, 요가하는 교회…. 그거 종교혼합주의(syncretism) 아닌가요? 요가와 신앙이 과연 병존할 수 있을까요?**

저자 : 저는 결코 종교혼합주의를 지향하지 않습니다. 무슨 일에든 기독교 신앙을 순전하고 확고하게 지키는 것이 저의 대전제입니다. 대전제 하에서 질문에 직답합니다. 신앙과 요가는 병행이 가능합니다. 요가에는 종교의 영역도 있고 과학의 영역도 있는데, 과학적 영역만 취하는 것이 가능하다는 말씀입니다.

저의 요가 접근방법은 "혼합"이 아니라 "접목

(grafting)"입니다. 접목은 두 나무를 이어붙이는 것입니다. 접목은 방법과 목적이 다양하지만, 일반적으로 좋은 열매를 얻기 위함이지요.

여기에 두 나무가 있습니다. 하나는 밑동의 생명력은 왕성하나 열매가 형편없습니다. 다른 하나는 밑동은 허약하지만 좋은 열매를 맺습니다. 이런 경우, 좋은 열매 나무의 가지("접지")를 잘라 생명력 왕성한 나무("대목")의 가지에 접붙입니다. 이러면 접지의 열매가 달립니다. 대목은 영양분만 잘 공급할 뿐입니다. 저는 "요가는 대목, 접지는 기독교 신앙"의 구조가 가능하다고 봅니다.

어떤 분들은 요가가 대목(뿌리와 몸통)이 되는 것을 께름칙해 합니다. 그러나 접목한 나무가 무슨 나무로 불리며 무슨 열매를 맺는지를 생각하면 안심할 수 있을 것입니다. 고욤나무는 그 왕성한 생명력 때문에 감나무의 대목으로 사용됩니다. 이렇게 접목된 나무는 감나무로 불리지, 고욤나무로 불리지 않습니다. 물론 열매도 감나무 열매가 맺히고요.

청자 : **요가의 뿌리가 힌두교인 걸로 알고 있습니다. 이교에 뿌리를 둔 행위를 교회에서 행하면 그것이야말로 배교 행위가 아닙니까? "그리스도와 벨리알이 어찌 조화"(고린도후서 6:15)될 수 있나요?**

예수님은 요가하는 기독교인에게 뭐라 하실까?

저자 :   혹시 기독교인은 병원이나 약국에 가면 안 된다고 생각하시나요? 신앙 때문에 한의원에 가지 않고 한약도 안 드시나요? 서양 의학의 바탕은 유물론이고, 한의학의 뿌리는 음양오행설이니까요. 유물론이나 음양오행설은 성경적 우주관이나 인간론에 위배됩니다.

만약 아플 때 병원 또는 한의원에도 가고 약도 드신다면, 이미 접목 모델을 취하신 것입니다. 그렇게 해서 신앙에 지장이 생겼나요? 접목은 혼합과 다릅니다. 일단 접목을 하고 나면, 뿌리와 몸통은 접지로 인한 열매의 나무가 됩니다. 요가가 힌두교의 뿌리에서 나온 것은 맞지만 접목하면 기독교의 것이 되어 버립니다.

기독교의 2대 절기인 성탄절과 부활절도 접목된 것입니다. 하지만 성탄절과 부활절이 있음으로 해서 우리의 신앙이 얼마나 풍성하고 돈독해집니까. 혼합은 절대로 안 됩니다. 제대로 된 접목은 신앙생활을 더욱 윤택하게 합니다.

굳이 따지자면, 요가가 기독교 신앙에 주는 폐해 수준은 많이 잡아야 서양의학과 한의학 정도입니다. 한국에서는 요가로 인한 부정적인 영향력이 의학의 신앙적 부작용보다 약합니다. 접목의 폐해를 논해야 한다면, 요가보다 더 많이 보편화된 의학의 폐해를 먼저 논하는 것이 이성적인 순서입니다.

청자 : 성경에 빛과 어둠이 어찌 사귈 수 있겠냐고 했습니다 (고린도후서 6:14). 또한 악은 어떤 모양이라도 버리라고 말씀합니다(데살로니가전서 5:22). 요가가 어둠의 세력이 아닌가요? 어둠과 악의 가능성이 있는 것은 멀리할수록 좋은 게 아닙니까?

저자 : 비슷한 질문이 계속되네요. 질문에 대한 대답은 "Yes and No"입니다.

기독교인들이 빛 가운데 있어야 하고 악을 척결해야 한다는 것엔 "Yes"입니다. 예수님이 바로 "참빛"(요한복음 1:9)이시고, 기독교인들은 그 빛을 받아 비추는 세상의 빛이 되어야 함은 명백하니까요. 또한 예수님이 최고의 선이시기에 기독교인이라면 악을 척결해야 합니다.

그러나 요가를 단순히 악으로 치부하고, 요가를 멀리해야 한다는 주장엔 "No"입니다. 요가가 기독교적인 관점에서 전적으로 선이라는 뜻은 아닙니다. 전적인 선은 오직 예수님 한 분뿐이니까요. 요가에는 선한 면도 있고 악한 면도 있습니다. 선한 면을 무시하고 악한 면을 전체화하여 판단하면 오류에 빠지기 때문에 "No"입니다.

선과 악에 대한 기독교적인 태도를 가지려면 선과 악에 대한 기독교적인 개념을 먼저 명확히 알아야 합니다. 기독교인들은 세상의 개념과 동일한 수준에 머무르면 안 됩니다. 기독교의 선과 악 개념은 그 이상

예수님은 요가하는 기독교인에게 뭐라 하실까?

이기 때문입니다.

악은 멀리할수록 좋다는 자세는 비기독교적이기 때문에 "No"입니다. "예수님이 악을 멀리하기만 하셨나요?" "예수님이 악인은 절대로 가까이 오지 못하게 하셨나요?" 만약 그러셨다면 하늘 보좌를 버리고 죄악이 만연한 이 땅에 오시지 않았을 것입니다.

예수님은 세리와 창녀 및 각종 죄인들을 가까이 하셨습니다. 심지어 예수님은 악의 결정체인 사탄과도 만나시고 대화해주셨습니다. 광야의 시험에서도, 십자가에서도 악을 적극적으로 마주하셨습니다. 사탄 최고의 악한 무기, 즉 죽음까지도 품으셨습니다. 죽음을 그대로 다 받아내셨다는 말씀입니다. 그렇게 하심으로써 사망의 쏘는 권세(고린도전서 15:55)를 무력화하셨습니다.

"악은 어떤 모양이라도 버리라."(데살로니가전서 5:22)는 사도 바울의 말씀을 삶에 적용하려면, 최고의 선이신 예수님이 모든 판단의 규범이 되어야 합니다. 즉 예수님이 악을 단순히 멀리하신 분이 아니라는 사실이 판단에 녹아들어야 한다는 말씀이지요. 이것을 소홀히 하면 기독교적인 판단에서 벗어나게 됩니다. 불행히도 실지로 자주 일어나는 사례입니다.

청자 : 상당히 독특한 견해로군요. 서양에서 유행하는 "크리스천 요가"를 꾀하시는 건가요? "크리스천 요가"는 안전한가요?

저자 : 오, 절대로 아닙니다! 그게 오히려 더 위험할 수 있습니다. 서양에서 유행하는 "크리스천 요가(Christian Yoga)" 또는 "홀리 요가(Holy Yoga)"는 다분히 종교 혼합주의 방향을 띠고 있기 때문입니다. 그들 또한 신앙을 지키고자 했습니다. 나아가 요가를 기독교화 하려는 포부가 있었지요. 그러나 결과는 기독교가 요가에 흡수되는 모습을 보이고 있습니다. 그래서 크리스천 요가는 위험합니다.

청자 : 목사님은 무엇이 좋아서 그토록 요가를 고수하시나요? 건강을 위한 운동이라면 다른 것도 있지 않나요? 요가를 주제로 책까지 쓰신 이유가 무엇인가요?

저자 : 두 가지 이유가 있습니다. 첫째는 건강 효과 때문입니다. 요가가 널리 보급되고 있는 오늘날의 현실 그 자체가 건강효과의 증거입니다. 건강 효과가 없다면 요가가 이토록 인기가 있겠습니까? 또한 요가는 다른 운동에 비해 교회에서 하기에 탁월한 점을 가지고 있습니다. 교회는 속히 건강 유지 및 증진 활동에 적극적으로 나서야 합니다. 건강은 예수님의 3대 관심사였으니까요.

　　둘째 이유는 사회적인 "뜨거운 감자"를 다루는 기

독교적 샘플을 제시하고 싶기 때문입니다. 미묘한 사회적 문제일수록 "오직 예수"의 관점과 심정으로 다루어야 인류의 행복이 고양됩니다. 아쉽게도, 교회가 사회적 "뜨거운 감자"를 취급할 때 그리스도의 향기를 발하지 못할 때가 많습니다. 최근으로 올수록 오히려 일부 교회는 성경의 진의를 왜곡하여 세상과 동떨어진 주장을 하거나 편중된 세상적 관점과 방법을 사용하곤 합니다. 그래서 교회가 스스로 비호감 반열에 섭니다. 참으로 안타깝습니다. 이러한 상황을 개선하는 데에 이 책을 통하여 작은 힘을 보태고 싶습니다.

나아가 한국 교회의 회복을 위하여 제가 오래 전부터 꿈꿔 온 "프로테스탄트 공의회"의 마중물이 되기를 간절히 소망합니다. 프로테스탄트 공의회란, 커다란 사회적 이슈들에 대해 목회자만이 아니라 각계각층의 전문가들이 긴 시간 머리를 맞대고 해결책을 모색하여 제시하는 모임을 뜻합니다. 그 대표적인 특징은 학제적(interdisciplinary) 접근, 다양한 입장 고려, 장기적 안목의 통전적 결론, 목양적 배려입니다. 대전제는 "오직 예수" 신앙이고요. 공의회의 결론은 교회공동체는 물론 우리 사회가 나아가야 할 길을 가리키는 이정표가 될 것입니다.

오늘날은 교회 내적인 뜨거운 감자도 많고, 사회적인 뜨거운 감자도 많습니다. 교회 내적으로는, 무너진 교회의 각종 인프라 재구축(예: 도덕 인프라, 사회지도력 인프라, 선진 학문 수용 및 격려 인프라, 전도 인프라 등), 교회가 사회에서 그리스도의 향기를 발하는 길, 젊은 세대의 교회 외면 극복 등이 시급한 주제입니다. 대사회적인 주제로는, 소유 및 신분의 양극화, 성장과 분배의 조화, 갑질 문화 근절, 남녀평등, 소수자 차별, 동성애, 육아와 직장, 아동 학대, 낙태, 생태계 파괴, 환경 오염, 기후 문제, 과학과 종교의 대립, 4차산업혁명 시대에서의 소외자 문제, 노년의 행복한 삶, 경제 및 군사 강국의 횡포, 인종차별, 좌파와 우파의 갈등, 남북대결의 해결책 등등이 있습니다.

이러한 문제들에 대해 많은 이가 공감하며 따를 수 있는 길, 그리스도의 향기가 나는 길을 교회가 제시하고 실천의 본을 보일 수 있다면 얼마나 좋겠습니까? 이상의 주제들보다 무게는 덜하지만, 오늘날 간과할 수 없는 주제인 요가와 신앙의 갈등을 해결하고자 책을 썼습니다. 이 책이 교회 및 사회의 뜨거운 이슈를 해결하는 하나의 샘플이 되기를 소망합니다.

청자 : 이 책은 누구를 위한 책인가요? 쓰실 때 특별히 의식하신 사람들이 있나요?

저자 : 우선 저에게서 요가를 배우신 성도님들입니다. 사회에는 요가 붐이 계속되고 있지만, 교회의 공식적인 반대 입장은 한층 더 완고해지는 형편입니다. 혼란을 겪으실 그분들이 눈에 밟힙니다.

나아가 교회의 반대 때문에 불편한 마음으로 요가를 계속하시는 많은 기독교인들도 포괄합니다. 성도로서 얼마나 마음이 불편하겠습니까?

교회의 요가 반대에 개의치 않고 요가를 계속하시는 기독교인들에게도 이 책은 유익합니다. 혹시라도 있을 수 있는 이교적 가르침에 아무런 대비 없이 노출되면 안 되니까요. 기독교인으로서 요가를 어떻게 생각해야 하는지, 무엇을 주의해야 하는지 알아야 합니다.

다음으로, 교회의 요가반대로 말미암아 기독교에 대해 마음 문을 닫은 분들을 의식했습니다. "가나안 성도"까지 포함됩니다. 아시다시피 교회에 "안 나가"를 거꾸로 써서 "가나안"입니다. "가나안"은 원래 하나님의 약속의 땅, 성도의 소망의 땅을 지칭합니다. 어찌하다가 이 좋은 용어가 이렇게 우울하게 사용되는 지경에까지 왔는지….

요가지도자들에게도 이 책은 유익합니다. 요가 선생님들은 기독교인 수련생들이 신앙적으로 무엇을 염려하는지를 아는 것이 중요합니다. 교습 중 무심코 한 말로 인해 불필요한 반감이 생기는 것을 피할 수 있기 때문입니다. 나아가 요가원 서가에 이 책이 꽂혀 있다면, 처음 요가원을 찾는 기독교인들이 편안함을 느끼며 그 친절함에 감동할 것입니다.

교회 지도자들 특히 목사님들을 의식하며 이 책을 썼습니다. 대부분의 목사님들은 불철주야 성도님들이 잘 되기를 고심하는 분들입니다. 성도님들이 험한 세상을 신앙적으로 아름답게 살아내기를 간절히 간절히 소망하며 헌신하는 분들입니다. 목사님들의 판단은 성도님들께 지대한 영향을 줍니다. 이모저모로 사회에도 영향을 끼칩니다.

이 책은 교회 지도자들이 요가의 실질적 위상을 일목요연하게 파악하는 데에 필요한 정보를 제공합니다. 요가하는 기독교인들을 적절히 지도하는 길도 실려 있습니다. 하지만 이 책이 완벽한 결정체라고 생각하지 않습니다. 추후 다른 목회자들과 함께 더 바람직한 길을 모색할 수 있다면 참 기쁠 것입니다.

청자 : 단도직입적으로 묻고 싶습니다. 타종교에 대한 저자의 입장은 무엇입니까? 다소 애매한 점이 느껴져서입니다. 혹시 종교다원주의자가 아니신지요?

저자 : 저는 종교다원주의자(religious pluralist)가 전혀 아닙니다. 그렇다고 배타주의자(exclusivist)도 아닙니다. 흔히 독실한 신앙은 배타주의여야 한다고 생각하는 경향이 있습니다. 그러나 "오직 예수" 신앙으로 독실하다면 배타주의자가 될 수 없습니다. 예수님이 배타주의자가 아니었기 때문입니다. 만약 하나님이신 예수님이 배타주의자였다면 결코 이 땅에 오셔서 인간이 되지 않으셨을 것입니다.

종교다원주의자도 아니고 배타주의자도 아니라면, 소위 포괄주의(inclusivism)나 신중심주의(theocentrism)의 입장인가라는 생각을 하실지 모릅니다.[1] 저는 이 둘도 아닙니다. 이유는 간단합니다. 예수님이 아니셨기 때문입니다. 타종교에 대한 그리스도인의 입장은 "오직 예수"께서 취하신 입장이어야 한다는 얘기로 마무리하겠습니다. 그것이 무엇인가에 대해서는 이 책 전체에 걸쳐서 '케노시스'(예수의 자기비움; 빌립보서 2:7)라는 용어로 풀어가고자 합니다.

청자 : 이 책의 특징은 무엇인가요? 저자의 의도와 시각으로 보면 책이 더 잘 보일 것 같아서요.

저자 : 이 책의 특징은 무엇보다도 내용이 많고 깁니다. 그 이유는 이 책의 목적과 방법론 때문입니다. 집필 목적이 "기독교 신앙과 요가의 갈등 해소" 및 "기독교적 판단모델 제시"입니다. 이 문제를 풀어내기가 녹록치 않아 길어졌습니다. 교회가 사회의 "뜨거운 감자"를 다루려면 철저하게 다루어야 한다는 소신도 반영되었습니다.

교회의 공식적인 결정은 요가 금지이지만 사실 목사님들의 의견은 다양합니다. 많은 분들이 금지는 과하다고 느낍니다. 요가하는 기독교인들을 포함해서 현장 요가인들은 그 결정의 당위성을 전혀 인정하지 않습니다. 교회의 결정이 사회적인 공감과 동의를 얻지 못하고 있습니다. 사회가 교회를 혐오할 이유 하나가 추가되었을 뿐입니다. 참으로 불행하고 안타까운 일입니다.

한국의 초기 기독교와는 달리 세월이 지날수록 교회의 판단이 사회적 공감을 잃어가고 있습니다. 예수님께서 교회에 위탁하신 "세상의 빛"(마태복음 5:14)이 되라는 사명이 무색해지는 모습입니다. 조금 더 보편적 공감과 동의를 얻을 수 있는 기독교적 판단모델이 생겨야 합니다.

이를 위하여 신학의 각 분야만이 아니라 요가철학

과 현대철학, 종교학, 생물학 및 의학 등을 넘나드는 학제적(interdisciplinary) 접근이 필요했습니다. 핵심 주제와 관련이 있는 주변 주제들, 이론만이 아니라 현장 지식 및 정보, 기독교의 핵심적인 가르침과 그것의 실제적인 적용 등 포괄적인 소재들을 깊이 있게 다뤄야만 했습니다.

마지막 특징은, 이 책이 요가를 매개로 한 예수님에 대한 얘기요, 저의 신앙고백이라는 점입니다. 예수님이 얼마나 크신 분인지, 얼마나 좋은 분인지, 종교불문하고 얼마나 매력적인 분인지를 그려내려고 노력했습니다.

독자 유형별 책 읽기 가이드

갈등 없이 요가하는 기독교인이라면,

　　　서문만 정독해도 무방합니다. 본문은 자유롭게 보세요.

요가하며 늘 걱정이 많던 기독교인이라면,

　　　서문에 이어, 2부로 건너 뛰세요. 그리고 4부를 보세요.

교회 반대로 요가를 꺼리던 기독교인이라면,

　　　1부를 먼저 읽고, 서문, 2부, 4부, 3부 순으로 보세요.

교단과 함께 요가를 반대하는 목회자라면,

    책 순서대로 통독을 권합니다만 바쁘시면 2부만 보세요.

교단과 달리 요가에 거부감이 없는 목회자라면,

    순서는 무방하나 3부는 빼놓지 말고 보세요.

이참에 요가를 탐구해 보고픈 목회자라면,

    책을 천천히 순서대로 보시고 참고도서도 찾아보세요.

기독교에 관심 많은 요가지도자라면,

    2부의 후반부, 3부의 후반부, 4부의 후반부를 보세요.

우연히 이 책을 만난 요가지도자라면,

    가벼운 마음으로 서문을 살펴보시고, 밑줄 친 문장만 보세요.

단지 요가인이라면,

    밑줄 친 문장들만 찾아 스르륵 읽어 보세요. 5분도 안 걸려요.

건강 때문에 요가를 더 잘 알고 싶은 분이라면,

    4부를 보세요, 두 번 보세요. 그리고 1부를 보세요.

차례

2부 요가 비판에 대한 비판₁₀₆

3부 요가 옹호에 대한 비판₁₆₄

4부 건강과 요가 그리고 신앙 248

1부

먼저 알아야 할,
기독교와 요가의 본질

저는 목사이자 선교사입니다

저는 목사입니다. 고등학교 1학년 때(1972년) 교회에 첫발을 디뎠습니다. 저의 모교(신일고)는 미션스쿨인데, 매 학기 초에 3일간 수업 대신 수양회를 가졌습니다. 첫 수양회의 감동으로 인해 신학을 해야겠다는 결심을 했습니다. 신학을 전공하려면 세례가 조건이어서 교회에 나가게 되었지요. 이렇게 가슴의 감동으로 내딛은 신학의 발걸음이 점점 지적인 방황의 발걸음으로 변모되었습니다. 그때부터 하나님을 찾는 몸부림이 시작되었습니다. 10여 년이 지날 즈음, 하나님을 소리 내어 부를 수조차 없는 영적 기아상태에 처했습니다. 영적 방황의 극단에서 한 신부님의 도움으로 예수 그리스도를 인격적으로 만났습니다. 3일을 수도원에서 지내며, 회개하며 울었고 행복해서 울었습니다. 그때서야 비로소 저의 삶을 주님께 드리기로 결심했습니다. 이렇게 저는 목사가 되었습니다.

저는 선교사입니다. 신학대학원(장신대) 3학년 때 인도네시아로 비전트립을 다녀왔습니다. 그때 만났던 아이들의 눈망울이 점점 더 또렷해졌습니다. 그 눈망울이 종국에는 주님의 눈망울로 변했습니다. 처음에는 당혹스러웠지만 주님을 생생히 만날 수 있는 곳이 있다는 생각이 들면서 마음 설렘으로 변해갔습니다. 결국 주님이 부르시는 곳, 인도네시아로 가기로 결정했습니다. 총회(예장통합)가 요구하는 소정의 훈련과정을 거친 후, 1992년 10월 인도네시아로 파송되었습니다. 이렇게 복음전파의 선봉에 선 지도 올해로 벌써 30년이 되었습니다.

저는 요가인이며 요가교사입니다

저는 요가인입니다. 요가를 처음 접한 것은 중학교 시절입니다. 태권도장엘 다녔는데 당시 요가와 태권도의 결합을 처음 시도한 특별한 도장(통일관)이었습니다. 준비운동으로 요가를 가르쳤으니까요. 이후 들쑥날쑥했지만 요가를 계속 가까이해왔습니다. 한국에서 다녔던 요가원이 네 곳이고, 선생님도 네 분을 경험했습니다. 17년째 살고 있는 싱가포르에서는 다양한 요가원들과 훨씬 더 많은 선생님들을 경험할 수 있었습니다.

싱가포르에는 요가수련을 위한 흥미로운 제도가 있습니다. 대학교의 강의선택 제도와 유사하다고 할까요? 한 요가단체의 회원이 되면, 그 단체에 속해 있는 여러 요가원에 다닐 수 있습니다. 홈페이지를 보고 선생님과 장소와 시간을 선택하여 참석하면 됩니다. 덕분에 각종 요가를 섭렵할 수 있었습니다. 동일 종류라도

예수님은 요가하는 기독교인에게 뭐라 하실까?

선생님에 따라 많이 다를 수 있음도 알게 되었지요. 싱가포르에서 하타요가, 빈야사요가, 고전요가, 타바요가, 파워요가, 코어요가, 인요가, 명상요가 등을 경험했습니다. 그곳 프로그램에는 필라테스도 포함되어 있었습니다. 특색이 다른 세 분의 선생님을 통해 필라테스도 배웠지요. 요가와 필라테스의 차이를 몸으로 터득할 수 있었습니다.

하지만 수련생 정도로는 만족할 수 없어서 아쉬움이 더해갔습니다. 2015년 안식년을 기해 한국요가연수원 지도자과정(31기)에서 6개월의 훈련을 거쳐 요가교사 자격증을 획득했습니다. 연수원 원장이신 이태영 박사님은 전공인 인도철학을 바탕으로 하면서도 요가를 한의학적 시각에서 심도 있게 재해석한 분으로 정평이 난 분입니다. 덕분에 이전에 알지 못했던 새로운 지평을 열었습니다.

2016년엔 방갈로르(Bangalore) 소재 S-Vyasa대학교로 갔습니다. 인도의 대표적인 요가특화교육기관입니다. 특히 요가의 대스승으로 추앙받는 비베카난다(Vivekananda, 1863~1902)를 계승하고 있다는 자부심이 아주 강한 학교입니다. 요가의 영역을 세분화한 전공이 다양하며 박사과정까지 설치되어 있습니다. 특히 현대의학을 통해 요가를 설명하고 그 효과를 입증하려는 노력이 대단합니다. 요가 치유원도 가지고 있습니다.

저는 이 대학의 요가지도자 교육과정(YIC = Yoga Instructor's Course)에 들어갔습니다. 새벽 5시 반에 첫 요가실습으로 시작하여 저녁 7시 반까지 수업이 진행되었습니다. 매우 타이트한 과정이었습니다. 세 번의 필기시험, 세 번의 실기시험, 시범교안 제출 및 그룹 교습시험, 한 편의 소논문 제출 및 발표와 토론 과정을 거친 후에 국제요가지도자 자격증을 획득했습니다. 이렇게 저는 목사인 동시에 요가교사가 되었습니다.

이중신분은 가능합니다

세상에서 가장 모순적인 이중신분을 가지신 분은 "예수 그리스도"[2]입니다. 참 하나님이신 동시에 참 인간이라는 극한모순의 이중신분을 가지신 분입니다. 하나님이 인간을 사랑하셔서 인간이 되셨다는 "성육신(成肉身, incarnation)"은 기독교 신관의 독특한 핵심이지요.

이러한 예수 그리스도를 믿고 따르는 사람들이 그리스도인입니다. 그리스도를 믿는다는 것은 자기의 삶을 그리스도께서 주관하시도록 자신을 내어드리는 것을 의미합니다. 그리스도인들은 어떤 모양의 신분을 가져야 할까요? 예수님처럼 이중신분을 갖게 되는 것이 자연스럽지 않을까요? 위선자로서의 이중신분 말고, 사랑하기 때문에 가지게 되는 이중신분 말이지요.

그럼에도 교회는 오랜 역사속에서 이중신분을 회피하는 경향을 종종 드러내왔습니다. 상극의 이중신분은 모순이기 때문이지요. 인간은 본능적으로 모순을 회피합니다. 또한 자기가 모시는 신의 신성을 높이는 본능도 발휘되었습니다. 그래서 "오직 예수"라는 명분을 내세웠지만, 실상은 예수의 이중신분, 즉 예수의 본질적인 모습을 오히려 가리는 경우가 많았습니다. 매우 안타까운 아이러

예수님은 요가하는 기독교인에게 뭐라 하실까?

니일 뿐만 아니라 사실상 치명적인 아이러니입니다.

바울은 그리스도인이 이중신분을 갖게 되는 근거를 이렇게 표현했습니다.

> 내가 그리스도와 함께 십자가에 못 박혔나니 그런즉 이제는 내가 사는 것이 아니요 오직 내 안에 그리스도께서 사시는 것이라. 이제 내가 육체 가운데 사는 것은 나를 사랑하사 나를 위하여 자기 자신을 버리신 하나님의 아들을 믿는 믿음 안에서 사는 것이라. (갈라디아서 2:20)

예수님의 모든 활동은 성육신적 사랑 즉 이중신분을 통한 사랑의 구현이 가장 두드러진 특징입니다. 예수님의 이중신분은 단순한 양립이 아닙니다. 무한하신 하나님과 유한한 인간은 양립될 수 없습니다. 그럼에도 그 이중신분은 예수님의 "케노시스" 즉 자기 비움(빌립보서 2:7)이라는 특별한 작용으로 가능해집니다.

그리스도인이란 자기 안에 거하시는 예수님이 이중신분을 통하여 성육신적 사랑을 펼치시도록 자신을 내어드리는 사람들입니다. 그렇기에 그리스도인은 이중신분 취하기를 회피해서는 안 됩니다. 모순을 용납하지 않는 인간의 본능에 매여 이중신분을 거부하는 것은 오히려 그리스도의 뜻을 거스르는 일이 됩니다.

인간의 논리로 이중신분 불가냐 아니냐를 따지는 것은 중요한 일이 아닙니다. 예수님의 성육신이 담기느냐, 그래서 그리스도의 향기가 발해지느냐가 중요합니다. 성육신적 사역을 위해서라면 이중신분은 얼마든지 양립가능입니다. 오히려 필수적입니다. 기독교적 믿음의 세계지요.

부모의 자식 사랑에서 유비를 찾아봅니다. 여기에 어린 아기와 엄마가 있습니다. 논리적 시각에서는 엄마는 엄마이고, 아기는 아기입니다. 그러나 사랑의 시각에서 엄마는 엄마인 동시에 아기입니다. 엄마 자신의 생각과 감각이 있음에도 그것을 비우고 그 자리에 아기의 생각과 감각으로 채웁니다. 아기가 만족을 느끼면 엄마도 만족을 느끼고, 아기가 아프면 엄마도 아픕니다. 사랑 때문에 엄마는 엄마이자 동시에 아기입니다.

제가 한국요가연수원에서 요가지도자 훈련을 받을 때의 에피소드 하나를 소개합니다. 연수원 홈피 공지사항(220번)입니다.

작성일 : 15-07-24 07:28

특강: 황창선 목사님이 전하는 지혜(31기 지도자 교육생)

글쓴이 : 교육원장, 조회 : 551

한국요가연수원이 요가 중급과정인 지도자과정을 개설한 이래로 다양한 분야에서 많은 분들이 다녀가셨다. 학생, 직장인, 무술인, 주부, 스님, 교수, 의사, 한의사 등등. 종교적으로도 기독교, 가톨릭, 불교 등 다양한 종교를 가지고 계신 분들이 다녀가셨다. 그런데 목사님과 신부님은 한 번도 우리 교육과정에 오신 적이 없었다.

31기에 60대 목사님 한분이 남대문 수련원을 통해 지도자과정을 들어오셨다. 개인적으로 이분의 이력을 보고 입학허용에 대해 내심 망설임이 많았다. 왜냐하면 이분의 학문적 이력, 오랜 성직생활, 연세 등으로 봤을 때 영적수행 측면에서는 우리가 가르침을 받아야 할 입장에 있었기 때문이다.

이분의 성함은 황창선 목사님이다. 누구보다도 열심히 교육에 임하시고 겸손한 자세로 배우셔서 교육을 진행하는 입장에서 항상 긴장감이 먼저 들기도 한다.

31기 졸업이 얼마 남지 않은 시점에 목사님께 조심스럽게 특강을 부탁 드렸다. 왜냐하면 우리가 인도철학이나 불교는 항상 접할 수 있지만 요가를 이해하시는 목사님을 만나서

예수님은 요가하는 기독교인에게 뭐라 하실까?

지혜를 나누기는 쉬운 인연이 아니기 때문이다. 이번 특강에서 요가를 사랑하는 목사님이 말씀하시는 기독교를 이해 할 수 있는 좋은 계기가 될 것 같다.

교육원장 최규백 합장

특강 일정

일시와 장소: 8월 8일(토), 낙성대 본원

10:00-11:00 제1강: "즐거움(樂)과 아름다움(美)이 있는 교육방법"

11:00-11:10 휴식

11:10-12:00 제2강: "철학적 신(神)과 기독교의 하나님"

* 기독교에 대한 질문이 있다면 사전에 개인적으로 목사님 이메일로 보내시면 강의에 반영하고 답변도 하신답니다. (hwang*******@gmail.com)

* 카톡 질문도 괜찮다고 하십니다. 010-57XX-22XX

훈련생들 중에는 비기독교인이 더 많았고 기독교에 호의를 보이지 않은 분들도 계셨습니다. 하지만 제가 철저한 그리스도인인 동시에 진심으로 요가에 임하는 요가인이었기에 하나님을 소개할 수 있는 이런 기회가 주어졌다고 생각합니다. 교육원장님은 독실한 불교인이셨습니다. 그럼에도 기독교 목사를 존중하시고 기독교 진리를 진심으로 탐구하시는 큰 그릇의 풍모를 보여 주셨습니다. 기독교의 마음이 그분의 마음보다 작다면 어찌 그리스도를 드러낼 수 있겠습니까? "너희 안에 이 마음을 품으라 곧 그리스도 예수의 마음이니... 오히려 자기를 비워 종의 형체를 가지사 사람들과 같이 되셨고"(빌립보서 2:5, 7). 그리스도인은 예수님의 케노시스(자기 비움)을 본받아 이중신분에 대한 두려움을 사랑으로 물리쳐야 합니다.

"오직 예수"라는 시금석

시금석(touchstone)이란, 원래 귀금속의 진위와 순도를 판정하는
데에 사용하는 특수한 돌을 지칭합니다. "어떤 것의 진위를 가리
고 순도를 판별하는 기준"이지요. 이 책에선 "기독교인의 신앙, 생
각, 삶을 판별하는 기준"이라는 뜻으로 사용합니다. 특히 요가에
대한 입장을 점검하고 판단하는 기준이 될 것입니다. 시금석 여섯
개를 제시하지만, 그 바탕에는 모두 "오직 예수"가 깔려 있습니다.
기독교의 근본 가르침과 직결되기에 다소 신학적이고 교리적인
내용을 피할 수 없어 미리 양해를 구합니다.

상식적 논리가 통하는가?

기독교인들이 어떤 주장을 펼치기에 앞서 반드시 살펴봐야 하는
것이 "상식적 논리"입니다. 기독교인들 특히 기독교지도자들의 주
장이 사회에서 긍정적인 반향을 이끌어내지 못하는 시대적 상황
을 고려했습니다. 그간 기독교인들이 상식적 논리를 종종 경시했
기 때문이지요.

상식적으로 무모한 일을, 교회에서는 "믿음이 좋다."고 여기는 경우가 때때로 있습니다. 신문에 보도된 얘기입니다. 어떤 교회가 믿음을 빙자해서 감당할 수 없는 빚으로 교회건물을 지었습니다. 빚 때문에 교인들이 떠나갑니다. 빚을 견디지 못한 교회는 새로 지은 교회당을 매각하고 맙니다. 건물의 매입자는 그 교회가 그토록 경계했던 이단종교단체였음에도 말입니다. 가슴 아픈 일입니다. 교회당 건축을 상식적 논리로 판단했더라면 하는 아쉬움이 남습니다. 물론 신앙적인 사역은 상식적 논리로만은 이룰 수 없습니다. 분명히 상식적 논리를 초월하는 영역이 있습니다. 그러나 그 사례가 자기 몸체를 불리는 일보다 사랑의 사역에 많아졌으면 좋겠습니다.

교회 일을 할 때 "은혜롭게, 믿음으로!"라는 인습이 있습니다. 일부 교회에서는 원래의 고귀한 의미에서 벗어나 "세밀히 따지지 말고, 하면 된다는 신념으로!"라는 뜻으로 종종 사용됩니다. 이러한 인습이 사회의 공적인 규정에 무감각해지도록 만드는 촉진제 역할을 할 때 사회적으로 불미스런 문제가 발생합니다. 가끔 교회가 교회 편향적인 주장을 낯 두껍게 고집하고 관철합니다. 그로 인해 독단주의(dogmatism) 또는 집단이기주의라는 오명을 얻고, 결국 사회의 혐오대상이 되곤 하지요.

"교회가 사회를 걱정하는 시대가 아니라, 사회가 교회를 걱정하는 시대"라는 말이 회자되는 현실입니다. 결국 교회가 "비호감"의 대명사가 되는 지경에 이르렀지요. 한 역사학자(심용환)는 "기독교 혐오의 시대"[3]라고까지 명명했습니다. 언제부터인가 세상이 교회를 "그들만의 세계"라고 별도 취급하고 있습니다. 여러 원인

예수님은 요가하는 기독교인에게 뭐라 하실까?

이 있겠지만, 그중에 큰 비중을 차지하는 원인 하나는 교회가 상식적 논리를 경시했기 때문입니다.

이 책에는 상식적 논리에 관한 얘기가 많이 나오는 편입니다. 상식적 논리를 바탕으로 이 책을 기술함으로써 통찰력과 정당성을 종교나 성향에 상관없이 인정받기 위함입니다. 또한 기독교인들이 요가에 대해 언급할 때 이 책을 의지함으로써 세상 사람들이 귀를 기울이게 하기 위함입니다.

물론 신앙은 논리 안에 갇힐 수 있는 것이 아닙니다. 신앙은 그 본질상 논리를 넘어서 필연적으로 초논리(super-logic)의 세계로 나아갑니다. 그래야 신앙입니다. 하지만, 신앙의 초논리와 신앙을 빙자한 무논리(illogic)는 반드시 구별되어야 합니다. 초논리는 논리에 갇혀 있는 사람들을 승화된 더 나은 세계로 인도합니다. 반면에 무논리는 인간을 부조리의 세계에 빠져들게 할 뿐이지요.

신앙적 초논리로 유쾌하게 나아갈 수 있는 길이 무엇일까요? 사마리아 여인과 대화하시던 예수님의 접근법에 단서가 있습니다 (요한복음 4장). 예수님께서는 물 뜨러 나온 여인에게 물을 좀 달라 시며 교감을 시작하십니다. 진짜 물을 두고 얘기를 한참 하신 뒤에서야 "생명수"로 주제를 옮기셨습니다.

가끔은 단도직입적으로 영적 주제로 돌입해야 할 경우도 있지만, 대체로는 그렇지 않습니다. 초논리적 신앙 세계로 인도하는 길은, 역설적이지만 우선 논리적 상식이 통하는 얘기로 교감하고 소통하는 것입니다. 소통으로 마련된 공감대를 바탕으로 신뢰와 존중의 분위기를 형성하니까요. 신앙인이든 비신앙인이든 마찬가지입니다. 이렇게 해야 자연스레 초논리의 신앙세계로 인도할 수 있습니다. 상식적 논리를 시금석으로 삼기 때문에 이 책에는 논리적 오류를 밝히는 내용이 조금 많습니다.

"오직 예수" 신앙이 통전적으로 작동하는가?

기독교의 핵심이 예수 그리스도라는 것에는 아무도 이의가 없을 것입니다. 이름 자체가 그것을 드러냅니다. 기독교(基督敎)는 "기독(基督)의 종교"라는 의미이지요. 기독(基督)은 기리사독(基利斯督)의 준말입니다. 기리사독(基利斯督)은 신약성경 원어(희랍어) "크리스토스($X\rho\iota\sigma\tau\grave{o}\varsigma$)"를 중국어로 음역한 것이고요. 이 "크리스토(스)"를 한국말로는 "그리스도"라 발음합니다. 기독교를 영어로는 "크리스채니티(Christianity)"라고 하는데, 이 말의 핵심이 "크라이스트(Christ)"이고 이 역시 "크리스토(스)"에서 나온 것임을 쉽게 짐작할 수 있습니다. 기독교의 이름을 걸고 어떤 것을 얘기할 때, 그리스도가 얘기의 본질에서 제외되거나 왜곡되면 안 됩니다. 그렇게 된다면 더 이상 기독교의 산물이라 말할 수 없습니다.

교회가 병든 이유

불행히도 교회역사에는 예수 그리스도를 왜곡하거나 제한하는 일이 심심치 않게 일어났습니다. 그때마다 교회가 병들고 제 구실을 못하게 되었지요. 오늘날도 이러한 왜곡과 제한이 여전히 존재합니다.

두 가지 대표적인 원인이 있습니다. 하나는 "예수의 선택적 적용"입니다. 어떤 일에 예수를 통전적(holistic)으로가 아니라 부분적으로만 반영하는 현상입니다. 다른 하나는 "예수 개념의 화석화(fossilization)"입니다. 예수님이 항상 살아서 활동하시는 분임에도 예수님을 생명작용이 없는 화석처럼 생각하고 취급하는 현상입니다. 이 둘은 서로 맞물려 있는 경우가 많습니다. 이 둘에 대해서만큼은 "종교개혁(Reformation)" 수준의 개혁이 오늘날 교회에 필요합니다.

보수주의의 참모습

이 책의 노선은 "오직 예수"만이 생명과 진리의 길이라고 믿는 보수주의(conservatism)입니다. 관건은 통전성입니다. "오직 예수"를 믿는 진정한 보수주의라면, 모든 것에서, 특히 다음 다섯 분야에 "오직 예수"가 드러나야 합니다. (1) 명목 혹은 슬로건, (2) 내용, (3) 방법, (4) 과정, (5) 결과. 이 다섯 분야 모두에 "오직 예수"가 온전히 반영될 때 비로소 예수가 참되게 보수되기 때문이지요.

아쉽게도 통상적인 보수주의에 통전성이 결여된 경우가 많습니다. "예수의 선택적 적용"이 심하지요. 일부 분야에만 예수를 적용합니다. 어느 분야에서는 "오직 예수"이고, 어느 분야에서는 아닙니다. 이러면 "오직 예수"를 외치더라도 "오직 예수" 보수주의가 아닙니다.

흔히 보수주의를 표방하는 그룹은 명목에 관한 한 "오직 예수"를 분명하게 천명합니다. 그러나 다른 네 분야도 "오직 예수"로 일이관지(consistent)되고 있을까요? 많은 경우 그렇지 않습니다.

명목만 "오직 예수"

어느 날 자타가 공인하는 보수주의 교단 소속 아무개 목사님의 설교를 들었습니다. 하나님의 역사(working)하심에 관한 내용이었습니다. 그분이 말씀하시는 하나님의 개념은 놀랍게도 "단일군주론적"이었습니다. 설교에 묘사된 하나님 개념은 이 세상의 왕과 아무런 차이가 없었습니다. 그저 군주로서 율법에 따라 상벌을 부과하는 모습이었지요. 성경을 근거로 설교하셨음에도 말입니다.

저 자신도 그런 설교를 작성한 적이 있었음을 고백합니다. 설교 준비를 마치고 만족스러워하다가 나중에서야 설교 안에 단일군주만 보이고 예수가 없음을 발견하고 화들짝 놀라 급히 내용을 고치곤 했던 부끄러운 경험이 있습니다. 예수 없는 단일군주로서의 하나님상은 우리를 유혹하는 힘이 큽니다. 아차하면 명목은 "오직 예수"인데, 내용에는 예수가 없기 십상입니다.

단일군주론(monarchianism)이란, 성부 하나님을 절대 권력을 가진 단일 제왕이나 군주로 부각시키는 신앙체계입니다. 이때 성자와 성령은 성부에 종속되거나 성부의 양태 변형 정도로 자리매김 될 뿐이지요. 하나님에 대해 설명하는 내용에 예수와 성령이 본질적인 역할을 하지 않는다면, 그 하나님은 삼위일체 하나님(the Triune God), 즉 기독교의 하나님이 아닙니다.

단일군주론은 일찍이 3~4세기에 격렬한 논쟁을 거쳐 공식적으로 정죄된 이단입니다. 진정 보수적인 기독교인이라면 이단적 하나님 개념에 동의해서는 안 되지요. 기독교의 이름으로 주장되는 것들을 내용적으로 자세히 검토해보면 이 당연한 것을 종종 어기는 게 오늘날 기독교의 슬픈 현실입니다.

예수님은 요가하는 기독교인에게 뭐라 하실까?

하나님을 얘기할 때 어떤 모양으로든지 예수님을 융합해 들여야 합니다. 그러지 못한다면 그것은 기독교 하나님의 개념에서 멀어진 것입니다. 하나님의 기쁨과 평화를 얘기하려면 반드시 그리스도의 슬픔과 고통을 함께 얘기해야 합니다. 하나님의 전능을 얘기하려면 십자가에서 보여주신 그리스도의 무력(powerlessness)을 함께 얘기해야 합니다. 그리고 그 둘이 성령을 통해 하나됨을 말해야 되지요.

보수주의를 분별할 때, "오직 예수"라는 슬로건에 현혹되면 안됩니다. "오직 예수"를 내세우면서도 정작 내용, 방법, 과정, 결과에 예수가 반영되어 있지 않다면 참된 보수주의가 아닙니다. 겉봉에 단팥빵이라고 표기되어 있어도 빵 속에 단팥이 없다면 단팥빵이 될 수 없는 것과 마찬가지이지요. "삼위일체 하나님"을 믿는다고 말하면서도 설명 속에 성자와 성령이 본질적으로 얽혀있지 않다면 기독교의 하나님이 아닙니다. "오직 예수", "삼위일체 하나님"을 명목으로 내세웠어도 그리스도 없이 설명이 되고, 그리스도의 향기가 발해지지 않는다면 치명적인 문제입니다.

그리스도의 향기가 난다는 것

"예수가 있다.", "그리스도의 향기가 난다."는 말이 도대체 무엇을 의미하는지를 얘기해야 할 시점입니다. 하나님 얘기 속에 예수가 있고, 그리스도의 향기가 나려면, 예수님의 정체성을 드러내는 필수적인 요소들이 보여야 합니다. 전부는 아니지만 대표적인 요소들을 꼽아보겠습니다. (1) 예수의 성육신(成肉身, Incarnation) 또는 케노시스(Kenosis, 자기 비움)[4], (2) 예수의 대속(代贖, Redemption)

적 용서와 사랑 및 그로 인한 구원, (3) 예수의 십자가, (4) 예수의 부활, (5) 예수의 긍휼(compassion), (6) 예수의 약자와 함께하심. 기독교인의 주장 속에 이런 요소들이 보이고 느껴져야 "예수가 있다.", "그리스도의 향기가 난다."고 할 수 있습니다.

물론 요소들이 한꺼번에 모두가 드러나야 하는 것은 아닙니다. 적어도 일부는 드러나야 합니다. 전체 얘기에 드러나지 않을지라도 종국적으로(eventually)는 드러나야 합니다. 명시적으로(explicitly) 드러나지는 않더라도 함축적으로(implicitly)는 드러나야 합니다. 비록 부분적이거나 함축적일지라도, 부수적인(accessory) 것이 되어서는 안 되고, 본질적이고 구성적인(constitutive) 것으로 자리매김 되어야 합니다. 물론 여섯 요소에 반하는 것 있다면 그것은 당연히 기독교적인 것이 아니지요.

예전에는 진보주의 기독교인들이 데모를 많이 했습니다. 요즘은 보수주의를 자처하는 기독교인들이 길거리에서 많은 주장을 하고 있습니다. 그분들이 정말 보수주의자들인지 주장의 내용을 위의 시금석으로 분별해야 할 때입니다.

이러한 시각으로 요가에 얽힌 얘기들을 풀어가려 합니다. 비판을 하든 찬성을 하든 그 속에 예수가 있는가, 그리스도의 향기가 발해지는가를 살펴본다는 것이지요. 사실, 기독교인의 모든 주장과 행동은 이런 식으로 점검되어야 합니다. 그래야 "오직 예수" 신앙이 제대로 보수될 수 있습니다. 기독교인들이 그리스도의 시각으로 사회의 뜨거운 감자들을 조명하고, 그리스도의 심정으로 해답을 찾아간다면 하나님께서 영광을 받으실 것입니다.

예수님은 요가하는 기독교인에게 뭐라 하실까?

방법적 제국주의자를 기독교인이라 할 수 있을까?

일부 보수주의자들은 "오직 예수"를 외치면서도, 실행 방법에는 종종 예수를 반영하지 않습니다. 예수의 방법 대신 흔히 사용하는 것이 제국주의적 방법입니다. "제국주의(imperialism)"란, 제국(empire) 즉 "황제(emperor)가 다스리는 나라"에서 기원된 개념입니다. "정치 군사 경제적으로 남의 나라 또는 다른 민족을 정복하여 한 황제의 통치에 종속시키려는 이념(ideology)"이지요. 여기에서 확장되어 "각 집단의 다양하고 고유한 문화와 가치체계를 무시하고, 오직 하나의 문화와 가치체계로 종속시키려는 이념"이라는 뜻으로 자주 사용됩니다.

제국주의적 행동은 제국의 입장에서 보면 선한 행위로 보입니다. 종속당하는 입장에서 보면 제국주의적 행동은 사악한 폭력이지요. 예수님은 하나님 나라를 전하실 때 결코 이러한 사악한 폭력을 행하신 적이 없습니다. 오히려 제국주의적 방법으로는 안 된다는 것을 십자가에서 온몸으로 선포하셨습니다.

그럼에도 오늘날 보수주의를 표방한 교회의 단체행동 중에는 제국주의적 요소가 있어서 큰 염려가 됩니다. 행동 단체의 이름은 교회이거나 기독교 단체인데, 방법에서 전혀 그리스도가 보이지 않고 제국주의가 드러납니다. 이로 인해 기독교가 제국주의의 산실이라는 구시대의 오명을 또 뒤집어쓰고 있습니다. 치명적입니다. 만약 교회가 "오직 예수"의 슬로건을 걸고 제국주의적인 방법을 사용한다면, 예수님을 욕되게 하는 행위가 됩니다.

최근 몇 년간 많은 교회들이 동성애에 대해 강력한 의사표현과 상당한 집단행동을 하고 있습니다. 때때로 극단적 행동과 조치도

불사합니다. 그러한 극단적인 행동을 일컬어 사회 일각에서는 "매카시즘(McCarthyism)[5]적 광풍"이라고까지 표현할 만큼 심각한 상황입니다. 기독교인들은 비판을 흘려들을 것이 아니라 진지하게 자문할 때가 되었습니다. 동성애를 반대하는 집단행동의 "방법" 속에 정말 예수가 있는지요? 행동 방법에서 그리스도의 향기가 발해져서 그리스도에 끌리는 사람들이 많이 생기고 있나요?

동성애 반대를 오래 전부터 강력하게 하고 있는 종교는 이슬람입니다. 보도에 따르면[6], 2016년 6월 현재 이슬람권 국가 중 12개국에선 동성애자를 사형에 처합니다. 동성애를 반대하는 기독교인들이 이슬람의 방법에 심정적으로 동의하는 것처럼 보여 섬뜩할 때가 있습니다. 동성애자에 대한 기독교인들의 언행과 무슬림들의 언행과는 어떤 차이가 있는지요?

"알라"(Allah)를 믿는 사람들과 예수를 통해 삼위일체 하나님을 믿는 사람들은 행동 방법에 반드시 차이가 있어야 합니다. 그리스도를 증거하는 것과 직결되니까요. 반동성애운동을 하는 교회들이 이슬람과 어떤 차이를 보임으로써 그리스도를 증거하고 있나요? 동성애를 반대하든 찬성하든 방법에서 그리스도의 향기가 발해지지 않는다면, 그리스도와 상관없게 됩니다. 행동에 제국주의적 방법을 사용한다면 곧 이교도적 행동이 됩니다.

제국주의적 방법의 배후에는 배타주의(exclusivism)가 도사리고 있습니다. 일부 보수주의자들은 자신들이 취해야 하는 태도로 배타주의를 자연스럽게 받아들입니다. 더욱 큰 문제는, 배타주의가 독단주의(dogmatism)로, 종국에는 집단이기주의로 쉽게 변이된다는 사실입니다.

예수님은 요가하는 기독교인에게 뭐라 하실까?

그럼에도 어떤 보수주의자들은 배타주의를 독실한 신앙과 연결시킵니다. 배타주의적 태도에 대해 찬반 논란이 여전히 존재하고요. 논란을 해결하는 실마리는 의외로 간단합니다. "예수가 배타주의자, 독단주의자, 집단이기주의자인가?"를 스스로 물으면 됩니다. 예수님은 성경 어디에서도 그러한 면모를 보이신 적이 없습니다. 죄인, 세리, 창녀, 온갖 약자, 사마리아, 두로, 시돈, 로마 사람들, 어느 누구도 배타하지 않고 품어 안으셨습니다. 예수님은 편견에 휩싸여 부분적으로 옳은 것을 진리라고 하신 적도 없습니다. 제자 집단의 이익이나 주장을 펼치신 적이 없습니다.

우리가 "오직 예수"를 믿는 신앙인이라면 명목이나 슬로건에만 "오직 예수" 신앙을 반영하는 부분적 보수주의자가 돼서는 안 됩니다. "오직 예수"를 주님으로 고백한다면 내용과 행동 방법에도 그리고 과정과 결과에도 "오직 예수"를 고수하는 통전적인 보수주의자가 되어야 합니다. 요가에 대한 판단도 오직 예수 신앙을 통전적으로 적용하는 가운데 이루어져야 함은 물론입니다.

복음적이며 선교적인가?

"복음적(evangelical)인가?"와 "선교적(missionary)인가?"라는 질문은 서로 비슷하지만 다른 요소도 있습니다. 하나씩 살펴보겠습니다. 기독교인이 얘기를 풀어갈 때에는 어떤 얘기든 복음적인가를 물어야 합니다. 특히 외부를 향해서는 더욱 그래야 합니다. 복음을 전하는 것은 그리스도인의 사명이자 특권이니까요. 요가에 대한 얘기도 마찬가지이지요. 부정적이든 긍정적이든 기독교인이 요가에 대해서 말한다면 그것은 복음적이어야 합니다.

복음의 어원적 풀이는 한자어 복음(福音, Gospel)에 드러나는 대로 "복(福)된 음(音)성" 또는 "복된 소식", "참된 행복을 전하는 좋은 소식"입니다. 신약성경 원어는 유앙겔리온(εὐαγγέλιον)인데, "좋은(εὐ 유)"과 "소식(αγγέλιον 앙겔리온)"의 합성어이지요. 복음과 동일한 의미입니다. 이것이 라틴어로 건너가 에방겔리움(evangelium)이 되었고, 영어로 에반젤리즘(evangelism, 복음 전도)이 되었습니다.

복음의 핵심은 예수 그리스도입니다. 그리스도의 소식이 복된 소식이요, 기쁜 소식인 것입니다. 예수로 인해 인간의 한계를 넘어서 생명의 세계로 인도하는 얘기, 하나님의 샬롬(shalom, 평화)으로 사람들을 이끄는 얘기, 예수 그리스도로 말미암는 은혜와 감격이 있는 얘기가 될 때, "복음적"이 됩니다. 반대냐 찬성이냐는 이차적인 문제입니다. 얘기가 복음적이냐가 우선적입니다. 요가를 반대하더라도 복음적이어야 하고, 찬성하더라도 복음적이어야 합니다. 복음적이지 않다면 반대든 찬성이든 그리스도인의 입장으로선 적절치 않습니다.

선교에 대한 정의는 다양합니다. 대중적인 정의로는 "타문화권에서 그리스도를 증거하는 일체의 행위"입니다. 타문화권이란, 언어와 사고방식과 사건감각이 다른 권역(theater)을 뜻합니다. 이 책에서 "선교적"이라 함은 "자기 문화를 뛰어넘어 소통하는 가운데 그리스도의 향기를 발하며 하나님의 사랑을 증거하는"이라는 의미입니다.

제가 굳이 선교적이라는 시금석을 제시하는 이유가 있습니다. 한국인이라도 아직 신앙이 없는 사람이나 타종교인은 타문화권 사람들과 같다는 것을 강조하고 싶어서입니다. 타종교인들은 그 종교의 세계가 기독교의 세계만큼이나 확고합니다. 믿지 않는 분들 또한 나름대로의 확고한 세계가 있습니다. 선교적 자세와 심정이 아니면 그분들과 소통 자체가 어렵습니다.

그분들의 사고와 행동의 세계를 기독교인들과 동일문화권으로 상정(assume)하고 언행을 하면, 제국주의적이라고 느끼는 경우가 많습니다. 다른 언어와 문화를 강요당하는 느낌을 받기 때문이지요. 기독교인들이 자기 언어와 방식으로 계속 주장을 펼치면 날이 갈수록 호응보다는 외면과 혐오가 돌아올 것입니다.

목양적인가?

목회자들의 요가 반대는 사적인 소감의 피력이 아닐 것입니다. 요가를 비판할 때, 나아가 어떤 다른 비판이나 주장을 할 때, "목양적 돌봄(pastoral care)이 있는가?", "목자의 심정이 드러나는가?"도 중요한 시금석이 됩니다. 목회자란, 참 목자요 목자장이신 예수 그리스도의 지도력을 구현하는 사람들이니까요.

어떤 분들은 목자라는 용어에 성직자 우월 체계(hierarchy) 개념이 전제되어 있다고 느껴 거부감을 표하기도 합니다. 개신교에서는 본질적인 우월이나 성별(consecration)의 관점이 아니라 직능적 관점에서 만인제사장론을 전제합니다. 모두가 자기 분야에서 제사장입니다. 목사는 교회 사역 분야에 제한된 제사장일 뿐입니다. 더구나 목자는 섬김을 받는 자가 아니라 섬기는 자의 대표적 샘플입니다. 우월체계하고는 거리가 멀지요. 일부 현실은 다를 수 있는데, 그것은 잘못된 것입니다.

기독교적 목자상을 요한복음 10장과 누가복음 15장에 기초하여 간략히 정리해봅니다. 목자는 첫째, 양들과 항상 함께합니다. 몸만 함께하는 정도가 아니고, 양들의 건강과 생활, 양들의 관심 등 양들의 삶 전체를 보살피며 양들과 함께하는 사람이 목자입니다. 둘째, 목자는 양들 각각의 이름을 기억합니다. 양들의 개별적인 특성, 개인의 유일무이한 인격과 가치, 개별적 아픔과 소망을 안다는 뜻이지요. 셋째, 목자는 잃은 양 한 마리를 "n분의 1"로 여기지 않고 마치 하나가 전체인 양 소중히 여기며 찾아 헤맵니다. 궁극적으로 버려지거나 소외된 양이 없도록 합니다. 양의 안전과 생명을 위해서 때로는 목숨까지 바치는 사람이 목자입니다.

어느 요가원을 가든지 기독교인들을 만납니다. 요가와 신앙의 부정적인 대립이 목회자들에 의해 부각되는 시대적 분위기 속에서 어떤 신앙으로 극복하며 요가를 하실까 염려가 됩니다. 특히 자신이 "가나안 성도"라고 고백하시는 분들을 만날 때면 죄송하고 민망합니다. 그분들에게 목양의 손길이 미치지 못하는 현실이 많이 안타깝습니다.

하나님의 창조세계를 보전하는가?

언제부터인가 사람들이 기독교와 배타주의를 연결시키는 경향이 있습니다. 기독교인이나 비기독교인 구별 없이 그렇습니다. 대다수 기독교인들은 신앙의 순수성을 지킨다는 신념으로 기꺼이 배타주의를 택하는 것 같습니다. 비기독교인들은 기독교인들의 배타적 태도에 대해 답답함이나 혐오감을 느낍니다. 먼저 분명히 할 것은 배타주의는 그리스도인들의 입장이 될 수 없다는 것입니다. 만약 그리스도께서 배타주의를 견지하셨다면 성육신(Incarnation)은 없었습니다.

뺄셈의 논리에 빠지지 말라

배타적인 사고방식 중의 하나가 "뺄셈의 논리"입니다. "오염된 것은 모두 빼야 깨끗한 신앙세계가 유지된다."는 사고방식을 "뺄셈의 논리"라 명명했습니다. 뺄셈의 논리에 젖은 분들은 아무리 중요한 것이라도 오물이 묻으면 가차없이 버립니다. 오물의 양과 종류 상관없이 제거할수록 신앙의 순도가 높아진다고 생각하기 때문입니다. 신앙은 선명하고 순수해야 한다는 강박관념이 신앙인들에게 있습니다. 그것이 뺄셈의 논리를 강화하곤 하지요. 이렇게 되면 "아기 목욕물을 버리려다 아기까지 버리는" 결과를 초래하기 십상입니다. 이런 치명적인 논리를 독실한 신앙의 산물, 신앙의 정조를 지켜주는 거르개(filter)로 여기는 사람들이 적지 않습니다. 뺄셈의 논리로 단호하게 행동하는 사람을 높이 평가하기까지 합니다. 다음은 뺄셈의 논리로 인해 하나님의 창조세계가 왜소화되고 훼손되는 과정을 볼 수 있는 실례입니다.

노랑나비는 억울하다

2014년 4월 세월호 참사가 일어났을 때, 그 슬픔에 동참하는 표현으로 많은 국민이 노랑나비 리본을 달았습니다. 생사가 확인되지 않은 사랑하는 사람의 무사귀환을 소망하는 상징입니다. 미국에서 유래되었고 노래까지 있습니다. 어윈 레빈(I. Levine)과 L. 러셀 브라운(L. R. Brown)의 "떡갈나무에 노란리본을 달아주세요(Tie A Yellow Ribbon Round The Ole Oak Tree)"라는 곡이지요.

많은 국민들이 노랑나비 리본으로 애도를 표하고 있을 때, 인터넷에 몇 가지 버전으로 다음 내용의 글이 올라왔습니다. "주술(incantation)에서는 노랑나비를 죽은 영혼을 인도하는 동물로 본다. 그래서 장례의례를 행할 때 노랑나비 리본을 사용한다. 기독교인들이 노랑나비 리본을 다는 것은 종교혼합주의에 빠져 귀신을 부르는 행동이 된다. 이러한 악한 사술에 이용당해서도 동조해서도 안 된다." 이런 글이 급속히 퍼져나가 사회적 논란을 일으켰습니다.

노랑나비에 관한 해프닝은 신앙을 옹색하게 만들고 하나님을 인간중심적으로 제한하는 불건강한 신앙의 표출일 뿐입니다. 물론 노랑나비를 주술이나 미신종교에서 사용할 수 있습니다. 그러나 미신종교가 사용하기 이전에 하나님께서 노랑나비를 선하게 창조하셨다는 사실을 믿음의 눈으로 볼 수 있어야 합니다.

하나님의 선한 창조물을 주술에 빼앗겼다면 그것을 신앙세계 안으로 다시 찾아오는 것이 건강한 신앙입니다. 노랑나비를 미신

예수님은 요가하는 기독교인에게 뭐라 하실까?

종교가 사용했다고 해서 터부(taboo)시하고 내버리는 것은 건강한 신앙이 아니지요. 오히려 기독교의 창조신앙을 훼손하는 행위가 될 뿐입니다. 하나님께서 "보시기에 좋았더라." 말씀하신 창조물을 버리는 행위니까요.

"뺄셈의 논리"는 사실 창조신앙을 훼손하는 정도가 아닙니다. 기독교적 인간관과 구원신앙에도 치명적인 위험을 가져올 수 있습니다. 유럽 기독교인들이 오랜 동안 잔혹하게 펼쳐온 반유대주의(Antisemitism)가 바로 뺄셈의 논리의 한 산물입니다. 이 논리대로 라면, 우리 인간이 죄악을 범해 부정해졌을 때에도 하나님은 우리를 터부시하지 않으시고 오히려 품어주시고 사랑해주셨다는 것을 믿기 어려울 것입니다. 성경은 이렇게 선언합니다.

> "우리가 아직 죄인 되었을 때에 그리스도께서 우리를 위하여 죽으심으로 하나님께서 우리에게 대한 자기의 사랑을 확증하셨느니라." (로마서 5:8)

만약 이것을 믿으면서도 타인에 대해 뺄셈의 논리를 적용한다면 그것은 악마의 농간에 빠진 것이지요.

뱀도 억울하다

요가 자세 중에 "부장가아사나(Bhujaṅgāsana)"라는 게 있습니다. 일명 "뱀 자세"인데 코브라 자세(Cobra pose)라고도 부릅니다. 코브라가 머리를 들고 있는 모습과 유사하기 때문입니다. 요가를 비판하는 어떤 기독교인들은 경기(convulsion)를 일으키듯이 말합니다. "성경에서 뱀은 사탄을 뜻한다는 걸 모르는가? 기독교인들은 이러한 행동을 따라 해서는 안 된다. 은연중에 사탄숭배로 빠져들기 때문이다."

저도 뱀을 징그러워하지만, 뱀에 대한 이러한 태도에는 동의하지 않습니다. 아담과 하와를 유혹한 뱀을 세상의 뱀과 동일시하는 것은 타당하지 않습니다. 세상의 뱀도 하나님의 창조물입니다. 창조세계의 소중한 일원이지요. 예수님께서 이미 뱀에 대한 부정적인 인상을 바꿔주시지 않았습니까?

> "너희는 뱀처럼 지혜롭고 비둘기처럼 순결하라."(마태복음 10:16b)

설마 이 말씀을 두고 예수님이 사탄숭배를 조장하셨다고 여기지는 않겠지요? 뱀을 터부시하는 논리는 창조세계를 훼손할 위험성이 있고, 만유의 창조주 하나님을 일부의 창조주로 왜소화시킬 수 있습니다.

성경적인가?

기독교인이라면 모든 판단의 기준이 성경이 되어야 함은 당연한 것이어서 별도로 성경이 시금석이라고 언급할 필요가 없을 정도입니다. 그럼에도 언급하는 이유는 이 말의 용법이 사람마다 다르기 때문입니다. 어떤 이가 성경적이라고 하는 것을 다른 이는 비성경적이라고 보기도 합니다. 아주 심각한 문제입니다. 이것을 해결하기 위해서는 우선 부적절한 성경해석 자세에서 벗어나야 합니다.

부적절한 성경해석자세

성경말씀에 대한 기독교인들의 관습적인 "부적절한 자세"란 크게 두 종류입니다.

첫째는, "성경은 일점일획이 모두 하나님의 말씀이므로 각 문장과 구절은 물론 낱말 하나조차도 거룩하며, 구절 하나하나 낱말 하나하나에 신성한 메시지가 독립적으로 담겨 있다."는 입장입니다. 성경의 일점일획이 하나님의 말씀인 것은 옳습니다. 그러나 성경의 한 낱말 한 낱말에 신성한 메시지가 독립적으로 담겨 있다는 생각은 잘못되었습니다. 메시지를 맥락(context)적으로 파악하는 것을 방해합니다. 거두절미한 성경 구절에 하나님의 권위를 부여하고 따르게 되면 반성경적인 결과를 낳을 수 있지요. 강박적 존중 태도가 오히려 올바르게 해석하는 데에 큰 장애가 됩니다.

> "유다가 은을 성소에 던져 넣고 물러가서 스스로 목매어
> 죽은지라" (마태복음 27:5)

어느날 QT(Quiet Time: 경건의 시간) 때 이 말씀을 묵상구절로 받은 신도가 자살하라는 계시로 받아들인다는 얘기가 있습니다. 우스갯소리로만 넘기기엔 시사하는 바가 큽니다. 이러한 해석은 성경 구절을 인용한다 할지라도 결코 "성경적"이지 않습니다.

두 번째 부적절한 자세는, "성경은 하나님의 말씀이므로 감히 인간이 말씀의 경중을 가려서는 안 된다."고 여기는 자세입니다. 이 또한 성경 말씀에 대한 과잉존중입니다. 의도는 좋으나 많은 문제를 수반합니다.

상위개념과 하위개념, 시대문화에 한정되는 명령과 시공을 초월한 절대적인 명령을 구분해내야 합니다. 마치 헌법과 법률 및 시행령을 구분하듯이 말이지요. 모든 법이 서로 침해할 수 없는 동등한 권위를 가지고 있다고 생각하고 동등한 차원에서 지키려 한다면 사회에 혼란을 초래합니다. 성경 말씀도 마찬가지입니다.

성경적이기 위한 조건들

그럼 어떻게 해야 할까요? 첫째, 판단의 기준을 성경에 두어야 합니다. 이 조건에는 모든 사람이 이의가 없을 것입니다. 둘째, 성경을 통전적(holistic)으로 조망해야 합니다. 부분적인 맥락은 물론 성경의 전체적인 맥락 속에서 성경 스스로가 말씀하게 해야 합니다. 큰 흐름에 위배되어서는 안 됩니다. 예를 하나 들어보겠습니다.

> [1] 예수께서 다시 회당에 들어가시니 한쪽 손 마른 사람이 거기 있는지라. [2] 사람들이 예수를 고발하려 하여 안식일에 그 사람을 고치시는가 주시하고 있거늘 [3] 예수께서 손 마른 사람에게 이르시되 한 가운데에 일어서라 하시고 [4] 그들에게 이르시되 안식일에 선을 행하는 것과 악을 행하는 것, 생명을 구하는 것과 죽이는 것, 어느 것이 옳으냐 하

시니 그들이 잠잠하거늘 [5] 그들의 마음이 완악함을 탄식
하사 노하심으로 그들을 둘러 보시고 그 사람에게 이르시
되 네 손을 내밀라 하시니 내밀매 그 손이 회복되었더라.
[6] 바리새인들이 나가서 곧 헤롯당과 함께 어떻게 하여 예
수를 죽일까 의논하니라. (마가복음 3:1-6)

안식일은 시간의 성소입니다. 공간의 성소인 성전과 쌍을 이루
지요. 성소란 하나님의 통치가 온전히 임하는 영역입니다. 안식일
에서 부각되는 하나님의 통치 핵심은 "샬롬" 즉 평화입니다. 남녀,
자녀, 주종, 주객의 불평등과 불화를 철저히 바로잡는 방법으로서
모두의 안식을 명하신 것입니다. 구체적으로 모두가 "너같이" 안
식하게 하라고 하십니다. 이것이 샬롬입니다.

일곱째 날은 네 하나님 여호와의 안식일인즉 너나 네 아들
이나 네 딸이나 네 남종이나 네 여종이나 네 소나 네 나귀
나 네 모든 가축이나 네 문 안에 유하는 객이라도 아무 일
도 하지 못하게 하고 네 남종이나 네 여종에게 너같이 안
식하게 할지니라. (신명기 5:14)

이러한 안식일의 근본정신을 뒤로 하고, 일을 금지하는 율법 조
항에만 집착하는 바리새인들을 예수님은 책망하십니다. 한쪽 손
이 오그라든 사람은 심신이 위축되어 샬롬(평화)을 잃은 상태였고
생명성마저 사그라지고 있었습니다. 그런 사람을 회복시켜 평화
와 생명의 세계로 인도하는 것이 무엇보다도 우선적으로 안식일

에 할 일이라고 예수님은 행동으로 선포하십니다.

셋째, 성경적이기 위해서는 예수가 판단기준의 정점(apex)에 있어야 합니다. 성경의 모든 진술은 예수 그리스도를 핵심 초점으로 해석할 때 기독교적인 진리가 드러나기 때문입니다. 예수를 초점으로 하지 않고 여호와를 초점으로 하면 여호와의 증인이 됩니다. 율법 중심으로 구약에만 치중하면 유대교가 됩니다. 그리스도인이라면 누구나 "오직 예수"를 규범(norm)으로 삼아야 합니다. "오직 예수"가 모든 규범 위의 규범입니다.

저의 개인적 생각이 아니고 종교개혁(the Reformation) 정신에서 발원된 것입니다. "예수가 판단기준의 정점인가?"라는 시금석은, "오직 성경으로(Sola Scriptura)"와 "오직 그리스도(Solus Christus)"를 지시합니다. 이 둘은 종교개혁의 핵심표어 다섯 가지를 표현한 "5대 솔라[7](Sola: 오직)" 중의 두 가지입니다. 세상사 판단의 표준을 성경으로 삼아야 하고, 그 표준들의 최고 규범이 "오직 그리스도(solus Christus)"라는 것입니다. 종교개혁자 마르틴 루터(Martin Luther, 1483~1546)는 이렇게까지 강조했습니다.

> 그리스도를 가르치지 않는 것이라면 설사 그것이 베드로나 바울이 가르친 것일지라도 사도적이기엔 아직 부족한 것이다. 반면에 그것이 그리스도를 선포하고 있다면 유다, 안나스, 빌라도, 헤롯이 한 것일지라도 사도적이라 할 수 있다.[8]

"사도적(apostolic)"이란 말은, "세상을 위하여 그리스도로부터

예수님은 요가하는 기독교인에게 뭐라 하실까?

보냄 받은 자들에 걸맞은"이라는 뜻입니다. 루터의 말은, "진정한 사도의 말씀이 되려면 얘기 내용에 그리스도가 드러나야 된다, 그리스도가 드러나지 않는다면 베드로나 바울의 말이라도 사도적이라고 할 수 없다."는 의미이지요. 요가 비판이든 요가 찬성이든 성경적인지, 나아가 "오직 그리스도(solus Christus)"가 우선하는지를 살피게 될 것입니다.

이상하지 않은 게 이상하다

"오직 예수" 신앙을 위한 화두요 범례 하나를 제시합니다. 이전보다 덜하지만 여전히 교회 안팎의 주목을 끄는 "금주(temperance)"에 관한 얘기입니다.

> 술 취하지 말라 이는 방탕한 것이니 오직 성령으로 충만함을 받으라. (에베소서 5:18)

> 낮에와 같이 단정히 행하고 방탕하거나 술 취하지 말며 음란하거나 호색하지 말며 다투거나 시기하지 말고 (로마서 13:13)

> 도적이나 탐욕을 부리는 자나 술 취하는 자나 모욕하는 자나 속여 빼앗는 자들은 하나님의 나라를 유업으로 받지 못하리라. (고린도전서 6:10)

> 술을 즐겨 하는 자들과 고기를 탐하는 자들과도 더불어 사

귀지 말라. 술 취하고 음식을 탐하는 자는 가난하여질 것이
요 잠자기를 즐겨 하는 자는 해어진 옷을 입을 것임이니라.
(잠언 23:20-21)

　성경에 나오는 대표적인 금주 명령들입니다. 처음 세 구절의 기
자는 사도 바울이고, 마지막 말씀의 기자는 솔로몬 왕입니다. 이
성경구절들에 힘입어 교회가 음주를 금해왔습니다. 그러나 성경
에는 음주를 지지하는 말씀도 있습니다.

너는 가서 기쁨으로 네 음식물을 먹고 즐거운 마음으로 네
포도주를 마실지어다. 이는 하나님이 네가 하는 일들을 벌
써 기쁘게 받으셨음이니라. (전도서 9:7)

사람의 마음을 기쁘게 하는 포도주와 사람의 얼굴을 윤택
하게 하는 기름과 사람의 마음을 힘 있게 하는 양식을 주
셨도다. (시편 104:15)

오호라 너희 모든 목마른 자들아 물로 나아오라 돈 없는
자도 오라 너희는 와서 사 먹되 돈 없이, 값없이 와서 포도
주와 젖을 사라. (이사야서 55:1)

이제부터는 물만 마시지 말고 네 위장과 자주 나는 병을
위하여는 포도주를 조금씩 쓰라. (디모데전서 5:23)

연회장은 물로 된 포도주를 맛보고도 어디서 났는지 알지 못하되 물 떠온 하인들은 알더라. 연회장이 신랑을 불러 말하되 사람마다 먼저 좋은 포도주를 내고 취한 후에 낮은 것을 내거늘 그대는 지금까지 좋은 포도주를 두었도다 하니라. 예수께서 이 첫 표적을 갈릴리 가나에서 행하여 그의 영광을 나타내시매 제자들이 그를 믿으니라. (요한복음 2:9-11)

위에 발췌된 말씀들의 기자는 이렇습니다. 전도서는 솔로몬, 시편 104편은 다윗으로 추정, 이사야서는 이사야, 디모데전서는 바울입니다. 요한복음 말씀은 예수님의 첫 표적(miraculous sign) 기사의 일부분으로서 가나(Cana) 지방의 혼인잔치에서 물을 포도주로 만드신 사건에 관한 것입니다.

이상에서 보시듯이 성경에는 분명히 음주를 지지하는 구절들이 있고 이 구절들에 주목하는 분들 때문에 가끔 논란이 벌어지곤 합니다. 상반된 구절을 함께 소개한 것은 음주 불가냐 가능이냐의 논란에 결론을 내리기 위함이 아니라 "오직 예수" 신앙이 교회의 성경해석과 행동에 얼마나 적절하게 작동하는가를 함께 살펴보기 위함입니다.

새 계명을 너희에게 주노니 서로 사랑하라. 내가 너희를 사랑한 것 같이 너희도 서로 사랑하라. (요 13:34)

예수님의 이 말씀이 시공을 초월하는 절대적인 명령이요 성경 말씀들 중에서도 최상위의 말씀임을 부인하는 기독교인은 아무도 없을 것입니다. 반면에 금주에 관한 말씀이 절대명령이냐 제한적 명령이냐에 대해서는 이론(divergent view)이 있습니다.

참 이상합니다. 교회들이 성경의 최상위 절대명령인 서로 사랑하라에 대해서는 엄격하지 않습니다. 그러나 절대명령이냐 아니냐 논란의 여지가 많은 금주에 대해서는 엄격히 지키도록 강조합니다. 사소한 일엔 목숨 걸 듯이 달려들고 정작 중요한 일은 소홀히 하는 우리의 모습을 하나님께서 어떻게 보실지 두렵습니다.

논란의 여지가 있는 성경 말씀은 일단 보류해두어도 됩니다. 믿는 이 모두가 절대적 명령이라고 동의할 수 있는 것에 "오직 예수"를 통전적으로 반영하며 지키면 됩니다. "오직 예수"를 최우선에 두기만 해도 교회가 달라지고 세상이 달라질 것입니다. 이런 시각에서 요가 비판이나 요가 찬성의 견해들이 과연 "오직 예수" 신앙에 근거하는가를 조명해 보는 것이 필요하지 않겠습니까? 금주에 대한 결론이 뭐냐고요? 예수님이 음주를 명하면 말술이라도 마시고, 금주를 명하시면 어떤 위협이 있더라도 마시지 말아야겠지요. 술을 마심으로 예수님을 드러낼 수 있느냐에 초점을 두자는 말씀이지요.

선과 악의 기독교적 개념

기독교의 선악 개념은 세상의 개념과 다릅니다. 물론 세상의 선악 개념과 전혀 동떨어져 있는 것은 아닙니다. 하지만 기독교의 선악 개념은 세상 개념을 넘어서는 특유의 세계가 있습니다.

기독교는 세상의 선악개념에서 출발하지만 그것에 머물지 않고

예수님은 요가하는 기독교인에게 뭐라 하실까?

예수님이 완성하신 선에 이릅니다. 그리스도인들에게는 예수님의 판단과 행동이 모든 선들의 선이 됩니다. 사실 그리스도인에게 최고의 선이란 예수님 그 자체입니다. 예수님이 개입되지 않은 선 개념은 기독교의 것이 아닙니다.

"성경적인가?"라는 시금석의 가장 핵심 조건인 "모든 판단의 정점에 예수가 있는가?"를 선악의 개념과 악에 대처하는 방법에도 그대로 적용해야 합니다.

> 너희는 믿지 않는 자와 멍에를 함께 메지 말라. 의와 불법이 어찌 함께하며 빛과 어둠이 어찌 사귀며 (고린도후서 6:14)

> 악은 어떤 모양이라도 버리라 (데살로니가전서 5:22)

뺄셈의 논리에 빠진 이들은 "믿지 않는 자와 멍에를 함께 메지 말라. 의와 불법이 어찌 함께하며"라는 말씀에 고무되어 불신자 배타 행위를 당연시합니다. 빛과 어둠이 사귀지 못한다는 말씀에 힘입어 어둠을 멀리하며 배타하는 분들은 심각하게 생각해 보셔야 합니다. 예수님이 오실 당시 이 땅은 빛의 세계였나요, 어둠의 세계였나요? 어둠의 세계에 직접 찾아오신 그리스도를 우리의 삶에서 구현하려면 어떻게 해야 할까요? 그저 배타주의를 고수하는 것으로 충분할까요?

"악은 어떤 모양이라도 버리라."는 말씀을 삶의 좌우명으로 삼고 있는 분들은 대체로 신앙과 신앙적 삶에 충실하고자 애쓰는 분들일 것입니다. 하지만 그런 분들일지라도, 아니 그런 분일수록 다음 질문에 진지하게 답을 해야 합니다. 예수님이 과연 악은 어떤 모양이라도 버리시는 분이었나요? 세리와 죄인의 친구가 되시고 그들과 함께 어울려 먹고 마신 예수님(마태복음 9:10, 11:19)이 삶에 반영되고 있나요? 예수님이 악을 멀리하기만 하셨다면, 죄악에 빠져있는 악인을 배타하셨다면, 과연 성육신하셨을까요? 예수님 당시 인간의 "모양"이야말로 대표적인 악의 모양이었는데 말이죠.

우리는 예수님이 불신자, 불법자, 어둠에 있는 자들을 배타하시지 않은 사실에도 주목해야 합니다. 진정 그리스도인이라면 예수님이 하시지 않은 것을 주장하거나 행해서는 안 됩니다.

어떤 이는 악은 미워하고 악인은 사랑해야 한다고 말합니다. 이 말은 그럴듯해 보이지만 공론(empty theory)일 뿐입니다. 어떤 이가 악을 저질렀을 때, 그 악을 미워하면서 그 악인을 사랑하는 경우를 현실적으로 보기 힘듭니다. 오히려 악을 저지른 사람이 회개하고 악의 대가를 다 치른 상황임에도 그 사람을 멀리하는 경우가 더 흔하지요. 분명히 잘못된 것이지만 현실에선 종종 발생합니다.

사실 악과 악인은 쉽게 분리되지 않습니다. 선악은 인간의 가치체계의 산물이고, 인간의 모든 판단과 행동은 그 가치체계에 의해서 이루어집니다. 선악을 낳는 인격은 사실상 일종의 가치체계요 가치체계의 발현이기에 악과 악인을 분리할 수 없는 것이죠. 그렇기에 악인이 악을 버리지 않는 한 그 악인을 악과 분리하여 사랑한다는 것은 불가능합니다. 악인이 악에서 돌아서야만 비로소 악인 사랑이 가능해집니다. 상대방이 악을 행하는 한, 악만이 아니

예수님은 요가하는 기독교인에게 뭐라 하실까?

라 악인도 멀리할 수밖에 없습니다. 관건은 어떻게 악인이 악에서 떠나도록 인도하느냐이지요. 배타로는 절대로 불가능합니다. 근본적이고 완전한 해결책은 예수님의 방법밖에 없습니다. 예수님은 우리가 악을 행하는 악인이었을 때, 즉 악에서 돌아서지 않았을 때, 이미 우리에게 다가와주시고 우리를 사랑하시고 목숨까지 내어주셨습니다.

> 우리가 아직 죄인 되었을 때 그리스도께서 우리를 위하여 죽으심으로 하나님께서 우리에 대한 자기의 사랑을 확증하셨느니라. (로마서 5:8)

게다가 예수님은 최고의 악 그 자체인 사탄을 가까이하시는 것도 마다치 않으셨습니다. 광야의 시험에서도, 십자가에서도 사탄을 적극적으로 마주하셨습니다. 그렇다고 예수님께서 당신(Himself)의 뜻을 사탄의 뜻과 혼합하시거나, 사탄과 타협하시거나, 사탄을 용인하셨다는 뜻은 절대로 아닙니다. 사탄 최고의 악한 무기 즉 죽음까지도 그대로 다 받아내셨다는 말씀입니다. 그렇게 받아내심으로써 사망의 쏘는 권세(고린도전서 15:55)를 무력화하셨던 것입니다. 이것이 예수님께서 악을 대하신 방법입니다. 악이나 악인을 무조건 멀리하고 피하는 것은 예수를 믿는 그리스도인의 자세가 아닙니다.

어둠과 빛에 대해서도 기독교적 해석이 필요합니다. "오직 예수"님만이 최고의 선입니다. 그리스도인은 예수님의 정신에 위배되는 것을 선으로 여겨서는 안 됩니다. 예수님을 드러내지 못하도록 하는 것이 기독교인에게는 악입니다. "악은 어떤 모양이라도 버리라."는 말씀은, 예수님을 따르지 못하도록 하는 것이 악이요, 그러한 악을 철저히 버리라는 말씀으로 받아들여야 합니다.

"오직 예수"님만이 "참 빛"입니다. 기독교에서 말하는 어둠은 세상적 어둠의 개념을 넘어서 그 "참 빛"을 받아 비추지 못하게 가로막는 것을 지시합니다.

요가를 악으로 여기고 배척하는 자세가 기독교적 선악의 관점에서 볼 때에도 타당한지 검토가 필요하겠지요? 만약 요가에 대한 무지함 또는 논리적 오류에 빠져서 요가를 배척하고 있다면, 요가를 악으로 규정한 사람들이 오히려 악행을 저지르는 꼴이 됩니다. 설사 만약 요가가 악이라 할지라도 그것을 대하는 자세나 방법에서 예수가 드러나는지를 살펴야 기독교적 의미에서 악은 모양이라도 버리는 것이 되고, 어둠을 물리치는 행위가 될 것입니다.

예수님은 요가하는 기독교인에게 뭐라 하실까?

책을 쓸 수밖에 없었던 이유들

안타까움

저는 "싱가폴한인교회"를 만10년 담임했습니다. 교회 규모가 좀 있다 보니 아픈 분들이 끊이지 않았습니다. 그중에는 중병에 걸리시는 분들도 계셨지요. 정성껏 기도하고 위로의 말씀을 전했지만, 목회자로서의 안타까움이 사라지지 않았습니다.

촌각을 다투는 중병으로 고생하는 분들이 가끔 계셨다면, 소위 성인병이나 기타 만성질환으로 고생하는 분들은 항상 많았습니다. 심지어 "우리 교회는 당원이 많은 교회", "당신도 당원?"라는 우스갯소리가 있을 정도였지요. 짐작하시지요? 당뇨병이 있는 분들을 당원이라 부른 것입니다.

아, 무슨 타개책이 없을까? 안타까움으로 인한 고민이 목회생활 내내 떠나지 않았습니다. 그 안타까움이 요가로 귀착된 것이지요.

회개

아픈 성도님들이 계속 발생하는 목회환경은 자연스레 건강이라는 시각으로 성경을 주목하게 했습니다. 마태복음 4장에서 답을 찾았습니다. 예수님의 사역을 총괄 요약한 구절이지요.

> 예수께서 온 갈릴리에 두루 다니사 그들의 회당에서 가르치시며, 천국 복음을 전파하시며, 백성 중의 모든 병과 모든 약한 것을 고치시니 (마태복음 4:23)

예수님께서는 회당에서 가르치는 "지적(intellectual) 사역"을 하셨습니다. 천국복음을 전파하시는 "영적 사역"을 행하셨습니다. 이 두 사역 못지않게 모든 질병과 약한 것을 고치시는 "육체적 건강사역"도 하셨습니다. 이 대목에서 저는 회개하지 않을 수 없었습니다. 저는 "육체적 건강사역"을 아주 소홀히 하며 목회를 해온 셈이니까요.

사실, 예수님의 육체적 건강사역을 소홀히 한 것은 저만의 문제가 아닙니다. 한국 교회 전체, 아니 세계 교회 전체에 만연한 문제라고 할 수 있습니다. 실제로 오랜 역사적 배경을 가진 고질적인 병폐라고 해도 과언이 아닙니다.

교회에는 많은 영적 사역이 있습니다. 많은 기도회와 예배가 있고, 묵상을 강조하지요. 또한 많은 지적 사역이 있습니다. 각종 성경공부와 세미나가 즐비합니다. 그런데 육체적 건강사역은 참으로 빈약합니다. 온 성도의 건강 증진과 질병예방 및 치유를 위해 교회가 하는 일이 무엇인가요? 신유(divine healing)집회가 있지만, 일반적이지 않습니다. 교회가 하는 일은 중병에 걸린 사람이 있을 때 그저 신유를 바라며 때때로 기도하는 정도입니다.

어떤 분들은 예수님이 질병 치유사역은 하셨지만 건강증진이나 질병예방 사역은 하지 않으셨기 때문에 후자의 사역은 교회가 할 일이 아니라고 변명합니다. 소 잃고 외양간 고치는 것보다 소 잃기 전에 외양간 고치는 게 더 현명할진대 그 변명은 별로 유효하지 못합니다. 교회의 현실은 소 잃고도 외양간을 고치지 않는 수준인데, 이대로 방치해서는 안 됩니다.

많은 성도님들이 몸에 병이 들면 교회를 찾지 않고 다른 기관들을 찾아다니며 방황합니다. 물론 교회에서 기도는 하지만, 턱없이 부족하다고 느낍니다. 병들지 않기 위하여 신앙과 관계없는, 소위 용한 사람들의 말을 금과옥조(golden rule)로 여깁니다. 건강에 관한 한, 목회자가 성도님들보다 무지한 경우도 적지 않습니다. 예수님은 그렇지 않으셨는데 말이지요. 병든 성도를 위해 기도하는 일만이 목사의 임무라고 말하기에는 성도님들의 건강 문제가 현실적으로 너무 심각하고 그 해결책에 갈급합니다.

대부분의 목회자들은 이러한 생각애 동의하지만, 어떤 목회자들은 단지 생소하다는 이유로 귀를 막습니다. 참으로 안타깝습니다. 일반적으로 목회자들은 성도님들이 영적으로 연약하거나 병이 들면 큰일 났다고 생각하고 조치합니다. 성도님들의 성경지식이 부족하면 그래서 이단사설에 넘어간다고 염려들을 합니다. 성도님들의 육적인 건강이 안 좋을 때에는 기도 이외에 구체적이고 실질적인 조치가 없어도 되는 것인지요?

목회자들이 추구해야 할 것은 예수님을 닮은 지도력입니다. 대목자장이신 예수님을 따르는 작은 목자로서 목회자들은 속히 예수님의 3대 사역을 균형 있게 펼쳐야 합니다. 신학교에 각종 신학과 영성훈련 분야 못지않게 건강증진과 질병예방에 관한 과목들이 조속히 설치되어야 합니다. 구체적인 방안으로 기본적인 보건학 및 요가지도자 과정 설치를 제안합니다. 또한 응급조치 능력 습득과 병원 봉사 경험도 필수적입니다. 이렇게 목회자가 영, 지, 육 분야의 3중 능력을 갖추고 목회를 할 때, 교회가 비로소 예수님을 온전히 증거하게 되고 전인적인 삶의 모체가 될 것입니다. 그런 날이 속히 오기를 꿈꿔봅니다. 예수님의 3대 사역 중 하나에 눈감고 지냈던 것을 회개합니다.

치유 체험

책을 쓰게 된 직접적인 동기는 무엇보다도 제 자신이 요가를 통해 치유와 건강증진을 체험했기 때문입니다. 싱가폴한인교회를 목회할 때 저는 성도님들의 건강증진을 위하여 운동을 종종 강조했습니다. 교회당 마당엔 국제규격 농구장도 설치했습니다. 탁구대도 다섯 개나 구입했고 탁구대회도 열었습니다. 제가 가장 몰두했던 것은 테니스입니다. 교역자들과 매주 월요일 아침 테니스를 했고, 성도님들과 함께 대회에 출전하기도 했습니다.

싱가포르 한인테니스대회에 참가를 준비하던 때였습니다. 일주일에 세 번, 두세 시간씩을 쉬지 않고 계속 테니스를 하는 강행군이었습니다. 이때 왼쪽 무릎에 통증이 왔습니다. 나중엔 견딜 수 없을 정도까지 되었습니다. 결국 테니스를 중단하는 사태에 이르렀습니다. 고통은 계속되었습니다. 물론 병원에도 다녔지요. 약도 먹고, 침도 맞고, 근육운동도 했지만 별로 효과가 없었습니다.

자연스레 몸과 건강에 대해 연구를 많이 하게 되었지요. 철저한 탐구와 검토 끝에 내린 결론이 요가입니다. 그동안 소홀했던 요가를 본격적으로 시작한 지 3개월 만에 거짓말처럼 나았습니다. 지금은 걷고 뛰는 데에 아무런 문제가 없습니다. 이렇게 좋은 요가를 저만의 체험으로 그치면 안 된다는 생각이 들었습니다.

요가가 만병통치의 비결이라는 뜻은 결코 아닙니다. 저의 무릎 회복도 치유를 위한 여러 시도가 합력하여 이루어진 것이라고 생각합니다. 하지만 요가가 그중 유력한 시도였던 것은 확실합니다. 요가는 몸의 각종 균형을 회복시켜 건강을 증진시키는 효과적인 운동입니다. 몸의 불균형을 회복하는 과정 중에 질병 치유력도 강화되지요. 요가는 온 성도를 위해 펼칠 수 있는 건강사역으로서 아주 적당하기에 교회에 적극 권하고 싶어졌습니다.

안쓰러움과 미안함

요가원에 가면 기독교인들을 적지 않게 만납니다. 요가와 신앙의 관계에 별 관심이 없는 분들이 태반입니다. 때때로 교회지도자들의 부정적인 견해를 답답해하는 분들도 만납니다. 자신들은 별 문제를 못 느끼는데 목회자들이 반대를 하니 부담스러운 것입니다.

뚜렷한 반박을 할 수 없어서 답답해 합니다. 자연히 마음이 많이 위축됩니다. 죄책감이 생겨 불편합니다. 심지어 일부는 교회지도자들을 불신하고 원망합니다.

요가원에는 소위 "가나안" 성도들이 많습니다. 교회에 불만이 있거나 크게 실망하여 교회에 출석하지는 않지만 성도이기를 아직 포기하지 않은 분들입니다. 그분들은 교회가 주지 못하는 건강과 평강을 요가원에서 맛보고 있고, 요가를 반대하는 교회에 불만이 강합니다.

> "무리를 보시고 불쌍히 여기시니 이는 그들이 목자 없는 양과 같이 고생하며 기진함이라." (마태복음 9:36)

요가원 어딜 가든지 낯을 익히고 나면, 저를 찾아와 "목사님, 저도 기독교인이에요."라고 고백하는 분들이 있습니다. 그때마다 그분들이 얼마나 안쓰러운지요. 목회자로서 미안한 마음이 많이 들었습니다. 건강 증진 사역을 통해 만족을 주는 목회를 온전히 수행하지 못했다는 자책감이 들어서입니다. 요가하는 기독교인과 가나안 성도님들을 위해 목사로서 무언가를 해야 한다는 마음도 이 책을 쓴 동기입니다.

예수님은 요가하는 기독교인에게 뭐라 하실까?

잃은 양 찾기와 전도

목회자에게 가장 큰 부담이 되는 과제는 아무래도 잃은 양 찾기일 것입니다. 양이 없으면 더 이상 목자가 아니니까요. 양을 잃어버릴 때 목회자들은 슬픔과 자괴감을 느낍니다. 저는 요가원이 잃은 양들이 모이는 현장임을 발견했습니다. 요가원에는 현재 교회를 출석하는 기독교인들과 이전에 교회를 다녔던 분들이 의외로 많습니다. 그분들에게 요가를 할 때에도 하나님이 함께하신다는 사실을 실감나게 알려드려야 한다고 생각합니다. 요가가 혹시라도 신앙에 손상을 가져올 수 있는 위험성이 무엇인지 잘 이해하도록 도와야 합니다. 그 위험성에 어떻게 대처해야 하는지 길을 제시해야 합니다. 이런 일들을 목회자가 감당할 수 있기를 간절히 소망합니다.

요가하는 사람들은 대부분 건강증진과 몸매를 위해서 요가원에 옵니다. 요가를 하면서 소박한 즐거움을 얻고 그것을 서로 나눕니다. 요가 때문에 그분들이 도덕적으로나 사회적으로 물의를 일으키는 일은 없습니다. 이런 상황에서 교회가 요가를 백안시하고, 요가를 종교적인 악으로 정죄하며, 성도들이 요가에 접근하는 것을 철저히 금하고 있다는 사실이 비신자 요가인들에게 알려진다면, 어떤 일이 일어날까요?

교회의 요가금지 결정은 요가하는 모든 분들 — 기독교인, 가나안 성도, 타종교인, 무종교인 — 모두를 교회 밖으로 밀어내고 복음에 귀를 막게 하는 반전도적인 결정입니다. 우선 이 사실을 인식하는 게 중요합니다. 이런 걸 감수하고 요가를 금지할 만한 이유가 정말 있는 것일까요?

교회와 요가, 갈등해소는 가능한가?

오해와 갈등의 요소들

오해와 갈등의 요소들을 세 가지로 분류할 수 있습니다. 첫째, 교회지도자들의 부정적 입장입니다. 둘째, 혼합주의적 성향을 가진 "크리스천 요가"입니다. 셋째, "요가는 과학"이라는 주장입니다.

교회지도자들의 부정적 입장

요가에 대한 교회지도자들의 대외적인 입장은 상당히 부정적입니다. 사적인 대화에서는 찬성과 반대의 스펙트럼이 넓습니다. 그럼에도 교회의 공적인 입장은 개인차가 거의 반영되지 않은 채 일관되게 부정적인 것이 현실입니다. 그것도 사실을 도외시한 선입견 때문에 말이죠.

요가를 반대하는 것은 단순히 요가 반대로 끝나지 않고, 믿지 않는 분들을 기독교 안티그룹이 되도록 만드는 행위가 됩니다. "역시 교회가 내는 소리는 복음(기쁜 소식)이 아니군."이라는 반응을 강화시키게 되지요.

왜 이런 일이 발생하는지 알고 바르게 대처하기 위해서는 요가 반대 주장의 오류들을 들추어낼 수밖에 없습니다. 구체적으로 논리적 오류, 성경적 오류, 종교학적 오류, 현장무경험으로 인한 오류 등을 제시할 것입니다. 오류가 있는 주장들을 바로잡을 때 우리는 비로소 오해에서 이해로 나아가게 됩니다. 바른 이해는 갈등을 해소시키는 원동력이 될 것이고요. 종국적으로는 요가하는 기독교인과 가나안 성도님들에게 행복을 주는 목양이 이루어질 것입니다.

"크리스천 요가"

요가에 대해 과도하게 긍정적인 입장을 취하는 "홀리 요가(Holy Yoga)" 또는 "크리스천 요가(Christian Yoga)"도 오해를 야기하는 요소입니다. 크리스천 요가는 요가의 모태인 힌두교 신앙과 기독교 신앙을 혼합하면서까지 요가에 긍정적인 의미를 부여하는 경향이 있습니다. 서양에는 크리스천 요가가 상당히 보편화되어 있지만, 다행히 한국에는 본격적으로 들어와 있지는 않습니다.

소수이기는 해도 요가하는 일부 한국 기독교인 중에 "크리스천 요가"와 정신적 기조를 같이하는 사람이 없는 것은 아닙니다. 하지만 한국의 상황이 아직 경종을 울릴 만한 수준은 아니라고 판단합니다. "크리스천 요가"류의 흐름이 신앙적으로 일으킬 수 있는 문제를 드러내고 미리 대처하는 것은 필요합니다.

요가가 과학이라는 주장

요가가 과학이라고 주장하는 운동도 오해와 갈등의 소지가 있습니다. 이 운동의 선봉자가 현 인도 총리 나렌드라 모디(Narendra

Modi)입니다. 그는 "요가는 종교가 아니라 과학"이라는 슬로건을 내걸고 인도 전역은 물론 전 세계에 요가 및 힌두교 전파의 인프라를 만들어가고 있습니다.

"요가는 종교가 아니라 과학이다."라는 주장이 부상하는 이유는 종교적 마찰을 피하면서 요가를 적극적으로 전파할 수 있는 길이기 때문입니다. 대부분의 한국의 요가원들도 종교적 갈등을 피하고자 이 명제를 도입 천명하고 있습니다.

그러나 이 명제는 명백한 오류를 내포하고 있습니다. 요가에는 과학적 요소도 있고 종교적 요소도 분명히 있습니다. 요가를 과학으로 내세우며 펼치는 움직임은 그 대전제 때문에 요가의 종교성에 대한 정직하고 공정한 조치를 할 수 없습니다. 있는 종교성을 마치 없는 듯이 은폐하기 때문에 힌두교 이외의 타종교 신앙을 침해할 가능성이 분명히 있습니다.

교회를 위한 건강모델 대안 제시

저는 단순히 오해와 갈등을 해소하는 차원에서 멈추지 않습니다. 요가하는 기독교인들을 위한 바른 길을 제시하는 데까지 나아가려 합니다. 기독교의 진리를 소중히 여기는 것은 요가를 반대하는 교회지도자들이나 요가하는 성도님들이나 마찬가지입니다. 가나안 성도님들도 여전히 그리스도를 사모하며 진리를 간절히 찾고 계시는 분들입니다. 기독교 신앙을 지키며 요가를 할 수 있는 대안을 제시하는 일은 매우 중요합니다.

요가는 분명히 인류의 건강증진에 기여할 수 있는 과학적인 놀라운 장점을 가지고 있습니다. 종교적 제패를 꿈꾸는 힌두교 골수분자를 제외하면 요가가 과학이라고 주장하는 분들도 선한 의도로 그런 주장을 한다고 봅니다. 기독교인을 포함한 일반 종교인들이 자기의 순수한 신앙을 지키려는 의도 또한 선한 것입니다. 모두가 선한 뜻이 있고 요가의 좋은 점이 있다면 분명히 모두가 만족할 수 있는 길을 하나님께서 예비해두셨다고 확신합니다. 그 대안을 찾아 공유할 수 있다면 모두가 얼마나 행복할까요.

바람직한 대안의 윤곽을 한마디로 말하자면, "접목(grafting)"모델입니다. 접목은 혼합과 다릅니다. 혼합은 양쪽이 서로 섞여 열매도 혼합된 것을 생산합니다. 그런 열매가 가능하다면 말입니다. 접목은 다릅니다. 접목의 특징에 대해서는 서문에서 비교적 상세히 언급했습니다. 참조해 주세요.

인간이 행하는 모든 일은 완벽할 수 없습니다. 접목모델은 완벽하다고 말한다면 교만이 되겠지요. 그래서 혹시라도 발생할지 모르는 부작용을 방지하고자 신앙적으로 유의해야 할 점들을 틈틈이 언급했습니다.

"구구팔팔이삼사"에서 "활백(活百)"으로

기대수명과 건강수명

"기대수명"이라 함은 기준년도의 출생아가 앞으로 생존할 것으로 기대되는 평균 생존연수를 의미합니다. "건강수명"은 기대수명 중 질병이나 부상으로 고통 받는 기간을 제외한 기간, 즉 건강한 삶을 유지하는 가운데 생존하는 연수를 뜻합니다. 기대수명과 건강수명이 근접할수록 한평생 건강하게 살다가 생을 마치는 것을 의미하고, 격차가 클수록 유병 기간, 즉 아파서 고생하는 기간이 길다는 뜻입니다.

조금 더 구체적으로 들여다보겠습니다. 통계청 자료[9]에 따르면, 2016년 기준 우리나라 사람의 기대수명은 82.4세이고 건강수명은 64.9세입니다. 우리나라의 기대수명과 건강수명의 격차, 즉 유병기간이 17.5년이나 됩니다. 일생 중 17년 반 정도를 건강치 못한 채로 불행하게 산다는 뜻이지요. 남녀를 구별하면, 여성은 2016년 기준 유병기간이 20.2년, 남성은 14.6년입니다.

세간을 떠도는 소망이 있습니다. "구구팔팔이삼사(9988234)!" "아흔아홉(99)살까지 장수하며 팔팔(88)하게 살다가 2~3일만 아프고 죽었으면(4: 死, 죽을 사) 좋겠다."는 소망을 재치 있게 숫자로 표현한 것이지요. 제 생각에는 99에 괄호를 치는 것이 좋겠습니다. 인간의 수명은 전적으로 하나님 손에 달려 있으니까요. 아무리 건강해도 일찍 죽는 사람도 있지 않습니까. 얼마를 살든지 수명만큼 팔팔(88)하게 살다가 2~3일 만에 죽는 것은 바랄만한 소망입니다. 요즘은 한걸음 더 나아가 "활백(活百)"을 얘기하기 시작했습니다. "백"세까지 사회"활"동하며 산다는 것이지요. 의학기술이 날로 발전하는 것을 볼 때에 그런 날이 곧 오리라고 봅니다.

이 책은 전체적으로 육체적 건강에 초점이 맞춰져 있지만, 잠시 기대수명과 건강수명을 기독교적인 시각에서 영(spirit)·지(intellect)·체(body) 세 분야에 적용해보겠습니다. 사람은 영적인 나이, 지적인 나이, 육체적인 나이를 가집니다. 이 셋 중 하나라도 불균형을 이루면 불행해집니다.

영적 나이

영(spirit)이란 초논리적인(super-logical) 그 어떤 것입니다. 초논리는 무논리(illogic)를 의미하지는 않습니다. 초논리는 사람의 지력으로 이해할 수 있는 범위를 넘어섭니다. 영적 영역을 신비의 영역이라고도 합니다. '신(God)', '사랑', '덕(virtue)', 신앙 등이 바로 이 영역에 속한다고 볼 수 있습니다.

그리스도인이 영적으로 건강한 가운데 나이가 들어가면, 그리스도의 신비에 더욱 다가가게 되고, 그리스도의 신비를 드러내게 됩니다. 그리스도의 지혜와 그리스도의 언행과 그리스도의 심정이 풍성해집니다. 삶에선 그리스도의 향기가 나지요. 나아가 세상 욕심이 없어지고 떠나야 할 때를 잘 분별하게 됩니다.

70세 정년이 보장된 상황에서 당시로서는 획기적인, 65세 조기은퇴를 하셨던 임택진 목사님이 생각납니다. "무익한 종은 물러갑니다. 그동안 감사했습니다."라는 10초 은퇴사(retirement speech)는, 짧았기에 오히려 오래도록 많은 이에게 감동이 되고 있습니다. 은퇴 이후 목회하시던 교회에 일체 발걸음을 끊으신 것도 널리 회자됩니다. 은퇴 후에도 영적인 건강을 유지하시면서 후배들을 위해서 귀한 가르침을 주셨던 존경받는 어르신입니다.

반면에 영적 나이를 거꾸로 먹는 기독교인들도 있습니다. 목회자들 중엔 나이가 들수록 탐욕과 어리석음에 휩싸여서 하나님을 욕되게 하는 분들도 있습니다. 심지어 영적 치매에 걸려 교회 벽에 똥칠을 함으로써 많은 이의 눈살을 찌푸리게 하고 교회를 욕되게 하는 일도 있어서 매우 염려가 됩니다. 육적 치매가 자신의 의도와 인격에 상관없이 찾아오듯이, 영적 치매도 질병으로 치부하며 넉넉한 마음으로 받아들여야 하는 것인지는 잘 모르겠습니다. 그렇다면 자해를 하거나 남에게 피해를 입히지 않도록 영적 치매 어르신들을 철저히 보호관리하는 게 필요하지 않을까 생각해봅니다.

기독교인은 영적 나이가 들어 믿음이 깊어질수록 세속적인 탐욕이나 세속적 두려움은 망설임 없이 아름답게 극복해야 합니다. 예수님이 세속적 탐욕이나 세속적 두려움에 좌우되지 않으셨기 때문이지요. 나이가 들수록 오직 그리스도의 소망이 자기의 소망이 되고, 그리스도의 행동이 자기의 행동이 되어야 합니다. 영적 나이가 들수록 자기를 그리스도께 순도 높게 위탁하고, 그리스도께서 마음껏 자기를 사용하시도록 저항 없이 내어드려야 할 것입니다.

100세에 얻은 외아들 이삭을 제물로 내어드리는 아브라함의 노년, 80세에 분연히 현실을 떨치고 일어나 여호와의 뜻에 온전히 순종하다가 사명을 다 완수한 후 객지에서 제대로 된 무덤도 없이 사라져간 모세, 그리고… 죽음이 기다리고 있음을 아셨음에도 기어이 예루살렘으로 올라가 십자가에서 처참하게 돌아가시는 그리스도의 마지막 모습을 떠올려봅니다. 오늘날 이렇게 숭고한 말년의 모습이 반영된 기독교인의 노년 전통이 무엇인가요? 모든 것을 내려놓고 브라만(우주 자연의 본체)과의 합일을 소망하며 객사를 마다치 않고 유랑길로 나선 산냐시[10](sannyasi, 힌두교 탁발수도승, Hindu mendicant)도 감동 받을 수 있는 노그리스도인의 길 말입니다.

과연 제가 사도 바울처럼, "나는 선한 싸움을 싸우고 나의 달려갈 길을 마치고 믿음을 지켰으니"(디모데후서 4:7)라고 고백하고 하나님 곁으로 갈 수 있을까…. 두렵고 떨리는 마음으로 저의 미래를 생각해봅니다. 저의 노년의 모습에서 발해지는 그리스도의 향기가 산냐시를 주님께로 이끌 정도가 되면 저는 제대로 영적 나이가 들어 생을 마쳤다 할 수 있을 것입니다.

지적 나이

나이가 들어감에 따라 지적(intellectual) 능력 중에 창의성이나 기억력은 감퇴할 것입니다. 그러나 건강하게 지적 나이가 들게 되면, 새로운 지식과 새로운 체계에 대해 더 개방적일 수 있습니다. 나이가 들어가면서 여러 지식들의 한계와 상대성을 알게 되고, 한 가지 지식체계에만 사로잡힐 필요가 없다는 걸 깨닫게 됩니다. 또한 연륜이 쌓여 자연스레 학제적(學際的, inter-disciplinary) 지식이 풍성해집니다. 그 결과 지식 통합능력이 계속 발달합니다.

반면에 불건강하게 지적 나이가 들게 되면 바람직하지 못한 여러 특징들이 나타납니다. 과거의 지식에 얽매이고 독단 (dogmatism)에 쉽게 빠집니다. 새로운 지식에 대해 거부감이 많아져 무조건 수구적(adhesive to the old)이 됩니다. 이러한 지적 태도는 여러 영역에서 갈등을 유발합니다. 특히 젊은이들의 생각을 받아들이지 못하게 됩니다. 결국 개인은 물론 교회와 사회에 덕과 유익이 되지 못합니다. 지적 기대수명과 건강수명의 격차가 클수록 세대 간의 갈등이 커져서 개인, 가정, 사회에 큰 문제를 일으키게 되지요.

육체적 나이

육체적으로 나이가 들어가면 사실상 신체의 모든 기관의 기능이 저하되는 것은 하늘의 이치입니다. 건강하게 육체적 나이가 들어가는 사람도 있고, 불건강하게 나이가 드는 사람도 있습니다. 나이가 들어도 건강하다는 것은, 신체 기관(organ)들이 여전히 상호 유기적으로 선순환(virtuous cycle) 관계를 가지며 균형을 이루는 것을 의미합니다. 여전히 신체가 유연하고 균형과 근력이 나이에 맞게 적절히 유지되며, 면역력이 양호하여 노화는 되더라도 질병이 없는 상태를 의미합니다. 그야말로 "(99)88234"가 이루어지는 상태이지요.

반면에 나이가 들수록 건강상태가 깨어지기 쉽습니다. 한 신체 기관이 병들어 제대로 작동하지 않으면 그것으로 끝나지 않습니다. 인접 관련 기관에도 나쁜 영향을 미쳐 점점 많은 기관에 문제를 일으키고 신체기관들 사이에 악순환이 일어납니다. 기능의 노화와 질병은 신경과 호르몬의 부조화 및 면역력 저하와 직결되어 쉽게 다른 질병을 부릅니다. 신체기관이 노화될수록 급성질환이 오면 급진전되어 젊은 사람과는 다르게 생명이 위태롭게 되는 경우가 많습니다. 만성질환에도 취약하여 점차 건강 조절불능의 상태에 이르게 됩니다. 결국 달고 사는 약의 종류가 점점 늘어나게 되지요. 이렇게 되는 것이 육체적 나이가 들어가면서 불건강에 빠진 모습입니다.

나이가 들면서 성인병으로 고생하는 기독교인들이 많습니다. 기독교인들은 몸을 창조하신 창조주 하나님을 믿습니다. 3년의 짧은 공생애 기간이었음에도 수시로 치유사역을 하실 만큼 육체의 건강을 중요시 하신 예수님을 믿습니다. 그럼에도 기독교인들이 일반인들보다 더 건강하다고 자부할 수 없는 것 같습니다. 분명히 문제가 있는 상황입니다.

사랑하는 교우들, 선후배 동료 교역자들이 질병으로 고생하는 것을 종종 보면 너무나 안타깝습니다. 비만이나 성인병에 시달리는 분들도 많습니다. 물론 타고난 체질 때문일 수 있습니다. 그러나 체질이나 유전 탓으로 돌리기 전에 육체적 사역에 무진 애를 쓰셨던 예수님과 독대하며 자신의 육체적 건강을 신앙적으로 성찰해야 하지 않을까요?

육체적 건강을 위해서 남다르게 애써도 안 되는 사람도 있다는 것을 간과해서는 안 될 것입니다. 하나님의 뜻이 있어서 유달리 약한 육체로 살아가는 분들도 있습니다. 육체가 약하거나 병이 있다고 해서 부정적인 시각으로만 보아서는 결코 안 됩니다. 또한 건강에 과하게 집착하는 것도 하나님께 영광이 되지 않습니다.

우리의 초점은 육체적 건강을 위해서 할 수 있는 바 최선을 다하는 데에 맞춰져야 합니다. 최선을 다한 뒤에도 육체의 건강이 여의치 않다면 절대로 위축되거나 좌절해서는 안 됩니다. 육체를 연약하게 하신 하나님의 뜻에 순종하며 그 뜻을 분별해야 합니다. 힘들고 어려울지라도 연약한 육체를 통해서도 하나님의 영광을 드러내는 길을 담대히 걸어가는 것이 신앙적 자세입니다.

먹사(?)에서 목사로

교회에 올바른 섭생에 반하는 관습이 있습니다. 목사의 이미지가 D자(배불뚝이) 체형과 고급 레스토랑, 그리고 기름진 음식과 함께 겹쳐져서 떠오른다면 분명히 문제 상황입니다. 예수님의 건강사역 방향과는 거리가 멀기 때문이지요. 시중에 "먹사"라는 비웃는 말이 떠돈다는 것은 참으로 수치입니다. 이것저것을 떠나서 먹사는 건강사역을 펼치신 예수님을 목자장으로 삼는 작은 목자의 모습은 결코 아닙니다.

제가 싱가폴한인교회를 담임할 때, 일년에 한 번 성도님 가정을 모두 심방하는 대심방 기간이 있었습니다. 보통 하루에 열 가정 정도를 심방하다 보니, 소요기간이 두 달 정도 지속되었습니다. 이때 목회자를 향한 성도님들의 각별한 사랑이 음식을 통해서 표현됩니다. 두 달 정도는 과식의 연속이었지요. 담임목회 수년이 지난 후 중대한 결단을 했습니다. 심방 때 음식은 물론 음료도 내놓지 말고, 대신 기도문을 정성껏 써서 음식 접시에 올려 내놓아 환대를 표현하도록 당부했습니다. 기도문은 성도님 가족, 목회자, 교회, 사회, 국가, 세계를 위한 내용을 온 가족이 합심하여 기록하도록 했습니다. 식사교제는 중요하기에 심방을 마치고 모든 구역

식구들이 한 접시씩 준비해온 음식으로 함께 모여 공동식사를 했습니다. 성도님들께서 처음에는 생소해하셨지만 후에는 좋은 평가를 해주셨습니다.

이와 비슷한 개혁이 기독교인의 식사문화에 있어야 합니다. 사실 사람과 사람이 만나 서로의 우의를 다질 때 식탁교제만한 것이 없습니다. 예수님도 즐겨 식탁교제를 하셨지요. 식탁교제를 할 때 정성을 다하여 좋은 음식으로 상대방을 환대하려는 마음은 참으로 귀한 것입니다. 이 마음은 반드시 살려야 하나 그것이 과한 음식으로만 표현되는 것은 지양되어야 합니다. 과한 음식은 예수님의 건강사역에 반하는 것일 뿐만 아니라 음식이 없어서 고생하는 이웃에 대한 그리스도인의 자세로서도 적절치 않습니다. 기독교인은 마음과 정성을 다하는 환대 문화를 계속 발전시키면서도 건강하고 덕스러운 식사 문화를 조속히 정착시켜야 합니다. 이런 의미에서 사찰의 공양 문화는 본받을 만합니다.

우리 하나님은 우리의 영을 주관하시고, 지(intellect)도 주관하시고, 육도 주관하십니다. 우리의 모든 것을 주관하시는 주인이 우리 하나님이십니다. 육체적 건강을 신앙과 연결시키지 않고 건강에 관심과 노력도 제대로 기울이지 않는다면, 육체에 대한 하나님의 주권을 부인하는 행위가 될 수 있습니다. 육체도 주관하시는 하나님을 정말 믿는다면 기독교인들이 세상으로부터 이런 소리 들어야 하지 않을까요?

"건강증진과 질병예방에 대해서는 기독교인들을 봐."

"기독교는 단순히 육체적 건강을 강조하는 것이 아니야. 그들은 육체를 소중히 여기는 것과 신앙의 높은 경지를 신비하게 연결

예수님은 요가하는 기독교인에게 뭐라 하실까?

하고 있어. 기독교 하나님은 정말 전인적인 회복을 주시는 분이
야."

기독교적 판단모델 제시

그리스도인들은 "길이요 진리요 생명"(요한복음 14:6)이신 예수님
을 믿는 사람들입니다. 믿는 이는 "세상의 빛"(마태복음 5:14)이라
고 예수님께서 말씀하셨습니다. 한국의 기독교 초기에는 믿는 이
들의 공동체인 교회가 한민족 전체를 위한 "길"을 명확히 제시했
고, "빛"의 역할을 잘 감당했습니다. 교회가 발하는 빛에 사람들은
소망을 걸었고, 교회가 제시하는 길을 많은 사람들이 따랐습니다.
교회는 교인들만이 아니라 한민족 모든 이를 위한 귀감이었고, 사
람들은 교회를 의지했습니다.

   3·1운동만 보더라도 그 주도적인 역할을 교회가 했습니다. 선
교된 지 34년밖에 안 된 시점이었습니다. 당시 기독교인 비율은
전체 인구의 1.8%였지요. 그럼에도 독립선언문 작성자 33인 중에
기독교인이 16명이나 되었습니다. 나머지는 천도교인이 15명, 불
교인이 2명이었지요. 3·1운동으로 수감된 사람들 중 기독교인이
22.4%로 가장 많았습니다.[11] 당시 교회는 사회적 판단과 사회봉
사에 있어서 선구자적인 역할을 감당했습니다. 온 백성이 교회의
판단을 존중했고, 교회에 기대를 걸었습니다.

   세월이 흐르면서 교회는 사회의 심각한 이슈들에 대해서 "길"
을 제시하고 "빛"이 되는 일로부터 점점 멀어져갔습니다. 이제는

세상 사람들이 교회가 사회에 "길"을 제시해 줄 것이라고 더 이상 기대하지 않는 분위기입니다. 교회의 판단을 존중하지도 않고요. 이렇게 된 이유가 무엇일까요? 교회가 갈 길을 모르는 사람들에게 "길"을 제시하고 어두운 세상에 "빛"이 되는 일을 하는 방법이 무엇일까요?

이 책은 요가 때문에 목회자와 요가하는 성도 사이에 막힌 담을 어떻게 제거하여 소통할 것인가를 말합니다. 또한 요가와 관련하여 교회와 사회 사이를 가로막는 장애물을 치울 것입니다. 때로는 교회의 잘못된 생각이나 관습을 신랄하게 비판합니다. 동시에 "오직 예수"를 믿는 목사의 입장에서 요가가 야기할 수 있는 신앙적인 문제 또한 냉철하게 때로는 강한 어조로 지적합니다. 그러나 타종교인이나 심지어 힌두교인이 볼 때에도 쉽게 이 책 내용을 부인하거나 무시하지 않고 수긍할 수 있도록 사실에 근거하여 상당히 폭넓고 공정하게 집필하고자 노력했습니다.

기독교인의 문제 해결법

이 책은 "기독교 신앙과 요가의 갈등"이라는 국부적인 문제를 다룹니다. 동시에 사회적 지도력 상실이라는 한국 교회의 전반적인 문제를 풀어가고자 합니다. 이런 구도 때문에 요가를 다룰지라도 방법과 전개과정을 통해 보편적인 기독교적 판단모델을 제시합니다. 이제 이제 그 방법론의 기저에 흐르고 있는 정신과 원칙을 소개하겠습니다.

교회의 지도력 상실 원인과 해결책

지상 첫 교회는 엄청난 사회지도력을 가졌습니다. 그것을 살펴봄으로써 오늘날 교회가 지도력을 상실하게 된 원인을 조명합니다.

교회의 지도력 상실 원인 : 방언 상실

교회가 사회에서 찬밥신세가 된 큰 이유는 사회를 향한 "방언"의 능력을 잃어버렸기 때문입니다. 원래 교회는 출발부터 "방언"과 함께했습니다. 세상의 첫 교회인 오순절 다락방 교회(사도행전

2:1-11)의 가장 대표적인 특징이 "성령 충만으로 인한 방언"이지 않습니까. 교회의 원형인 그 첫 교회는 여러 언어권에서 온 사람들에게 그들의 "난 곳 방언"(사도행전 2:8)으로 생명의 "길"과 "빛"을 증거했습니다. 이렇게 했더니 하루에 3천명이나 "길"을 발견하고 "빛" 가운데로 들어섰습니다(사도행전 2:41). 방언을 통해 사회 지도력을 갖게 된 것이지요. 방언은 교회의 본질적인 특징입니다. 현대 교회는 그 본질적 특징을 잃어버렸습니다.

기독교인이 아닌 분은 기독교에서 말하는 방언이 무엇인지 잘 모르실 것입니다. 성경에서 말하는 방언에는 두 종류가 있습니다. 배우지 않은 언어를 성령의 능력으로 갑자기 말할 수 있게 될 때 그 말을 방언이라고 합니다. 또 기존의 언어와 비슷한 풍으로 말하기는 하지만 그저 풍이 비슷할 뿐 실제로는 사용되지 않는 언어도 방언이라고 합니다. 개그맨들이 가끔 일본어나 중국어를 흉내낸 말로 웃음을 선사하는데 그 비슷한 것이지요. 이 책에서 얘기하는 방언은 앞의 의미입니다.

흔히 지상 첫 교회의 방언 사건을 놓고 초자연적이고 신비적인 차원에만 주목합니다. 모르던 언어를 갑자기 말하게 된 기적에만 주목하고 신기해하면 정작 방언 사건의 본질은 놓치게 됩니다. 방언 사건의 핵심 포인트는, 방언을 통해서 어떤 결과가 발생했고 그 내용이 무엇이었느냐에 있습니다.

발생한 결과는 불가능했던 소통을 그리스도인들이 주체가 되어 가능케 한 것입니다. 서로 생각과 마음이 통하지 않던 사람들이 통하게 되었습니다. 이 소통은 그리스도인들이 성령의 능력을 받아 역지사지하여 자기의 언어를 접고 상대방의 언어로 말함으로써 상대방을 감동시킨 소통입니다. 방언을 했다는 것은 성령의 역사하심으로 배우지 않은 말을 갑자기 하게 될 정도로 최상의 역지사지를 했다는 것입니다. 방언의 결과는 "소통"이었지, 방언을 신기해하며 초자연적인 방언 능력을 만끽한 것이 아닙니다. 소통한 내용은 바로 "하나님의 큰 일"(사도행전 2:11) 즉 "길"과 "빛"에 관한 것이었습니다. 길과 빛을 제시하는 것이 방언의 목적이고, 방언을 통해서 소통이 가능케 되어 그 목적이 성취되었습니다.

지상 첫 교회의 방언사건을 조금 더 풀어보겠습니다. 당시 제자들은 그리스도께서 살아생전 하늘의 언어가 아니라 자기들의 언어로, 나아가 삶 자체가 방언 말씀이 되셔서 빛과 길을 보여주신 깊은 속뜻을 성령의 감동으로 깨달았습니다. 성령의 감동은 외부로 방향을 틀어 생면부지의 사람들의 마음을 헤아리는 데까지 진전됩니다. 제자들은 성령의 능력을 힘입어 그들이 알지 못하던 상대방의 "난 곳 방언"으로 소통하며 하나님의 그 크신 사랑을 증거합니다. 이것이 방언사건입니다.

작금의 사회에는 사람들이 "빛"과 "길"을 간절히 찾을 수밖에 없는 고통스런 사회적 갈등 이슈들이 많습니다. "빈익빈부익부", "성장과 분배", "기득권자들의 갑질", "남녀평등", "기회 부여의 불공정", "육아와 직장", "기아와 어린이", "4차산업혁명시대에서의 생존", "생태계 파괴", "환경오염", "미세먼지", "기후 문제", "과학과 종교의 상충", "AI의 기본권", "부국 및 군사강국의 횡포", "난민의 기본권 보장", "종교 간의 갈등 및 박해", "종교와 테러", "인종차별", "동성애", "소수자 인권", "펜데믹 상황에 대한 국내 및 국제적 대처" 등등. 심각한 주제들의 반열에 들지는 않지만 "기독교 신앙과 요가"도 역시 뜨거운 감자입니다. 얼마나 뜨거운 감자이며 어느 것이 우선적인 문제냐는 사람과 지역과 국가에 따라 다를 수 있습니다. 분명한 것은 이 모두가 "길"과 "빛"을 간절히 찾는 이슈라는 사실입니다.

오늘날 교회가 이러한 이슈들에 대해서 빛을 발하고 길을 제시해주기를 사람들이 기대하고 있는지요? 사람들이 기독교가 발하는 "빛"을 보고 새로운 삶의 지평을 열게 되어 감사하고 있는지요? 불행히도 대부분의 일반 사람들은 교회에 기대도 감사도 하지 않는 게 오늘날의 현실입니다. 근본적인 원인은 교회의 방언상실입니다. 교회가 방언을 하지 못해서 사회와의 소통이 막혔습니다.

해결책 : 방언 회복

어떻게 소통할 수 있을까요? 총론은 간단합니다. 그리스도의 영으로 충만함을 받아 방언을 하면 됩니다. 각론으로 들어가기 전에 방언과 예수님의 관계를 잠시 살펴보겠습니다.

방언의 대가(the great Master)는 예수님이십니다. 하나님 나라의 언어는 결코 유대인의 언어 따위가 아닙니다. 그럼에도 예수님은 유대인 아기로 태어나셔서 유대인의 언어를 배우시고 그 언어에 정통하셨고 유대인의 언어로 하나님의 사랑을 표현하셨습니다. 친히 유대인이 되셔서 유대인으로서의 삶을 사심으로써 말씀하셨습니다. 예수님은 삶 자체가 인간을 위한 "말씀"(요한복음 1:1, 14)이셨습니다. 사람들이 알아들을 수 있도록 말씀하시며 소통하시는 그리스도의 영이 우리에게 임하면 우리도 세상의 이슈들에 대해 방언을 할 수 있게 됩니다. 방언을 통해 비로소 그리스도인들은 세상의 빛과 소금이 될 수 있고, 궁극적으로 그리스도의 증인이 되는 것입니다. 오늘날은 그리스도인들이 성령충만하여 방언의 능력을 받는 것이 시급히 필요한 시대입니다.

방언 회복을 위한 각론

다음 각론들은 이 책의 방법론이자 교회가 사회적 이슈를 풀어가는 방법이기도 합니다.

역지감사지하라

"역지감사지(易地感思之)"는 역지사지에 감(感: 느낄 "감")을 추가한 것입니다. 역지사지란 익히 아시는 대로 땅(地: 땅"지")을 바꿔놓고 (易: 바꿀 "역") 생각한다(思: 생각할 "사"), 즉 처지와 입장을 바꿔놓고 생각한다는 의미입니다. "역지감사지"는 상대방의 입장을 생각하는 정도로 그치지 말고 철저히 공감한다는 뜻이지요. 교회의 방언은 역지감사지해야 방언답게 구현될 수 있습니다.

지상 첫 교회의 구성원인 제자들은 성령의 감동이 임하자 자신들의 죄악에도 불구하고 하나님께서 사랑해 주시는 것을 가슴으로 느꼈습니다. 성령의 감동은 과거의 자신들과 같은 상태에 놓인 사람들의 처지를 철저히 공감하는 데에까지 제자들을 인도했습니다. 결국 유대인의 말을 모르는 그들의 처지와 입장에 서서 그들의 "난 곳 방언"으로 피부에 와닿는 말을 하게 했습니다. 제자들이 방언할 때, 듣는 사람들은 자신들의 "난 곳 방언"으로 말하는 제자들로 인해 소동이 일어날 정도로 깜짝 놀랐습니다.

> [6] 이 소리가 나매 큰 무리가 모여 각각 자기의 방언으로 제자들이 말하는 것을 듣고 소동하여 [7] 다 놀라 신기하게 여겨 이르되 보라 이 말하는 사람들이 다 갈릴리 사람이 아니냐? [8] 우리가 우리 각 사람이 난 곳 방언으로 듣게 되는 것이 어찌 됨이냐? (사도행전 2:6-8)

"난 곳 방언"으로 말했다는 것은 단순히 상대방의 언어로 말했다는 정도의 의미가 아니라 상대방의 입장과 처지에 정통했다는 것을 뜻합니다. 그리스도인들이 사회적 이슈를 제대로 해결하려면 우선 상대방의 입장과 처지를 상대방만큼 잘 느끼고 알아야 합니다.

최근 국민들이 좌파와 우파로 나뉘어 극심한 대립으로 치닫는 모습을 봅니다. 교회조차 공공연히 한편에 서는 게 다반사입니다. 참으로 염려스럽습니다. 한편에 서는 것이 양쪽을 다 헤아리는 것보다 훨씬 쉽고 간명하지만, 모두의 불행을 자초하기 십상입니다. 사람은 특정 성향의 정보나 견해에 친숙해질수록 시비를 공정하게 가리기를 소홀히 하고 친숙한 쪽으로 경도된 선택하게 됩니다. 나중에는 다른 쪽의 주장을 듣기도 전에 거부하게 되고, 상대방을 전혀 이해할 수 없게 됩니다. 결국 자기가 속한 한쪽 세상이 세상의 전부라고 생각하게 되지요. 이러한 현상은 최근 인지심리학에서 많이 거론되는 주제이기도 합니다.

예수 그리스도를 믿는 사람들은 한쪽으로 경도되면 안 됩니다.

예수님은 요가하는 기독교인에게 뭐라 하실까?

만약 예수님이 하나님 나라에 경도되셨더라면 인간 세상에 오시지 않았고 우리는 구원받지 못했을 것입니다. 하나님 나라에 경도되었다는 표현은 성립이 안 되는 말입니다. 하나님 나라는 전부(everything)이고, 그에 비하면 인간의 나라는 무(nothing)입니다. 하나님 나라와 인간의 나라는 대립이나 비교 자체가 불가능한 위상이지요. 그럼에도 성자 하나님 예수 그리스도께서는 인간 세상을 헤아려주셨습니다. 친히 인간이 되실 정도로 공감해주시고 인간을 깊이 이해하시고 종국에는 대신하여 죽으실 정도로 "역지감사지"하셨습니다.

그리스도인은 좌파나 우파가 되어 한쪽에 서면 안 됩니다. 양쪽을 공감 이해하여 아우르며 양쪽 모두가 생명의 길을 갈 수 있도록 한 알의 밀알이 되는 게 그리스도인이 해야 할 일입니다. 기어이 무슨 파가 되려면 좌파나 우파가 아니라 "주파"가 되어야 합니다. "좌" 중에 예수님 시각에서 의미 있는 "ㅈ"을 택하고, "우" 중에 예수님 시각에서 의미 있는 "ㅜ"를 택하여 모두를 예수님 시각으로 헤아리는 온전한 "주"파가 되는 것이지요. 주파는 팩트(fact) 수집부터 다릅니다. 주파는 양쪽의 시각으로 수집합니다. 시각에 따라 팩트 수집부터 달라지니까요. 팩트체크를 양쪽 시각으로 철저히 하면서 역지감사지를 하여 양쪽 견해를 충분히 소화한 후 주님의 시각으로 모두를 살리는 결론을 내는 게 주파의 방법입니다.

극한 대립의 현장에서 그리스도인이 기억해야 할 것은 예수님의 모습입니다. 역지감사지의 극치를 보여주신 십자가의 장면입니다. 인간들의 배은망덕이 하늘을 찔러 예수님을 십자가에 달았습니다. 십자가에서 죽어가시면서도 예수님은 인간들의 입장에서 인간들을 헤아려주셨습니다.

> 아버지 저들을 사하여 주옵소서. 자기들이 하는 것을 알지
> 못함이니이다. (누가복음 23:34)

그리스도의 "역지감사지"를 본받는 그리스도인들이 많아질수록 사회는 행복해지고, 교회가 "세상의 빛", "세상의 소금"될 것입니다.

이슈에 정통하라

아무리 상대방의 처지를 공감하고 입장을 이해하더라도 이슈에 대해 정통하지 못하면 그르친 결론을 내기 쉽습니다. 일반 개인은 어떤 이슈에 정통하기는 한계가 있습니다. 교회가 비용을 투자하여 연구위원을 위촉하고 심포지움 및 공청회를 여는 일이 필요합니다. 이슈 발생 전에 미리 대비하고 폭넓은 연구를 할 수 있도록 지원함으로써 사회를 선도해나가는 것이 더 효과적이지요. 이 자체가 세상의 빛이 됩니다.

첫발자국은 전문가의 의견을 폭넓게 경청하는 것입니다. 전문가의 지식과 경험으로 뒷받침된 결론을 내야 올바른 지도력이 생깁니다. 창조과학을 예로 들어보겠습니다. 창조에 대한 신앙과 과학의 상충을 두고 직접적으로 창조옹호 태도를 표명한 기독교 집단이 창조과학회입니다. 문제는 각 분야 전문가들 대부분이 창조과학을 사이비과학으로 여긴다는 사실입니다. 소위 창조과학자라는 분들이 해당분야 전문가가 아니기 때문이지요. 이러면 이슈에

예수님은 요가하는 기독교인에게 뭐라 하실까?

정통하지 못하게 되고 기독교가 사회지도력을 발휘할 수 없습니다. 창조 관련하여 가장 근본적인 주제인 우주의 기원 논의만 해도 그렇습니다. 우주의 기원을 우주물리학자가 아니라 기계공학자가 얘기한다면 신뢰할 만한 결론이 나올까요? 심장수술을 치과의사에게 맡긴 꼴이지요. 실제 이런 일이 일어나고 있습니다.

단지 창조를 강력히 주장한다는 이유 하나로 교회가 기계공학자의 주장을 지지한다면 사회지도력은 물 건너갑니다. 교회가 해야 할 일은 적어도 천체물리학자, 성서신학자, 철학자, 타종교 신학자, 종교학자들을 협업케 하는 것입니다. 천체물리학자는 철저히 자연과학의 입장에서 우주의 기원을 말하게 해야 합니다. 이때 창조과학에 대한 정직한 과학적 평가도 말할 수 있는 분위기를 조성해야겠지요.

성서신학자는 성경해석학의 관점에서 창조과학자들의 성경해석을 감수(supervise)해야 합니다. 성경해석에 오류가 있다면 그 해석을 기초로 해서 펼치는 모든 주장은 원천적으로 오류를 내포할 수밖에 없으니까요. 실제로 창조과학자들의 성경해석은 대부분의 성서신학자들에게서 인정받지 못하는 내용입니다. 철학자는 인식론, 존재론, 해석학의 관점에서 자연과학적 결론의 위상을 정해줘야 합니다. 자연과학자들의 존재론은 대부분 "과학적 실재론"인데, 그것의 허와 실을 부각시킬 필요가 있습니다.

타종교 신학자들의 견해를 경청하며 그들이 우주를 보는 패러다임과 기독교의 패러다임을 다각도로 비교하여 장단점으로 제시해야 합니다. 이때 종교들의 위상을 조망할 수 있는 종교학자들의 시각도 필요합니다. 이렇게 종합적으로 접근해야 일반인만이 아니라 과학자와 타종교인들도 최종 결론을 용납할 수 있게 됩니다. 적어도 이런 과정 정도는 거친 후에 천체물리학자, 성서신학자, 철학자, 타종교신학자, 종교학자들도 수긍할 수 있는 창조신앙을 말해야 비로소 교회가 대사회적 지도력을 가질 수 있게 됩니다.

지향점을 밝혀라

비록 한편에 서지 않을지라도, 자기 입장과 지향점을 분명히 밝혀야 합니다. 좌우 찬반의 입장을 넘어선, 모두를 위한 가치를 지향하는 입장입니다. 그리스도인은 그 가치와 지향점을 예수 그리스도를 통해서 발견하지요. 모두를 위한 궁극적인 가치는 생명, 자유, 샬롬(평화: 평등과 화목) 등을 꼽을 수 있습니다. 그리스도인은 그러한 십자가의 가치를 사랑과 대속을 통해서 이루어내는 세상을 지향합니다.

예수님은 하나님이시지만 하나님 나라 울타리 안에 함몰되신 분이 아니고, 그 울타리를 넘어서 인간 나라로 내려오셔서 인간이 되셨습니다. 그렇다고 해서 예수님이 하나님 나라와 인간 나라를 혼합하시거나 인간 나라와 타협하신 것은 아닙니다. 인간을 대신하여 자기 목숨을 희생하시기까지 세상을 사랑하셔서 세상에 하나님 나라의 생명과 자유와 샬롬을 주셨습니다.

예수님을 믿는 지상 첫 교회의 제자들은 상대방을 헤아려 상대방의 난 곳 방언으로까지 말을 했습니다. 마찬가지로 제자들이 상대방의 생각과 자신들의 생각을 혼합한 것이 아닙니다. 상대방의 처지와 입장을 충분이 공감하고 철저히 이해하는 가운데 그들이 진정 생명의 길로 나아갈 수 있도록 인도했을 뿐입니다. 그리스도인은 좌우를 모두 헤아려야 하지만, 좌우를 적절히 섞어 봉합하거나 타협 수준에 머무르면 안 됩니다. 양쪽을 충분히 이해하고 포용하되 양쪽의 주장을 용해하여 모두가 진정한 생명을 누릴 수 있는 길을 제시해야 합니다. 그 길에서 생명과 자유와 샬롬의 많은 열매가 맺히도록 한 알의 밀알이 되어야 합니다. 결코 쉽지 않지만, 그리스도인은 모두를 위하여 쉽지 않은 길을 가야 합니다. 적지 않은 경우 불가능하게 보일 것입니다. 그럼에도 불가능해 보이는 꿈을 예수를 푯대 삼아 성령의 능력으로 구현해가는 사람들이 그리스도인입니다.

긴 호흡을 견지하라

오직 예수를 본받아 모두를 생명의 길로 인도하는 방안을 만들어내기 위해서는 긴 호흡이 필요합니다. 좌우를 함께 충분히 아우르려면 짧은 호흡으로는 안 됩니다. 베테랑급 해녀는 수심 15~20미터에서 2분까지도 작업을 합니다. 보통 사람은 2미터를 내려가는 것도 어렵고, 물속에서 가만히 1분 정도 숨을 참기도 어렵습니다. 하물며 깊은 물속에서 해산물을 찾아 이리저리 잠영하면서 2분을 견디는 것은 말할 수 없이 어렵지요. "해녀들은 매일 이승과 저승을 오간다."는 말이 있을 정도입니다. 해녀들이 수확을 얻으려면 죽음의 문턱을 드나들며 남다르게 긴 호흡을 해야만 합니다. 사회 지도력이라는 관점, 기독교적 용어로 "세상의 빛"이라는 관점에서 보면 요즘의 교회는 수확이 거의 없는 상태입니다. 이 상태를 극복하려면, 예수님의 방법 즉 케노시스(자기 비움, 빌립보서 2:7)가 필요합니다. 하나님이시면서도 인간 세상을 끌어안고 33년이나 하나님의 호흡을 비우고 인간으로서 긴 호흡을 하셨듯이 좌우 쌍방을 끌어안으며 목숨을 거는 각오로 긴 호흡을 해야 합니다.

그 모범을 가톨릭의 제2차 바티칸 공의회에서 볼 수 있습니다. 1962년에 시작해서 1965년에 서야 마쳤습니다. "아지오르나멘토(Aggiornamento: 쇄신)"라는 슬로건을 걸고 4회기로 나누어 3000여 주교가 모여 의논하고 또 의논하였지요. 그 결과물은 오늘날까지도 천주교회의 이정표가 되고 있습니다. 그 지침으로 천주교회는 50년이 넘도록 일관성 있게 행동해오고 있고, 천주교인들만이 아니라 세계인들이 천주교회의 판단을 존중합니다. 이것이 긴 호흡의 좋은 모델입니다.

요가와 신앙의 상충은 온 사회와 시대에 영향을 미치는 큰 주제는 아닙니다. 하지만 기독교인과 요가인들에게는 갈등의 요소가 되기에 충분합니다. 이 책은 그 갈등을 풀어내는 긴 호흡의 산물입니다. 이 책이 긴 호흡의 작은 본본기가 되기를 소망합니다.

미래는 현재를 움직인다!

기독교가 사회적 문제에 대해 적극적으로 해결의 바른 길을 제시해야 한다고 말하면, 일부의 기독교인들로부터 이의제기를 받습니다. 기독교의 역할이 내세의 구원과 천국 소망을 선포하는 것이지 현세의 문제를 세속적으로 해결하는 것이 아니라고요.

기독교의 믿음이 주님 다시 오실 내세에 궁극적인 중점이 있는 것은 맞습니다. 그러나 내세를 향한 소망이 강할수록 현세를 변혁하는 동력도 강해진다는 사실을 놓쳐서는 안 됩니다. 내세에 대한 강력한 소망은 현세 개혁에 대한 강력한 동력이 됩니다.

예수님은 요가하는 기독교인에게 뭐라 하실까?

결혼을 약속한 연인들은 결혼할 미래가 올 것을 의심 없이 믿으며 결혼생활을 꿈꾸며 계획합니다. 현재의 시점에서 결혼은 분명히 미래에 있을 사건입니다. 그러나 그 미래에 대한 믿음은 연인들의 현재를 변화시킵니다. 연인들은 미래의 결혼생활을 위하여 지금 행동할 뿐만 아니라 미래의 생활을 지금으로 앞당긴 삶을 살게 됩니다. 침대 구입을 예로 듭니다. 결혼을 약속한 연인이 없을 때는 싱글침대를 샀습니다. 약혼자가 생긴 후에는 결혼이 아직 미래일지라도 오늘 더블침대를 삽니다. 미래의 결혼을 믿기에 이미 오늘의 생활을 변화시키는 것이지요.

기독교의 믿음도 이와 같습니다. 천국의 아름다운 생활을 간절히 꿈꾸는 그리스도인은 "아버지의 나라가 오게 하시며 아버지의 뜻이 하늘에서와 같이 땅에서도 이루어지게 하소서"(주기도문의 일부)라고 기도하며 천국의 모습을 이 땅에서부터 펼쳐나가게 됩니다. 천국의 모습에 어긋난 이 땅의 현실에 대하여 천국을 푯대 삼아 변혁을 실행하는 것이 믿음이 있다는 증거이지요. 이것이 고통스런 사회적 이슈들에 대하여 교회가 적극적으로 나서야 할 이유입니다. 현세의 문제에 대해 무관심한 것은 천국에 대한 진정한 믿음이 없다는 얘기가 될 뿐입니다.

2부

요가 비판에 대한 비판

우리는 요가를 정확히 알고 있을까?

비판의 오류를 알아야 제대로 보인다

요가원에선 무엇을 가르치나?

교회의 요가 반대가 초래하는 부메랑 효과

우리는 요가를 정확히 알고 있을까?

무언가 제대로 비판하려면, 세 가지가 갖춰져야 합니다. 첫째, 비판의 타깃을 정확히 파악해야 합니다. 타깃을 잘 모르면 비판 자체가 사실상 불가능합니다. 둘째, 타깃에 알맞은 비판 기준을 가지고 있어야 합니다. 축구를 비판할 때 야구 기준으로 비판하면 안 되는 것과 마찬가지지요. 셋째, 지정한 타깃에 대하여 비판해야 합니다. 막상 비판할 때 다른 타깃을 대상으로 하면 정확한 비판이 되지 않습니다. 요가를 비판하려면 요가를 정확히 파악해야 하고, 적절한 기준으로 비판해야 하며, 다른 대상을 비판으로 끌어들여서는 안 됩니다.

요가의 전통적 의미

요가가 무엇인지 밝히는 작업은 상당히 복잡합니다. 용어의 역사가 길고, 영역과 용법이 다양하기 때문이지요. 요가의 핵심적인 줄거리는 유지하되 이 책 주제와 연결된 것만 간결하게 소개하겠습니다.

요가를 정의할 때 보통은 어원에서 시작하는데, 나름 의미가 있습니다. 요가(yoga)는 인도의 고대 언어인 산스크리트어 "युज्(yuj)"에서 나왔는데, 그 뜻은 "연결하다", "결합하다"입니다. 따라서 요가의 어원적 의미는 "연결함", "결합함"이지요. 이것은 요가의 전통적 의미를 직접적으로 지시합니다.

인도의 전통적 시각으로 보면, 요가는 "개인적 자아(jīvātmā)"를 "우주적 자아(paramātmā)"에 연결하고 결합시키는 것을 의미합니다.[12] 일찍이 브라흐마니즘 시대에 형성되어 후대의 힌두교에까지 포괄적으로 영향을 미친 "범아일여"(梵我一如: brahma-ātmāikya) 사상이 그대로 반영된 것이지요. 범아일여는 인도의 주류 철학과 종교의 공통적 바탕입니다. 인도의 철학이나 종교는 아주 다양합니다. 외관상 완전히 상반된 주장을 하는 것처럼 보이는 것도 있습니다. 그러나 그것이 주류에 속한 것일진대, 그 기저에는 어떤 형태로든지 범아일여의 사상이 깔려 있습니다.[13]

"범아일여"가 구체적으로 무엇일까요? 범(梵, Brahman)은 인간을 포함한 온 우주의 본체를 의미합니다. 아(我, ātman)는 그 본체의 무수한 변용인 각 인간을 지시합니다. 범아일여(梵我一如)란 그 둘 즉 범(梵)과 아(我)가 일여(一如) 즉 하나와 같다는 말입니다. 흔히 '범'을 바다에, '아'를 파도에 비유합니다. 파도는 각기 그 모양과 지향이 달라도 결국 바다에 속하며 본질적으로 바다와 다르지 않다는 점에 착안한 것입니다. 바다와 파도가 하나이듯 '범'과 '아'도 하나라는 뜻이지요.

바다 표면의 풍랑 하나하나는 종잡을 수 없고 변덕이 심합니다. 풍랑과 같은 현재의 "개인적 자아"에 집착하면 마음에 격동

예수님은 요가하는 기독교인에게 뭐라 하실까?

만 일게 될 뿐 평안도 행복도 없습니다. 바다 전체는 풍랑이 범접할 수 없는 평온을 언제나 유지합니다. 바다와 같은 "우주적 자아" 즉 자신을 포함한 온 우주의 본체를 관조하고 제대로 통찰하는 게 중요합니다. 요가(yoga)는 파도와 같이 제멋대로 뛰노는 개인적 자아(jīvātmā)를 중후하고 평온한 우주적 자아(paramātmā) 혹은 '범'(Brahman)에 "결합시켜(yuj)" 흔들리지 않는 행복의 세계로 인도하는 방법과 행위를 의미합니다.

파탄잘리(Patañjali)는 요가경(Yoga Sūtra) 1장 2절에서 요가를 이렇게 정의하였습니다. "요가는 심작용(心作用)의 지멸(止滅)이다(yogaś-citta-vṛtti-nirodhaḥ)."[14] 이는 한국 인도철학계의 원로 고(故) 정태혁 교수의 번역입니다. 박력있는 간결한 번역이지만, 한자어라 요즘 세대에게는 좀 난해합니다. 부드럽게 풀어보자면, 요가는 마음속 모든 동요를 잠잠케 하는 것이라는 뜻입니다. 범아일여와 맥을 같이합니다. 요가를 통해 파도와 같은 마음의 동요를 평온한 바다인 우주적 자아(paramātmā)에 일치시켜 잠재운다는 의미이지요.

파탄잘리는 '요가철학'의 선각자요 창시자로 알려져 있습니다. '요가철학'이란 인도의 정통 고전철학사상을 대표하는 고전육파철학(古典六派哲學, satdarśana) 중 하나를 가리킵니다. 파탄잘리의 생존 연대는 정설이 없어 그 폭이 아주 넓습니다. 학자에 따라 기원전 9세기부터 기원후 4세기까지 이를 정도로 다양하지요.[15] 모두가 동의하는 것은, 파탄잘리가 그 이전에 있었던 요가 관련 모든 사상과 표현들을 정리하고 발전시켜 체계화했다는 사실입니다. 요가 역사상 타의추종을 불허하는 공헌입니다. 그 결과물이 바로 요가경(Yoga Sūtra)입니다. 요가경이 "요가철학"의 근간이 되었고, 이후 모든 요가 사상은 파탄잘리 요가를 직간접적인 기저로 삼습니다. 이 책에서도 요가에 대한 주요한 설명은 요가경을 바탕으로 합니다.

요가의 종류

요가는 보는 관점에 따라 분류법이 다양합니다. 인도에서 가장 보편적으로 거론되는 분류를 소개합니다. 인도의 공식적인 요가특화 대학교인 에스-브이야사 대학교(S-Vyasa University)의 요가지도자 코스 교재에 기재된 분류이기도 합니다. 인도에서는 요가를 흔히 네 가지로 분류합니다. 라자(Rāja) 요가, 그냐나(Jñāna) 요가, 박티(Bhakti) 요가, 까르마(Karma) 요가입니다.[16]

라자 요가와 하타 요가

우리가 흔히 요가라 부르는 것은 "라자요가"입니다. 그것도 라자요가의 일부분, 즉 아사나(āsana: 동작, 자세, 체위, 좌법)와 쁘라나야마(Pranāyāma: 호흡 조절) 일부를 가리킵니다. 이 책에서는 라자요가 이외의 다른 세 가지 요가는 언급하지 않습니다. 한국에서 이 세 요가를 일반인에게 가르치는 요가원은 없는 것으로 알고 있습니다.

라자요가의 라자(rāja)는 왕이라는 뜻입니다. 라자요가가 요가들 중의 왕이라는 뜻에서 그렇게 부릅니다. 라자요가는 대부분 파

예수님은 요가하는 기독교인에게 뭐라 하실까?

탄잘리가 전해준 경전 즉 요가경(Yoga Sūtra)에 근거하기 때문에 "파탄잘리 요가"라고도 부르고, 전체가 8단계로 이루어진 점에 착안하여 "아쉬탕가(Aṣṭāṅga: eight-limbed, 8지) 요가"라고도 부르지요. 이것은 "아쉬탕가 요가"라는 이름으로 요즘 유행하는 요가와는 별개입니다.

요가 아사나(āsana: 동작과 자세)에 초점을 맞춘 또 다른 분류법도 소개합니다. 요가를 네 종류로 보는 전통적 분류법보다 요즘 더 부각되는 분류법입니다. 이 분류법에서는 크게 두 흐름을 말합니다.[17]

하나는 파탄잘리의 고전적 가르침을 그대로 보수 준행하는 "파탄잘리 요가" 전통입니다. 아사나에 따라 다소의 차이는 있지만, 이 전통은 육체적 이완(relaxation)을 통해 정신적 평형(equipoise)과 안정을 추구합니다. 파탄잘리 요가 전통에 속하는 아사나의 3대 특징은 이완(relaxation), 느린 호흡(slow breathing), 정신안정(calming the mind)입니다.

다른 하나는 "하타(Haṭha) 요가" 전통입니다. 파탄잘리 요가 전통보다 훨씬 후기, 대략 15세기에 본격적으로 등장했습니다. 파탄잘리 요가 전통에 비해 더 역동적인 아사나(āsana, 동작, 자세)와 쁘라나야마(praṇayāma, 호흡)를 집중적으로 추구하는 특징이 있습니다. 몸을 잘 다스릴 때에 정신도 잘 다스릴 수 있다는 것이 이 전통의 주안점입니다. 아사나와 쁘라나야마는 몸을 잘 다스리고자 할 때 필수적이지요.

"하타요가"를 파탄잘리의 큰 틀 안에서 아사나와 호흡조절에 중점을 둔 파탄잘리 요가의 변형 정도로 보기도 하고, "중세의 탄트라(Tantra, 밀교) 사상을 배경으로 한다"[18]고 하타요가의 기원을 풀어내기도 합니다. 두 견해는 서로 배척하는 것이 아니고 상호보완됩니다. "근·현대에 이르러서는 체위법과 호흡법을 중심으로 하면 하타요가, 쿤달리니(kuṇḍalinī) 각성과 그밖의 탄트라적 요소를 포함하면 쿤달리니 요가라고"[19] 부르기도 하지요.

"쿤달리니 요가" 수련 과정(기간: 6개월)이 한국요가연수원에 개설되어 있습니다. 일반인들에게는 공개되지 않고, 한국요가연수원에서 요가교사 자격을 획득한 사람이나 그에 준하는 자격을 가진 사람만 지원이 가능합니다. 쿤달리니 요가에 대한 소개는 여기서 그치겠습니다. 일반인들에게는 아주 생소한 지식이 필요하고, 무엇보다도 일반 요가원의 요가와는 거리가 멀기 때문입니다.

여러분이 흔히 접하게 되는 요가의 다양한 이름들을 간략히 정리해 드리겠습니다. 거의 모두가 하타요가 전통에 따른 것입니다. 요가를 비판하거나 또는 요가원을 선택할 때 자료로 삼으시면 도움이 될 것입니다. 요가에 붙인 이름이 단지 상호이거나 우리나라 지도자들이 개인적으로 신조한 이름들은 생략했습니다.

빈야사 요가 / 요가 플로우

요가에 관심 있는 분이라면 곳곳에서 "빈야사(Vinyasa) 요가"라는 이름을 발견하실 것입니다. 동적 움직임에 중점을 둔 하타요가 전통에 속하는 요가입니다. 크리쉬나마차르야(Tirumalai Krishnamacharya, 1888~1989)에 의해 20세기에 등장했으니, 다른 요가에 비하면 연륜이 짧지만, 요즘 요가원 요가의 대세입니다. 빈야사(vinyasa)의 실질적인 의미는 '흐르다', '지속하다', '이

예수님은 요가하는 기독교인에게 뭐라 하실까?

어지다', '연결하다'입니다. 이름이 시사하듯이, 각 아사나를 물 흐르듯이 계속 이어서 동작을 취하는 요가이지요. 한 동작에서 다른 동작으로 흐르듯이 연결한다는 뜻에서 "요가 플로우(Yoga flow)"라고도 불립니다. 하타요가의 현대판으로 보아 빈야사 요가 와 하타요가를 별 구분 없이 사용하는 분도 있습니다.

핫 요가 / 비크람 요가

"핫 요가(Hot yoga)"는 글자가 의미하는 대로 더운(hot) 장소에서 하는 요가입니다. 스튜디오의 온도를 거의 섭씨 40도로 높여 놓고 요가동작을 합니다. 주변 온도가 높을 때 몸이 더 유연해지는 것 에 착안한 것으로서 일종의 사우나 효과도 있습니다. 기온이 높은 여름이나 열대지방에서는 에어컨은 끄고 창문을 열고 자연 고온 속에서 핫요가를 하는 곳도 있습니다.

"비크람 요가(Bikram yoga)"는 창시자 비크람(Bikram)의 이름 을 따서 붙인 이름입니다. 핫 요가의 원조라고 할 수 있습니다. 기 온을 화씨 105도(섭씨 40.5도), 습도를 40%에 맞춰 놓은 방에서 실시하며 아사나 26개를 기본으로 하고 있습니다. 이러한 규정 준 수를 강조하는 것 이외에는 핫 요가와 큰 차이가 없습니다.

인 요가 / 리스토러티브 요가

"인(yin)"은 한자 "음(陰)"을 중국어 원음대로 발음한 것입니다. 음 양(陰陽)의 "음"을 뜻하는 것이지요. 즉, 음의 특징을 가지는 요가 라는 의미입니다. 인 요가(Yin yoga)는 정적이거나 느린 동작으로 구성된 아사나 시리즈를 행합니다. 힘을 쓰는 동작이 별로 없습니다. 몸과 마음의 긴장을 풀어 심신이 안정된 가운데 평온에 잠기게 합니다. 요가원에서는 주로 밤 시간에 배치하는데, 하루의 피로를 풀고 숙면을 취하는 데에 좋습니다. 회복을 가져오는 요가라는 의미에서 "리스토러티브 요가(restorative yoga)"라고 불리는 요가도 있는데, 교사에 따라 아사나를 창의적으로 심화시킨 것을 가르치기도 하지만, 크게 보아 인 요가와 대동소이합니다.

아쉬탕가 요가 / 파워 요가 / 코어 요가 / 타바 요가

요즘 곳곳에 "아쉬탕가 요가(Aṣṭāga yoga)"라는 이름을 내건 요가원들이 많습니다. 이 이름은 전통적인 용법과 달라 혼동을 줍니다. 전통적으로 아쉬탕가 요가라는 명칭은 앞에서 설명했듯이 라자요가 또는 파탄잘리 요가의 또 다른 이름입니다. 요즘은 이 의미와 관계없이 다른 뜻으로 사용됩니다. 아마도 파탄잘리 요가를 지칭하는 인도의 용법을 모른 채로 요가의 8단계(아쉬탕가)에 기초한다는 뜻으로 사용했을 수 있습니다. 실제 내용은 중·고난도 아사나에 빈야사(동적 움직임) 요소를 도입한 요가로서 근력을 필요로 하는 요가를 지칭하지요. "아쉬탕가 빈야사 요가"라고도 하고, 근력향상에 초점을 맞춰 "파워 요가(Power yoga)"라고도 불립니다.

"코어 요가(core yoga)"는 코어근육(core muscle, 심부근육, 속근육) 향상을 목표로 하는 요가입니다. 특히 요추에서 골반에 이르는 부분의 코어근육을 강화합니다.

"타바 요가(Taba yoga)"는 근육강화를 위한 고강도 인터벌 트레이닝과 요가를 결합시킨 것입니다. 요가 동작 중에 근육강화 및

예수님은 요가하는 기독교인에게 뭐라 하실까?

심폐기능 강화에 효과가 있는 동작들을 빠르게 연결하여 행하는 요가입니다. 근육강화에 큰 강점이 있습니다.

플라잉 요가 / 에어리얼 요가

"플라잉 요가(Flying yoga)"는 천장에 매달아내린 널찍한 천에 몸을 실어 마치 공중을 나는(flying) 듯이 동작을 취하는 요가를 가리킵니다. 천으로 몸을 감싸서 아사나(동작)가 잘 되도록 도와줍니다. 비행하는(aerial) 것 같다고 해서 "에어리얼 요가(Aerial yoga)"라고도 합니다.

산전 요가 / 산후 요가

"산전 요가(Prenatal yoga)"는 임신부를 위한 요가입니다. 요가 자세 중 태아에게 무리한 영향을 주지 않는 요가 동작들로 이루어져 있습니다. 임신기간을 3개월씩 세 기간(trimester)으로 나누어 각 시기에 따라 동작의 종류와 강도를 조절합니다. 간략한 도구를 이용하기도 합니다. 운동이 제한되는 임부는 물론 태아에게 적절한 운동효과를 주며, 산통, 분만 및 산후 회복을 대비하는 데에 도움이 됩니다. 이 요가가 조금 더 전문화되고 보편화되어 임부들을 효과적으로 도울 수 있기를 소망해봅니다. "산후 요가(Postnatal yoga)"는 출산 후 심신의 회복을 돕는 요가입니다.

웃음 요가

"웃음 요가(Laughter yoga)"는 한국에는 잘 알려지지 않은 요가이지만, 외국에는 매니아들이 있습니다. 흔히, 좋은 일이 생겼을 때,

심리적 효과로 행복한 감정이 생기고 생리적 효과로 행복 호르몬이 분비되며, 그로 인해 웃게 되고 즐거운 표정을 짓게 된다고 생각하며 그 역순은 불가능하다고 지레 짐작합니다. 과학적 실험결과에 따르면, 그 반대의 순서도 가능합니다. 즉 먼저 인위적으로 웃으면, 심리적으로 행복감을 느끼며 생리적으로 행복 호르몬이 생기고, 최상의 상태에서 사람은 좋은 일을 만들어낼 수 있게 됩니다. 이 원리에 착안하여 인위적인 웃음을 유도하는 요가가 웃음 요가입니다.

우리나라 옛말에 "소문만복래"(笑門萬福來: 웃음이 있는 집에 복이 임한다, 웃으면 복이 와요!)라는 말이 있습니다. "복이 임한 집에 웃음꽃이 핀다."가 아닙니다. 우리 선조들께서 이 원리를 일찍이 통찰하신 것이지요. 이는 심리학에서 "안면 피드백 효과(facial feedback effect)"라는 용어로 입증된 바 있습니다. 이것은 얼굴에 웃음을 지으면 긴장이 풀어지면서 행복 호르몬이 분비되고 정신이 즐거워지며 삶에 생동감이 생기는 효과를 뜻합니다.

사실 웃음 요가는 길게 소개할 만큼 인기 있는 것이 아닙니다. 이처럼 길게 소개하는 이유는 인도의 최근 요가 동향 때문입니다. 최근 인도의 대중 요가계에서는 웃음 요가를 독립적으로 행하지는 않지만, 각 아사나(동작) 말미에 미소 지을 것을 심하다 싶게 강조합니다. 웃음 요가의 원리를 아사나에 반영하는 것이지요. 미소는 각 아사나의 마지막 수순인 이완을 완성시킵니다. 일찍이 요가의 시조 파탄잘리는 아사나를 "견고하게 그러나 긴장을 푼 자세로 앉아 있는 것"(요가경 2.46)이라 했습니다. 아사나 자세를 제대로 잡은 후엔 긴장을 풀어야 완성이 되는데, 긴장을 잘 푸는 데는 옆

예수님은 요가하는 기독교인에게 뭐라 하실까?

은 미소가 주효합니다. 이 점을 귀히 여겨서 소개해드렸습니다.

어느덧 요가의 많은 이름을 섭렵했습니다: 라자(Rāja) 요가, 그 냐나(Jñāna) 요가, 박티(Bhakti) 요가, 까르마(Karma) 요가, 파탄잘리(Patajali) 요가, 두 종류의 아쉬탕가(Aṣṭāga) 요가, 하타(Haṭha) 요가, 쿤달리니 요가, 빈야사(Vinyasa) 요가, 요가 플로우(Yoga Flow), 인(Yin) 요가, 파워(Power) 요가, 타바(Taba) 요가, 핫(Hot) 요가, 비크람(Bikram) 요가, 플라잉(flying) 요가, 에어리얼(Aerial) 요가, 산전(Prenatal) 요가, 산후(Postnatal) 요가, 웃음(Laughter) 요가. 모쪼록 다양한 이름으로 인한 혼란을 방지하는 일에 도움이 되었기를 바랍니다.

요가의 8단계

라자 요가가 8단계로 이루어져 있기에 "아쉬탕가(aṣṭāga: 8지) 요가"라고도 부른다고 했는데 이제 그 아쉬탕가 얘기를 풀어보겠습니다. 아쉬탕가(aṣṭānga)는 "아쉬타(aṣṭa)"와 "앙가(anga)"의 합성어입니다. "아쉬타"는 숫자 8(여덟)이고, "앙가"는 몸의 사지 중의 하나(limb), 나무의 가지(branch) 또는 어떤 것의 구성부분을 가리킵니다. "아쉬탕가"는 8지(八枝, eight-limbed, 여덟 가지 구성부분, 8단계)입니다.

8단계에 대해서 요가경에 요점정리가 잘 되어 있습니다. 단계 구분은, 라자 요가, 파탄잘리 요가, 아쉬탕가 요가, 전통 요가 등으로 불리는 고전(classic) 요가에만 해당하는 것이 아니라 거의 모든 요가에 적용됩니다. 고전의 범주 밖에 있는 요가들도 따지고 보면 단계에 대해 비중을 달리 두었을 뿐입니다. 8단계는 모든 요가의 구조라고 보아도 무리가 없습니다. 이를 제대로 이해하는 것은 요가 비판 대상을 바로 설정하는 데에 필수불가결합니다.

제1단계: 야마

요가의 제1단계는 야마(yama: restraint, 억제, 절제)라고 불리는 금지계(禁止戒, the command of restraint)의 단계입니다. 일종의 사회적 윤리도덕률입니다. 이 금계는 구체적으로 다섯 가지입니다.

1. 아힘사(Ahimsā, 비폭력): 불살생(不殺生). 생명을 해치지 말라.

2. 사트야(Satya, 진실): 불망어(不妄語). 거짓을 말하지 말라.

3. 아스테야(Asteya, 도둑질 않기): 불투도(不偸盜). 도둑질하지 말라.

4. 브라마차리아(Brahmacharya, 브라만 추구; 독신, 금욕): 불사음(不邪淫). 간음하지 말라.

5. 아파리그라하(Aparigraha, 불탐): 불탐욕(不貪慾). 탐내지 말라.

제2단계: 니야마

요가의 제2단계는 니야마(niyama: a positive duty, observance, 적극적인 의무, 능동적으로 지켜야 할 것)로 불리는 권고계(勸告戒)입니다. 이 권계는 개인 차원의 윤리도덕률입니다. 이 역시 다섯 가지입니다.

1. 샤우차(Śauca, 청결): 심신을 청결케 하라.

2. 산토샤(Santoṣa, 만족): 만족하라.

3. 타파스(Tapas, 불사름; 정화, 고행): 열심을 가지고 정화하라.

4. 스바드하야(Swādhyāya, 자발적인 교육): 자발적으로 탐구하라.

5. 이쉬바라 쁘라니다나(Iśvara Praṇidhāna, 신에 대한 헌신): 신(神; 절대자)에게 헌신하라.

제3단계: 아사나

제3단계는 아사나(āsana)의 단계입니다. 아사나란 원래 '좌법'(앉는 법, 앉는 자세)을 의미합니다. 파탄잘리는 아사나를 "견고하게 그러나 긴장을 푼 자세로 앉아 있는 것"(요가경 2.46)이라 했습니다. 아사나가 앉은 자세만 있는 것이 아니기에 '체위'나 '자세'라고도 번역하고, 움직임에 초점을 둘 때는 '동작' 혹은 '행법'이라고 번역하기도 합니다.

아사나들은 전신의 균형과 신경의 조화를 꾀하는 몸의 동작과 정지 자세들로 구성되어 있습니다. 생리학적 관점에서 보면, 아사나는 몸의 각 부분을 움직여 근육과 신경과 분비선을 강화시키는 동작이요 자세입니다. 몸의 균형감, 민첩성, 지구력, 활력, 면역력을 좋게 합니다. 아사나가 심신에 어떤 좋은 영향을 미치는가는 이미 과학적으로 많이 입증되어 있습니다. 신체교정학이나 재활의학에서 치료를 위해 권장하는 동작들이 요가 아사나 안에 이미 존재하는 사실이 그것을 드러냅니다.

제4단계: 쁘라나야마

요가의 제4단계는 쁘라나야마(pranāyāma: breath control, 호흡 조절)의 단계입니다. 호흡은 인간의 생명과 직결되어 있습니다. 호흡은 우리가 일반적으로 알고 있는 것보다 인간의 심신 건강에 큰 영향을 미칩니다. 일찍이 요기(yogi: 요가수도자)들은 이것을 알고 다양한 호흡법을 개발했고, 각 호흡법에 따른 부수적인 현상도 의외로 많습니다.

쁘라나야마의 가장 기초적인 개념은, 폐의 모든 부분을 활성화시켜서 충분한 호흡이 되도록 하며, 잘못된 호흡을 정상화시켜 호흡이 일정하고 지속적으로 리듬 있게 이루어지도록 하는 것입니다. 호흡이 좋아지면 정신적으로도 긍정적인 효과를 냅니다. 바른 호흡의 육체적 정신적 효과가 생리학적 또는 의학적 연구와 보고를 통해 다양하게 입증되고 있습니다.

사실 쁘라나야마는 이 정도에서 멈추지 않습니다. 요기들은 이 단계를 통하여 기(氣, 신체 에너지)를 운용하기도 합니다. 어떤 요기들은 쁘라나(prāṇa: 숨, 호흡, 에너지)를 매개로 개인적 자아(jīvātmā)와 우주적 자아(paramātmā)의 연결로 들어선다고 말하기까지 합니다. 이 설명은 호흡의 궁극적 지향성을 가리킨 것이지 직접 범아일여의 삼매경을 뜻했다고는 보기 어렵습니다. 진정한 신앙인에게는 모든 것, 예를 들어 앉고 일어서는 것, 먹고 자는 것 등이 모두 예배라는 진술과 비슷한 표현이지요. 쁘라나야마가 이토록 심대하지만, 실제 요가원 현장에서는 쁘라나야마를 거의 다루지 않거나 지극히 부분적이고 표피적으로 잠깐 다룰 뿐입니다.

제5단계: 쁘라뜨야하라

요가의 제5단계는 쁘라뜨야하라(pratyāhāra: the withdrawal/control of the senses, 감각 제어, 제감)의 단계입니다. 제감(制感)의 단계는 감각을 효과적으로 근원적으로 제어함으로써 인간을 감각적 욕망

예수님은 요가하는 기독교인에게 뭐라 하실까?

과 그 폐해에서 벗어나게 하는 단계입니다.

인간은 여러 가지 감각적 욕망을 가집니다. 말초 감각적 욕망인 식욕, 성욕, 수면욕 등이 있고, 욕망의 복합 진화체로서 각종 탐욕 즉 소유욕, 물질욕, 권력욕, 명예욕 등이 있습니다. 이것들에 무분별하게 빠져들게 되면, 병을 앓게 되고 정신이 흐려지게 됩니다. 육체적 혹은 정신적 질환을 예방하거나 극복하기 위해서는 감각을 잘 제어하고 조정하는 것이 중요합니다. 쁘라땨하라(제감)의 키 포인트는 집착성이 강한 마음과 감각기관을 감각대상으로부터 떼어놓는 것(요가경 2.24)입니다. 감각적 욕망으로부터 자유함을 누릴 수 있으니까요.

제6단계: 다라나

요가의 제6단계는 다라나(dhāraṇā: the collection/concentration of the mind, 정신집중, 응념凝念, 집지執持)의 단계입니다. 쁘라땨하라(제감)의 단계를 통하여 마음 혹은 정신을 감각대상에서 떼어놓았지만, 여전히 마음의 움직임은 남아있습니다. 움직이는 마음을 억제하는 단계가 바로 다라나(집중)의 단계입니다.

마음을 한 곳에 집중시켜 붙들어매는 것이지요. 파탄잘리는 이르기를, "다라나(dhāraṇā)는 마음을 어떤 특정 대상에 고정하는 것"(요가경 3.1)이라고 했습니다. 이때는 보는 자(seer)가 감각적 욕망에서 벗어나 즉 제감(pratyāhāra)의 상태에서 오직 보는 대상(object)을 집중하여(focusing, dhāraṇā) 보게(seeing)됩니다.

제7단계: 댜나

요가의 제7단계는 댜나(dhyāna: meditation, 명상)의 단계입니다. 댜나를 명상, 정려(靜慮), 선정(禪定) 등으로 번역합니다. 이 단어들은 처한 맥락과 시대에 따라 다양하게 해석되고 사용되기 때문에 분명한 감을 잡기가 쉽지 않습니다. 다양한 번역과 다양한 의미와 용법이 생긴 근본적인 이유는 댜나가 인간의 감각과 논리의 현실세계를 초월하고 있기 때문이지요. 현실세계를 초월한 것을 현실세계의 언어로 설명하려다 보니 모호해지는 것입니다. 요가경은 댜나를 "대상에 대한 인지의 지속적 흐름"(요가경 3.2)이라고 간단하게 언급합니다. 아헹가(B. K. S. Iyengar)는 이렇게 설명합니다.

> 물이 그 용기에 따라 형태가 정해지는 것처럼, 사물을 깊이 생각할 때의 마음은 그 사물의 형태로 변형된다… 기름이 한 용기에서 다른 용기로 옮겨질 때, 우리는 꾸준하고 안정적인 흐름을 보게 된다. 집중이라는 흐름이 방해받지 않을 때, 일어나는 상태가 댜나(dhyāna)이다.[20]

인도에서 일반인에게 댜나 개념을 요약형태로 소개되는 구절을 하나 소개합니다. "다라나(dhāraṇā)가 포커싱(focusing, 초점 맞추기, 정신집중)이라면, 댜나(dhyāna)는 디포커싱(de-focusing, 초점 흐리기)이다."[21] 여기서 디포커싱(de-focusing, 초점 흐리기)이란 정신줄을 놓아버린 것을 의미하는 것이 아니고, 오히려 철저한 "무위(無爲)의 집중(effortless dhāraṇā)"[22]을 의미합니다. 집중이긴 한데, 인위적인 노력이 배제된 집중이란 얘기지요.

너무 뜬구름 잡는 얘기 같지요? 인도에서는 이것을 실감나게 수련하기 위하여 마음의 창인 눈을 이용해 마음을 다루는 구체적인 테크닉을 개발해 보급하고 있습니다. "요티 트라타카(Jyoti trāṭaka)"가 그것입니다. 어두운 장소에서 가운데에 촛불을 켜놓고 수련생들이 그 주위에 둘러앉습니다. 촛불을 3단계에 걸쳐서 응시합니다. 구체적으로, 일반 '응시', '초점 집중(intensive focusing) 응시', '초점 없는(de-focusing) 응시'의 3단계입니다. 이를 통해 제감(제5단계)과 집중(제6단계)과 정려명상(제7단계)의 구체적인 단계를 실감하며 훈련하는 것입니다.

지극히 추상적인 것을 지극히 현실화하고, 지극히 현실적인 것을 지극히 추상화하는 능력이 탁월한 인도인들의 성향이 '요티 트라타카'에도 그대로 반영되어 있습니다. 철저히 "집중(dhāraṇa)"을 강조하면서 동시에 "인위적인 노력이 전혀 없는 집중" 즉 "댜나(dhyāna)"가 가능하다고 믿는 것입니다. 이것은 이미 인간의 한계 초월을 지향하고 내포하는 종교적인 행위로 볼 수 있습니다. 또한 이러한 행위들이 모두 범아일여를 통찰하고 체득하려는 목적으로 이루어기 때문이지요. 물론 6단계, 7단계조차 과학적 영역이라고 주장하는 사람들도 있습니다만, 그들의 종교에 대한 정의는 종교학의 관점에서 받아들일 수 있는 정의는 아닙니다.

제8단계: 사마디

사마디(Samādhi: the highest state of consciousness, 삼매, 등지等持)는 요가의 제8단계입니다. 이에 대한 정의나 설명은 동일한 용어를 사용하는 힌두교, 불교, 자이나교, 시크교 모두 제각각 다릅니다. 각 종교의 최고 경지를 표하는 것이기에 각 종교가 정말 다르다면 정의가 저마다 다를 수밖에 없지요. 파탄잘리는 사마디(한자 음역: 삼매)를 이렇게 정의합니다. "정려명상의 상태에서 마음이 어떠한 작용도 없이 텅 빈 것 같이 되어 오직 대상(의 본성)만이 나타난다면, 그것이 바로 삼매이다."(요가경 3.3)

삼매는 "트리프띠(tṛpti)"[23]라고 불리는 세 측면의 융합(merger)이라고 할 수 있습니다. 트리프띠(tṛpti)란, 보는 자(seer)와 보이는 것(the seen)과 봄(seeing), 즉 주체와 객체와 그 상호작용을 말합니다. 이 셋의 융합이란 "초의식(super-consciousness)"[24] 상태로서 결국 범아일여의 경지를 의미하는 것이지요. 요가철학에서는 "개인적 자아(jīvātmā)"와 "우주적 자아(paramātmā)"의 완벽한 합일 혹은 범(Brahman; infinite spirit)과 개인의 영혼(individualized soul)의 완전한 합일이라고도 표현합니다.

물론 이 사마디의 단계는 종교적 단계입니다. 실제로도 그렇고, 그 실제를 표현하는 이론적 설명에서도 그렇습니다. 이 단계는 기독교나 이슬람의 궁극적인 세계와는 아주 다릅니다. 그뿐 아니라 인도에서 기원한 불교나 자이나교, 시크교의 궁극적 세계와도 다릅니다.

이상, 요가의 8단계를 간략히 진술해보았습니다. 이제 조금 큰 틀에서 분류해보겠습니다. 이는 우리가 흔히 요가라고 부르는 것을 더 명확히 드러내줄 것입니다.

예수님은 요가하는 기독교인에게 뭐라 하실까?

요가의 결정적인 두 영역

인도에서는 요가의 8단계를 전통적으로 이분(二分)합니다. 이분법은 이 책의 논지를 이해하는 데에 결정적인 역할을 합니다. 전반부 제1~5단계를 "바히랑가(Bahiranga) 요가", 후반부 제6~8단계를 "안타랑가(Antaranga) 요가"라 부릅니다.[25] 바히랑가는 "외부의", "외적인"이라는 의미입니다. 바히랑가 요가는 "외적인 것을 통한 요가", "간접적인 길을 통한 요가"라는 뜻이 되지요. 인도인들이 바히랑가 요가를 영어로 말할 때는 간접의 길(Indirect Way)이라고 부릅니다. 반면에, 안타랑가는 "내부의", "내적인"이라는 의미입니다. 안타랑가 요가는 "내적인 것을 통한 요가", "정신을 내적으로 직접 통제하는 것을 통한 요가"라는 뜻이 됩니다. 영어로는 직접의 길(Direct Way)이라고 하고요.

요가의 8단계 중 바히랑가 요가, 즉 제1~5단계는 과학적인 영역입니다. 엄밀히 말하자면, 제1~2단계는 인문과학 분야입니다. 특히 일반윤리학 및 철학의 내용이지요. 제3~5단계는 자연과학, 특히 체육학, 생리학, 정신신체의학, 심리학 등과 관련된 분야입니다. 종교불문하고 모든 이에게 통하는 과학적인 접근이기에 힌두교의 입장에서 이를 바히랑가 즉 힌두교 외적인 것이요 간접적인 길이라고 한 것입니다.

반면에 제6~8단계를 안타랑가 요가라고 부릅니다. 종교적인 분야에 속합니다. 힌두교의 시각에서 보면, 진리로 가는 내적이고 직접적인 길이기 때문에 안타랑가라고 부르는 것입니다.

어떤 인도철학자들은[26] 제1~5단계를 육체적 수련이라는 관점에서 하타(hatha) 요가, 노력 요가, 작법(作法, kriya) 요가, 유덕(有德) 요가라고 부릅니다. 반면에 제6~8단계를 정신적 수련이라는 관점에서 라자(rāja: 왕. 경지가 왕처럼 높다는 뜻) 요가, 무덕(無德) 요가라고 구분하기도 합니다.[27] 또 어떤 이들은 요가의 8단계를 셋으로 나누기도 합니다만, 더 설명할 필요는 없기에 생략합니다.

예수님은 요가하는 기독교인에게 뭐라 하실까?

비판의 오류를 알아야 제대로 보인다

논리적인 워밍업을 해보겠습니다. 이것은 기존 요가 비판의 가장 큰 오류를 밝혀내주며 바른 판단으로 가는 징검다리입니다.

얼룩이를 검둥이라 부른다면 : 부분의 전체화 오류

여기에 흰색과 검은색이 골고루 섞인 얼룩 강아지가 있습니다. 이 강아지를 보고 어떤 사람이 "이 강아지는 희다." 혹은 "이 강아지는 검다."라고 얘기하면 올바른 주장일까요? 부분을 전체화하는 오류를 범한 틀린 주장입니다. 그 강아지는 흰둥이도 검둥이도 아닌 얼룩이니까요. "부분의 전체화 오류"가 인간사에 적용되면 큰 고통을 초래하는 경우가 적지 않습니다.

"무슬림은 테러분자들이야. 세상에서 사라져주었으면 좋겠어." 최근 언론에 의해 세계적으로 부각된 테러들이 대부분 무슬림(Muslim, 이슬람교인)에 의해서 발생한 사실이 마음에 걸린 어떤 사람이 이렇게 말한다면 맞는 말일까요? 실제로 "모든 무슬림은 잠정적 테러분자"라는 잘못된 슬로건을 내거는 사람들이 의외로 적지 않습니다. 특히 일부 보수적인 기독교 지도자들이 앞장서서 이슬람 포비아(Islamophobia, 이슬람 공포증)나 무슬림 혐오증을 조장합니다.[28]

"모든 무슬림은 잠정적인 테러리스트"라는 명제가 테러리스트의 다수가 무슬림이라는 것에 근거했다면 그것은 허위 명제입니다. 그 근거가 사실이 아니니까요. 자세한 것은 미주를 참조하세요. 설사 테러리스트의 다수가 무슬림이라 하더라도 그 명제는 분명히 "부분의 전체화 오류"를 범하고 있습니다 대다수의 선량한 무슬림들의 인격과 삶을 깡그리 무시하는 폭력적 주장이지요. 혹시라도 기독교인들이 대다수의 무고한 무슬림을 백안시한다면, 그런 기독교인들이 전파하는 복음은 도대체 어떤 복음일까요? 한 영혼을 소중히 여기시고 그가 설사 죄인이더라도 귀히 여기시는 예수님의 모습이 전달 되나요? 아니면 기독교인들이 그토록 소중히 여기는 복음을 오히려 훼손하고 그리스도를 욕되게 하고 있는 것은 아닌지? 이러한 오류 판단은 상식적 논리 판단, 성경, 복음, 전도, 선교 등 모든 점에서 불합격입니다.

최근 미투(Me Too)운동과 함께 종교 지도자들의 성범죄가 종종 드러나 물의를 빚고 있습니다. 제가 목사이므로 목사를 예로 듭니다. "목사들은 잠정적 성범죄자야. 여집사님들 조심해야 돼. 댁의 딸도 조심시켜." 어떤 목사가 성범죄와 연루된 기사들을 접한 교인이 이렇게 말했다고 합시다. 부분의 전체화 오류에 빠진 이러한 결론, 너무 끔찍하지 않습니까?

물론, 목사들의 성범죄를 가볍게 보자는 얘기는 결코 아닙니다. 종종 보도되는 목사의 성범죄 사건들, 중직을 맡고 있는 목사님들의 '성차별'과 '성희롱'이 담긴 발언들을 볼 때 지극히 염려스런 시대인 것은 분명 사실입니다. 상황이 이런데도 기성 목회자들, 특히 성인지 감수성이 떨어지는 세대의 목회자를 대상으로 한 성폭력방지교육이 미미합니다. 차세대 기독교 지도자들은 물론 기성목회자들을 대상으로 하는 교육이 시급한 현실입니다.

그러나 이러한 현실이 "남성 목사는 모두 잠정적인 성범죄자"라는 오류 판단을 지지하는 근거가 될 수는 없습니다. 오류 판단에 근거하여 교인들이 목사를 경계하고 불편해한다면, 목사에게도 교인에게도 참으로 답답하고 불행한 일이 아니겠습니까?

목사들이 성폭력에 대한 확실한 의식을 가져야 합니다. 과거 세대에 용인되었던 성차별과 성희롱 발언들에 대해서도 민감하게 재고하고 아주 엄격해져야 합니다. 정말 뼈를 깎는 심정으로 언행을 삼가야 합니다. 성범죄를 일으킨 목사들은 사회보다 더 엄벌에 처해야 합니다. 동시에 성도들은 오류 있는 판단을 멈추고 목사님들을 향해 여전한 신뢰와 존경으로 임해야 교회가 바로 서지 않을까요? 이제 징검다리 워밍업을 마치고 본론으로 진입합니다.

요가 비판의 대명제, 과연 타당한가?

한국에서 요가 비판을 가장 체계적으로 다룬 문서는 이충웅 목사의 한세대학교 박사학위 논문입니다. 그 논문은 〈크리스천 요가에 대한 복음주의 선교신학적 비판〉[29]이란 책으로 출간되어 있습니다. 우선 제목에 사용된 "크리스천 요가"의 의미를 명확히 하겠습니다. 크리스천 요가는 보통명사로 사용될 때는 일반적으로 "기독교인들이 하는 요가 일체"를 의미합니다. 고유명사로 사용될 때는 서구 기독교인들 사이에서 유행하는 요가의 한 형태로서 요가와 기독교 신앙을 결합한 특정 요가(앞에서 살펴보았습니다)를 지칭합니다. 이충웅 목사의 책에는 고유명사로 특정하는 언급이 없습니다. 보통명사의 의미(기독교인들이 하는 요가)로 사용된 것이지요.

요가하는 기독교인들에게 경각심을 주려고 작성된 다른 요가 비판문서들은 이 목사의 책 내용을 그대로 반복하고 있습니다. 세간의 다른 요가 비판들이 그 책 내용의 진부분집합(proper subset)인 고로, 저는 해당 책 내용을 주요 대상으로 삼아 비판하겠습니다. 자연스레 다른 요가 비판들도 전부 다루는 셈이 되니까요.

한국의 유력 대형교단인 "대한예수교장로회-통합"(약칭: 예장통합)은 2017년 102회 총회 때 요가금지 결정을 내렸습니다. 교단 기구인 이단사이비대책위원회가 총회에 올린 "요가에 대한 연구보고서"가 결정의 근거가 되었습니다.

안타까운 일은 보고서 내용이 이충웅 목사의 논문에서 한 발자국도 벗어나지 않았다는 사실입니다. 그 보고서로 인해 예장통합 교단이 이 목사가 속한 순복음교단의 아류가 된 느낌입니다. '예장통합교단의 신학과 역량은 깊이가 있고 폭이 넓다.'는 오랜 세평을 무색하게 만든 보고서와 총회의 결정에 같은 교단 목사로서 착잡한 마음을 금할 수가 없습니다.

요가를 반대하고 비판하는 분들의 공통 전제요 대전제는 "요가는 힌두교 그 자체이다."입니다. 이는 이충웅 목사 책 여러 곳에서 언급됩니다. 다른 비판자들은 그것을 그대로 복사해 주장하는 실

예수님은 요가하는 기독교인에게 뭐라 하실까?

정입니다. 관련 진술을 아래에 직접 인용합니다.

> 본인은… 요가는 힌두교임을 주장하여 크리스천들이
> 요가를 하는 것은 단순한 건강을 위한 행동이 아니라
> 종교혼합주의 영성에 빠지는 것임을 주장하고자 한
> 다.[30]
>
> 요가는 힌두교 그 자체이다. 요가를 한다는 것은
> 단순한 운동을 한다는 것이 아니라 힌두교를 수행하
> 는 것이다. 그러므로 크리스천들이 요가를 한다는 것
> 은 힌두교를 믿는다는 것이므로 요가를 한다는 것은
> 종교혼합이 되는 것이다. 크리스천 요가라는 것은 다
> 름 아닌 구약적 개념으로 보면 '여호와바알'이 되는
> 것이고 신약적으로 보면 '예수구루'가 되는 것이다.[31]

이충웅 목사는 저서 곳곳에서 "요가는 힌두교 그 자체"임을 역
설하고 있습니다. 요가가 힌두교 그 자체라는 대전제를 달리 표현
하면 요가의 모든 것이 종교적 행위라는 것입니다. 두 인용구절
외에 다른 진술들에서도 예외 없이 이 속뜻이 명확히 드러납니다.
대전제가 틀리면 그에 따른 모든 주장이 무너지게 되는데, 이 전
제는 과감하다 못해 무모합니다.

정말 요가의 모든 것이 종교일까?

요가는 분명히 종교적 요소를 가지고 있습니다. 여기서의 종교적
요소란 물론 힌두교적 요소이지요. 동시에 요가는 과학적 요소도

가지고 있음을 간과해서는 안 됩니다.

인도인들은 요가를 "바히랑가 요가"와 "안타랑가 요가"로 나눕니다. 바히랑가 요가는 과학적 영역이고, 안타랑가 요가는 종교적 영역입니다. 과학적 요소라 함은, 종교 불문하고 모든 이가 수긍할 수밖에 없는 요소를 의미합니다. 요가에 과학적 요소가 있다는 사실은, 각자의 신앙과 상관 없이 모든 이가 수긍할 수밖에 없는 부분이 요가에 있다는 얘기입니다.

모든 종교인들이 천동설을 믿던 시대가 있었습니다. 천동설은 당시 과학에서도 각 종교에서도 의심 없이 지지되고 있었지요. 당시는 가톨릭, 개신교, 이슬람 할 것 없이 모두 천동설을 "믿고" 있었습니다. 그러나 갈릴레오라는 과학자가 지동설을 과학적으로 입증했습니다. 이 과학적인 사실은 종교에 따라 수용 여부가 결정될 사안이 아니었습니다.

지동설은 자기의 종교가 무엇이든지 간에 받아들일 수밖에 없는 사실이지요. 지동설을 수용하기까지는 가톨릭, 개신교, 이슬람 모두 오랜 시간이 걸리긴 했지만, 종국에는 모두가 지동설을 수용했지요. 마찬가지로 요가가 모든 이가 인정할 수밖에 없는 과학적 요소를 가지고 있다면, 그 과학적 요소만큼은 종교 불문하고 받아들이는 것이 합당합니다.

요가의 과학적 요소를 부각시키는 대표주자가 바로 현 인도 수상 나렌드라 모디(Narendra Modi) 총리입니다. 그는 "요가는 종교가 아니라 과학"이라고 기회 있을 때마다 역설합니다. 그의 주장은 상당히 설득력과 영향력을 가집니다. 2014년 그의 요가에 대한 UN 연설 후에 UN이 매해 6월 21일을 "세계 요가의 날"로 지정한 사실이 대표적인 예입니다. "요가는 과학이다."라는 명제로 각국의 유엔대표들을 설득한 것이지요. 이러한 상황에서 "요가는 종교다."라는 명제만 가지고 모디 총리의 주장에 반대하는 것은 올바른 대응이 아닙니다. "UN 멤버들은 모두 바보다."라는 무례한 선언이 될 뿐이지요.

그러면 어떻게 해야 할까요? 근본적인 문제를 지적해야 합니다. 요가가 과학이라는 모디 총리의 주장이나 요가가 힌두교 그 자체라는 주장은 마치 얼룩 강아지를 흰둥이 또는 검둥이라 고집하는 것과 진배없다는 것을 지적해야 하지요. 즉, 둘 다 "부분의 전체화 오류"를 범한 오류 판단임을 지적해야 얘기가 풀립니다.

타깃 설정의 오류

먼저 주목해야 할 현상이 있습니다. 요가하는 기독교인들 중 다수가 과학적인 효과를 체험하고 있다는 사실입니다. 게다가 신앙에 해가 되는 경험은 별로 하지 않습니다. 요가를 반대하는 교회지도자들의 주장대로라면, 요가를 하면서 힌두교의 엄청난 유혹을 받거나 신앙이 깨지는 경험을 해야만 할 텐데 말이지요.

비판의 타깃을 잘못 설정했습니다. 잘못된 타깃 설정은 부분의 전체화 오류에서 나옵니다. 또한 "타깃 설정의 오류"는 "비판기준 오적용(misapplication)의 오류"에 직결됩니다.

요가는 과학적인 부분(바히랑가 요가)과 종교적인 부분(안타랑가 요가)으로 구성됩니다. 그럼에도 일부 교회지도자들은 요가 전체를 종교적인 것으로 여깁니다. 문제는 요가원에서 행해지는 요가의 대부분은 바히랑가 요가(과학적 부분)라는 것입니다. 비판기준의 오적용의 오류도 발생합니다. 종교적 부분(안타랑가 요가)을 비판해야 할 기준으로 과학적 부분(바히랑가 요가)을 비판한 것이지요. 오류의 연속은 "부분의 전체화 오류"에서 시작되었습니다. 왜 그렇게 되는 것일까요?

신앙의 순수성을 지키려는 뜻을 좋았으나 배타성에 사로잡혀 합리성을 잃었기 때문입니다. 현장 조사 없이 현장을 금지시키는 무모한 결정을 한 것이지요. 일부 남성 목사의 성범죄 때문에 모든 남성 목사를 (잠정적인) 성범죄자로 여겨 교회에서 축출하자 것과 같은 결정을 한 셈이지요.

이와 같은 오류를 범하게 된 근본적인 원인이 있습니다. 요가를 해본 경험이 없고 요가현장의 정보도 없어서 실체적인 파악이 불가능했기 때문입니다. 한국에 요가하는 기독교인이 이미 많고 기독교인 요가교사도 적지 않습니다. 제가 아는 요가원 원장님은 유명 교회의 신실한 권사님이십니다. 붐이 계속 일고 있는 현장의 요가를 비판하려 했다면, 결론을 내기 전에 현장을 먼저 조사하는 것이 정도(正道)입니다. 이단사이비대책위원회가 요가금지안을 총회에 올리기 전에 적어도 기독교인 요가지도자들의 현장 얘기를 먼저 들었더라면 얼마나 좋았을까요. 극소수 연구자가 잘못된 보고서를 올렸습니다. 요가와 힌두교에 대해 생소했던 교회지도자들은 신앙에 폐해가 생긴다는 말에 놀라 요가 금지 찬성표를 던졌습니다. 이것이 요가 금지 결정의 전말입니다.

예수님은 요가하는 기독교인에게 뭐라 하실까?

야마와 니야마는 OK, 아사나는 NO?

이충웅 목사처럼 "요가는 힌두교 그 자체"라고 주장하는 분들은 "야마와 니야마는 OK, 아사나는 NO!"라는 자가당착에 빠집니다. 요가 전체의 기초가 되는 제1단계 즉 "야마"와 제2단계인 "니야마"는 반대하지 않으면서 제3단계인 아사나는 반대하기 때문입니다. 앞에서 이미 언급했듯이, 요가는 8단계로 구성됩니다.

제1단계는 "야마"입니다. 전통적으로 명제화된 내용만 간략히 말씀드립니다. 다섯 가지 명령 형태로 되어 있습니다. 금지계인 야마(Yama)는 생명을 해치지 말라, 거짓을 말하지 말라, 도둑질 하지 말라, 간음하지 말라, 탐욕을 가지지 말라로 구성되어 있습니다. 권고계인 니야마(Niyama)는 심신을 청결케 하라, 만족할 줄 알라, 열심히 정화하라, 스스로 탐구하라, 신(神; 절대자)에게 헌신 하라입니다.

만약 요가 전체가 힌두교 그 자체이기 때문에 부분적으로라도 요가를 행하는 것은 곧 힌두교를 숭배하는 것이라는 전제가 옳다면, 당연히 1, 2단계도 거부해야 합니다. 아니면 1, 2단계에 면죄부를 주는 이유와 3단계를 정죄하는 이유를 명확히 밝혀야 하지요. 또한 명제를 거두어들여야 합니다.

야마와 니야마는 분명히 요가를 구성하는 중요한 요소입니다. 이것을 제대로 지킬 수 있는 사람은 이미 요가의 최고경지에 이른 것이라는 얘기까지 있습니다. 비판자들은 야마와 니야마에 대해서는 침묵하면서 아사나는 금합니다. "야마와 니야마는 OK, 아사나는 NO!" 이렇게 차별의 이유와 기준도 없이 주장하면, "비판기준의 임의(arbitrary) 적용 오류"를 범하게 되어 정당성을 잃게 됩니다.

비판 시도는 의미 있지만 충분하지 못했다

이충웅 목사의 책에는 유의미한 요가 비판을 시도한 흔적이 보이긴 합니다. 다만 미약하고 모호합니다. 예장통합측 보고서나 다른 비판 문서에는 이조차 없고요. 모든 요가 행위가 힌두교 숭배라는 요가원 요가를 제대로 비판하려면, 요가원 요가가 강력하게 요가의 종교적 부분으로 연결된다는 것을 입증해야 합니다. 입증에 성공한다면, 바히랑가 요가가 과학적 접근을 할지라도 종교적 부분인 안타랑가 요가와 연결되므로 요가원 요가를 금해야 한다는 논리가 성립됩니다. 이충웅 목사는 어렴풋하게나마 이러한 논리를 제시하기는 했습니다.

이 목사는 그의 책에서 바히랑가나 안타랑가라는 용어를 사용하지는 않았습니다. 물론 바히랑가 요가가 과학적 접근이고 안타랑가가 종교적 접근이라는 말도 하지 않았고요. 인도에서는 아주 보편적인 분류임에도 말이지요. 몰랐거나 그런 분류를 사용하면 논지가 흐려지기 때문에 사용하지 않은 것으로 보입니다. 책에서 다음의 진술을 합니다.

> [아사나] 수행을 통해 생리적 과정을 조정함으로써
> 자유자재로 몸을 통제하게 되고 의식의 흐름에 집중

할 수 있게 된다. 즉, 신체적 제약성을 뛰어넘어 의식
이 방해받지 않도록 한다. 여기부터가 엄밀한 의미에
서 요가 수행의 시작이다. … 우선 아사나는 인간의
생존양식들의 폐지를 의도하는 목적에서 취해진 최
초의 구체적인 단계라는 것만 유의하도록 한다.[32]

아사나 수행을 반대하는 직접적인 이유로 보이기는 한데 참 모
호합니다. "생리적 과정을 조정"하는 것, "몸을 통제"하는 것, "의
식의 흐름에 집중"하는 것은 요가인이든 아니든 신앙이 있든 없든
많은 사람이 소망하는 것입니다. 이것이 아사나의 작용이므로 아
사나를 해서는 안 된다는 결론이 어떻게 나왔는지 애매합니다. 더
구나 "생존양식들의 폐지를 의도"하는 것이 구체적으로 무슨 말인
지 언급이 없습니다. 그저 아사나를 유의하라는 정도로는 요가 비
판으로서 설득력이 없습니다.

그는 이어서 가롯(M. L. Gharote)의 책 〈인도 전통 요가 아사나
백과〉에 나온 아사나의 세 가지 단계를 인용 열거하고 다른 언급
없이 아사나 설명 부분을 끝냈습니다. 이것이 이충웅 목사가 책에
서 밝힌 아사나 반대를 위한 직접적인 이유의 전부입니다. 아마
아래에 인용한 아사나의 세 번째 단계를 통해서 아사나가 비록 하
급단계일지라도 종교적인 단계와 연결될 수 있다고 본 것 같습니
다. 왜 연결되는지에 대한 설명은 없습니다. 그대로 인용합니다.

아사나에서 고려될 수 있는 세 가지 단계를 알아야
한다. 첫 번째는 심신을 조절하는 아사나이다. 이 범

주에서는 아사나를 건강과 체력에 관한 다양한 관점을 분류하여 정의한다. 두 번째는 명상에 잠기는 아사나이다. 여기서 강조하는 것은 상부와 하부의 말단을 정확하게 정렬하고 척추를 바르게 펴 평온한 마음을 갖도록 하여 적절하게 앉는 형식을 말한다. 세 번째로는 근본의 자리로서의 아사나이다. 이 단계의 아사나는 요가의 최상위 단계의 성취로 간주된다.[33]

이것이 아사나 설명 및 비판 항목의 끝부분입니다. 더이상의 설명이 없어 참 모호합니다. 요가원 요가가 아사나에 집중되는 것을 의식하고, 아사나의 문제점 도출을 '시도'한 것입니다. 다른 비판과 달리 타깃 설정은 바로 한 셈이지만 비판의 핵심 내용이 모호하고 논리가 불분명합니다. 과학적인 부분을 종교적인 기준으로 비판하려는 데서 생기는 어쩔 수 없는 부작용입니다. 아마도 독자들이 세 번째 단계에 주목하기를 바란 것 같습니다. 그렇게 부각시켜서 기독교인은 아사나를 행하면 안 된다고 독자 스스로 정리하기를 바란 듯합니다. 무리가 있는 전개입니다.

부실한 비판은 오히려 위태롭다

가롯 박사가 아사나를 정의할 때는 "요가의 8단계"의 틀에서 아사나를 조명한 것이 뚜렷합니다. 첫 단계는 일반적 시각에서 아사나 수행의 현상적 관찰을 바탕으로 합니다. 일반적 시각이라 함은 신앙유무 종교유무와 상관없이 보편적으로 용인되는 시각이라는 의미입니다. 요가원 요가의 주류(mainstream)를 적절하게 진술한 것입니다. "건강증진"이 목적인 요가이고요. 이 아사나는 별 문제가 없으므로 비판의 대상이 될 수 없다는 것도 분명합니다.

둘째 단계는 아사나 중에 바른 좌법(坐法)을 통해 명상에 드는 모습을 표현하고 있습니다. 셋째 단계는 아사나가 궁극적으로 요가 최고최종의 경지인 사마디(samādhi)를 지향한다는 표현인 듯합니다. 가롯 박사는 일반 아사나가 사마디에 직결됨을 드러내려 하지는 않았을 것입니다. 만약 아사나와 사마디의 직결을 뜻했다면, 단계 구분이 필요 없으니까요. 게다가 사마디는 특정 아사나 자세에 매이는 경지가 아닙니다. 두 번째와 세 번째 설명은 거시적으로 볼 때 아사나가 사마디를 지향하고 있다는 것을 드러내고 있을 뿐입니다.

이 정도의 지향성 또는 연결성으로는 "기독교인 요가 금지"라는 결론을 끌어낼 수 없습니다. 세상에 어떤 것(A)이 다른 어떤 것(B)을 지향하고 있다고 해서 전자(A)이면 후자(B)라는 결론에 이를 수 없습니다. 전자(A)는 후자(B)의 필요조건일 뿐이지 충분조건이 아니기 때문입니다. "과학적 영역인 아사나를 하면, 아사나가 사마디를 지향하기 때문에 종교적인 영역인 사마디에 이른다."는 식의 결론은 필요조건을 충분조건으로 혼동한 오류입니다. 더구나 그 둘이 직접적인 관계가 아니라 간접적인 관계를 맺고 있을 때는 연결성이 더욱 모호해집니다. 누구나 받아들일 수 있는 과학적 영역과 신앙적 결단에 의해서만 수용가능한 종교적 영역이라면 둘의 연결성은 더욱 희박합니다.

부실한 논리로 요가금지를 강행하는 것은 복음적으로나 목양적으로나 더 위태롭습니다. 요가금지 결정은 요가하는 기독교인들과 비신자 요가인들을 힌두교 숭배자로 낙인찍은 셈이고, 그분들이 교회와 담을 쌓도록 만든 조치이기 때문입니다. 빈대 잡으려다 초가삼간 태운 격이지요. 빈대는 빈대약으로 잡으면 되지, 집을 불사를 필요가 없습니다.

요가원에선 무엇을 가르치나?

"지피지기(知彼知己) 백전불태(百戰不殆) : 적을 알고 나를 알면, 백
번 싸워도 위태롭지 않다." 손자병법 모공편(謀攻篇)에 나오는 유
명한 말이지요. 요가 비판쪽 교회지도자들은 타깃을 바로 알지 못
하고 비판함으로써 위태로움을 자초하고 있습니다. 본의가 아니
었겠지만, 목양과 전도에 역행한 것도 확실합니다.

비판자 입장에서 요가 참여를 막으려면, 지금 신도들이 하고 있
는 요가가 무엇인지를 먼저 정확히 아는 것이 필수입니다. 정확히
모른다든가, 별 관계없는 기준으로 비판한다면 문제가 되지 않겠
습니까? 도대체 요가원에서 교습하는 요가는 무엇일까요?

요가원 요가는 사실상 아사나와 호흡뿐이다

"요가원 요가"는 요즘 요가원 현장에서 실제로 교습되는 요가를
지칭합니다. 결론부터 말씀드리자면, 요가원 요가는 주로 "아사나
(āsana)", 즉 몸동작과 자세입니다.

요가원 요가의 주요 내용은 인도 요가인들이 과학적인 길로 규

정한 바히랑가 요가 전체를 포괄하는 것도 아니고, 아사나(몸동작, 자세)가 거의 다입니다. 쁘라나야마(호흡조절)를 약간 곁들이기도 합니다. 이 또한 아사나에 필요한 호흡 정도이고, 때로 호흡의 아주 기초적인 단계가 약간 추가될 뿐입니다.

요가원 요가가 이렇게 구성되는 데에는 이유가 있습니다. 무엇보다도 대부분의 수련생들이 아사나만 원한다는 사실입니다. 일반인들이 요가를 하는 목적과 아사나의 효과가 맞아떨어지기 때문이지요. 수련생들은 건강증진 및 몸매관리를 위해서 요가를 합니다. 힌두교 교리나 요가철학을 배우고자 요가원을 찾는 경우는 거의 없습니다. 한의원에 가는 이유가 병을 낫기 위함이지 음양오행설을 공부하기 위함이 아닌 것과 같습니다.

요가원의 현실을 보면, 힌두교 교리나 요가철학 교육은 차치하고, 호흡조절을 위한 기초적인 교육조차 시간을 배분하기 어렵습니다. 수련생들의 반발 때문입니다. 이를 테면 "우리가 귀한 돈 내고 귀한 시간 들여서 오는데 가만히 앉아 숨쉬기 하는 데에 시간을 너무 쓰는 게 아니냐?"는 반발이지요. 수련생들의 눈치가 그러하다보니, 요가원에서는 아사나 이외의 것을 시도할 엄두가 잘 나지 않는 상황입니다. 고집을 피우면 수련생들이 안 오니까요.

또 하나의 이유는 요가원의 교습시간이 짧기 때문입니다. 50분이 일반적입니다. 1시간 반을 진행하는 곳도 있지만 흔치 않고, 대부분은 한 시간 이하를 배정합니다. 심지어 40분을 배정한 문화센터도 보았습니다. 1시간 이하의 시간은 사실 아주 기초적인 아사나만 하기에도 부족한 시간입니다.

그 다음 이유는, 대부분의 요가선생님들이 요가교사 자격을 획득한 목적이 힌두교 신앙인이 된다든가 요가철학을 깊이 연구하는 데에 있지 않다는 것입니다. 오히려 일반 수련생들과 동일한 지향을 가집니다. 즉 건강증진과 몸매관리를 목적으로 하는 수련생들의 욕구를 충족시키면서 경제적 수익을 얻고자 하는 경우가 대부분입니다.

또 다음 이유는, 대부분의 요가교사 교육과정에서 가르치는 요가철학은 아주 기초적인 수준이라는 점입니다. 그 정도의 교육을 받은 요가교사들이 수련생들을 요가철학과 힌두교 신앙으로 감화시켜 종국적으로 힌두교인을 만드는 것은 지극히 역부족입니다. 더구나 요가교사들 중에 힌두교인은 거의 없는 것으로 압니다.

마지막 이유는 요가원 운영자나 요가교사들이 종교로 인한 마찰이나 반발을 기피하기 때문입니다. 요가원에는 여러 종교인들이 옵니다. 특히 기독교인, 불교인, 무슬림(Muslim, 이슬람교인)들을 의식하지 않을 수 없지요. 행여나 이들과 종교적인 문제로 갈등이 생기면 요가원 운영에 치명적인 타격을 입습니다. 요가원에서는 힌두교적 요소를 제거할 수밖에 없지요.

이상의 설명만으로도 한국의 요가에 대한 기독교 지도자들의 염려를 대부분 감소시킬 수 있습니다. "한국의"라는 수식어에 유의하시기 바랍니다. 외국, 특히 서양의 요가는 크리스천 요가라 하더라도 종교혼합주의 성향이 있기 때문입니다. 서양 요가 동향에 대해서는 뒤에 다루겠습니다. 한국의 요가에 대해서는 성도님들이나 요가 선생님들께 몇 가지 유의점만 알려드리면 됩니다. 성도님들이나 요가 선생님들은 그러한 주의 환기를 충분히 소화해 낼 수 있는 인격과 양식이 있습니다. 기독교 지도자들이 현장을 잘 모르는 가운데 무리한 반대운동을 펼치면 반발과 혐오를 낳을 뿐입니다.

한국에서의 요가가 기독교 신앙에 크게 문제가 되지 않는다는 가시적인 증거 하나를 소개합니다. 아시다시피, 요가원이나 피트니스센터의 요가강좌가 우후죽순처럼 늘고 있습니다. 2017년 통계에 따르면 전국에 요가원 수가 6천~7천 개 정도가 됩니다.[34] 여기에 수많은 피트니스센터나 문화센터 요가강좌까지 합하면 엄청난 숫자가 될 것입니다. 2017년 공정거래위원회 통계에 따르면, 전국 편의점 수는 3만 5천 977개입니다.[35] 요가원 수가 그 많은 편의점 수의 6분의 1이 될 정도로 많습니다. 그렇게 요가 인구가 팽창한 결과로 생겨난 전국의 힌두교사원 수는 얼마나 되나요? 비판자들의 판단이 옳다면, 즉 요가가 진정 힌두교 전파의 선봉(vanguard)이라면, 한국에 힌두교사원이 생겨야 하지 않나요?

요가단체 강령들로 살펴보는 "현대 요가"의 경향

일반적으로 한국 요가지도자들은 종교적 갈등이 발생하는 것을 원치 않습니다. 종교와 상관없이 평화로운 가운데 보급되기를 원합니다. 과도하게 요가철학을 설파하면 힌두교 이외의 타종교인들 특히 기독교인 고객들을 잃는다는 점을 잘 알고 있습니다. 대부분의 요가단체 강령에는 과학으로서의 요가가 강조 반영되어 있고, 종교적 접근과 해석을 의도적으로 회피하고 있습니다. 다음의 강령들 정도로 요가를 생각하는 지도자들이 사실상 많습니다.

예수님은 요가하는 기독교인에게 뭐라 하실까?

요가단체의 강령들

요가 연합단체 강령들 중에서 '설립목적'을 살펴보겠습니다.

> 일반 수련생에게는 특정한 종교나 사상에 관계 없는 하타 요가와 라자 요가 행법을 중심으로 가르칩니다. 하타 요가는 생리학에 근거한 운동법인 아사나와 호흡법인 프라나야마이고, 라자 요가는 심리학에 근거한 명상법입니다. 수련시간은 90분입니다. - 한국요가연수원의 연수원 소개[36]

> 본 협회는 요가의 연구와 보급을 통하여 생명과 자연의 이치에 부합하도록 육체적, 정신적 균형과 스스로의 관리능력을 개발함으로써 "국민건강과 체위향상 및 요가발전"에 기여함을 목적으로 한다. - 한국요가협회 설립목적[37]

> 사단법인 대한요가지도자협회에서는 국내국제 요가지도자 자격증 발급 및 지도자 인재양성을 주 목표로 하고 있습니다. 체력증진 및 정신수련을 바탕으로 한 심신일체를 통해 풍요로운 삶을 영위하고자 하는 국민들 염원에 뒷받침이 되고자 유수의 각 체육대학교 교수진들과 함께 ○○○ 협회장 님이 뜻을 모아 설립하게 되었습니다. 본 협회는 재활스포츠 운동으로 각광받고 있는 필라테스를 동양권의 문화와 체형에 맞

춘 연구개발을 통해 전문지도자를 배출하여 대중화
시킴으로써 휘트니스 센터 레슨매니져, 대학교 교양
체육수업 강좌 개설, 사회교육원 학과양성, 무용 및
요가학원 등의 필라테스전문지도자, 생활체육과 휘
트니스단체, 다이어트센터, 체형교정센터 등의 CEO
등 운동처방사 및 재활운동전문 트레이너 등 다양한
방면에서 전문적인 교육활동을 할 수 있도록 지원을
아끼지 않고 있으며 현재 전국 주요 시·도에 위치한
19개 가맹교육지부를 중심으로 건강증진 서비스를
제공하고 있습니다. - 대한요가지도자협회 소개 및
설립목적[38]

일반 요가원 현장을 이 정도로만 들여다봐도 요가원에서 하는
요가가 호흡조절을 약간 곁들인 아사나 위주이고, 그 범위를 거의
벗어나지 않는다는 것에 수긍할 수 있을 것입니다. 물론 일부 요
가단체에서는 강령에 조금 더 직접적으로 힌두교적인 요소를 드
러내기도 합니다. 재미있는 일은 정관에는 힌두교로 경도된 표현
을 한 곳조차도 실제 수업은 그저 아사나 위주의 체조 정도에 그
치는 곳도 많다는 사실입니다.
아주 드물지만 혹시라도 힌두교의 교의나 범아일여의 요가철학
을 주입하려는 요가원이 있다면 기독교인들은 일차 이의를 제기
하고, 고쳐지지 않으면 요가원을 옮기면 됩니다. 그렇지 않은 요
가원이 대다수이니까요. 요즘 시대는 고객의 반응과 평판이 아주
큰 역할을 합니다. 교사들은 이에 민감할 수밖에 없기에 거의 대

부분의 요가원에는 이런 문제가 없습니다.

현대 요가

오늘날의 요가 동향을 학자들은 어떻게 보고 있는지 살펴보겠습니다. 금강대학교의 심준보 교수는 요즘 붐을 이루는 요가를 "현대 요가"라고 명명하며, 이를 제대로 인지하지 못한 채 요가 금지 결정을 내린 예장통합 총회의 결정이 성급했다고 말합니다.

> 오늘날 전 세계적인 도시 문화의 일부가 된 요가는 세계화의 대표적 산물로서 단순히 '요가'로 부르기보다는 '현대 요가'라는 이름으로 불러야 마땅할 것이다. … 한의학이 서구 의학과 전통 의학 사이에서… 변화와 발전을 계속 모색하는 것처럼 현대 요가도 전통적 요가와 서구 과학, 특히 생리학과 체육학 사이에서 계속 발전을 모색하며 변화해가고 있다. 요가학자의 입장에서 요가, 특히 현대 요가에 대한 고찰이 부족하다고 판단되는 이단사이비대책위원회의 보고서를 받아들인 예장통합 총회의 결론은 너무 성급하다고 생각된다.[39]

명지대학교 생활체육과의 배윤종 교수는 요가의 스포츠화에 주목하며 현대 요가를 스포테인먼트(Sportainment)의 대표주자로 봅니다.

이제 요가의 스포츠화는 세계적인 추세라고 할 수 있다. 스포츠의 목적인 즐거움을 느낄 수 있는 방법을 요가에 접목시키면서 모든 영역으로 넓혀가고 있다. 한국 요가도 이러한 맥락을 따르고 있다고 볼 수 있다. 이제 현대 요가는 사마디(samādhi)나 해탈이라는 거창한 목적보다도 좀 더 즐겁게 대중에게 다가갈 수 있는 방법을 모색하면서 스포츠화 경향을 보이고 있다. 더 나아가 이를 아예 제도화하려는 움직임도 있으며, 생활화될 수 있는 전환점을 마련하고 있다.[40]

교회지도자들이 요가하는 기독교인들을 제대로 지도하려면, 요가 비판의 타깃을 요가원 요가로 제대로 잡아야 합니다. 그런데 요가원 요가를 바로 알고 나면, 약간의 유의할 점만 알려드리는 정도로 충분하다는 것을 알게 됩니다. 요가금지 조치는 부실한 자료에 의지했으며 결정이 성급했습니다. 현재 한국의 요가 인구는 200만 명에 이르며 2024년에는 500만 명을 돌파할 것으로 예상됩니다. 또한 현재 8,600개의 요가원이 있으며 약 46,000명의 요가 강사가 활동하고 있습니다.[41] 예장통합 총회의 요가금지 결정은 엄청난 요가인구 모두를 적으로 돌린 셈입니다. 목양적 관점에서나 전도의 관점에서나 다시 생각해봐야 하지 않을까요?

교회의 요가 반대가 초래하는 부메랑 효과

요가를 무조건 금지할 때 어떤 부작용이 발생하는지 논리적으로 생각해보겠습니다. 타종교의 가르침이라고 해서 무조건 반대하면 그 반대가 부메랑이 되어 날아와 기독교를 공격합니다.

식사기도와 십계명이 위험한 규율이 되는 코미디

대부분의 기독교인들은 식사기도를 거르지 않습니다. 교회에 정기적으로 출석하는 기독교인 치고 식사기도를 하지 않는 기독교인은 드뭅니다. 또한 십계명은 기독교인들에게 아주 중요한 계명입니다. 십계명을 부인하는 것은 기독교인이 아니라는 선언과 동일하게 여길 정도입니다. 이토록 중요한 내용에 요가 비판의 도구 명제가 어떤 부메랑으로 돌아오는지를 살펴보겠습니다.

오관게와 식사기도

불자(佛子: 불교신자)들은 공양(식사) 전에 공양게(供養偈: 식사 전에 읊는 게송; 식사기도)로서 오관게(五觀偈)를 올립니다.

계공다소량피래처(計功多少量彼來處),
촌기덕행전결응공(村己德行全缺應供).
방심이과탐등위종(防心離過貪等爲宗),
정사양약위료형고(正思良藥爲療形枯),
위성도업응수차식(爲成道業膺受此食)

이 음식 어디서 왔는고?
내 덕행으로 받기 부끄럽네.
마음의 온갖 욕심 버리고,
육신을 지탱하는 약으로 알아,
도업을 이루고자 이 공양을 받겠습니다.[42]

기도하는 불자들의 모습을 보게 된 어떤 교회지도자가 이렇게 말한다고 생각해봅시다. "많은 기독교인들이 식사기도를 하는데 그런 기도는 폐지되어야 한다. 그것은 사실 이방종교의 관습이기 때문이다. 식사기도는 자기도 모르는 사이에 이방종교의 행위를 하는 것임을 알아야 한다. 이것을 가볍게 보면 안 된다. '악은 어떤 모양이라도 버리라.'(데살로니가전서 5:22)는 하나님의 말씀을 기억하라."

이것은 물론 가상 예화입니다. 이런 목사님은 계시지 않을 줄 압니다. 그러나 요가 비판 논리를 그대로 식사기도에 적용하면 충분히 가능한 이야기입니다. 질문 하나 드립니다. 식사기도를 폐지해야 기독교 신앙을 잘 지키는 것이 되나요? 질문을 바꿔봅니다. 기독교인들이 식사기도를 계속해야 한다면 그 판단의 기준은 무

예수님은 요가하는 기독교인에게 뭐라 하실까?

엇인지요? 기도의 틀은 놔두고 내용을 기독교적인 것으로 바꾸면
되나요? 요가도 틀(동작)은 그대로 하면서 정신만 바꾸면 될까요?

오계, 야마, 십계명

신실한 불교인이라면 누구나 지켜야 할 "5계(戒)"가 있습니다.

> 제1계: 불살생(不殺生) 즉 살생하지 말라.
> 제2계: 불투도(不偸盜) 즉 도둑질하지 말라.
> 제3계: 불사음(不邪淫) 즉 간음하지 말라.
> 제4계: 불망어(不妄語) 즉 거짓말하지 말라.
> 제5계: 불음주(不飮酒) 즉 술을 마시지 말라.

불교인에게 "5계"가 있다면, 요가인에게는 "야마(yama)"가 있
습니다. 야마 또한 다섯 가지입니다.

1. 아힘사(ahismā): 비폭력, 혹은 불살생(不殺生). 살생하지 말라.

2. 사트야(satya): 진실, 혹은 불망어(不妄語). 거짓말하지 말라.

3. 아스테야(asteya): 불투도(不偸盜). 도둑질하지 말라.

4. 브라마차리아(brahmacharya): 금욕, 욕망억제. 불사음(不邪淫). 간음하지
   말라.

5. 아파리그라하(aparigraha): 불탐(不貪). 탐내지 말라.

야마는 요가 준비 단계가 아니고, 요가의 8단계 중 제1단계로
서 이미 요가입니다. 야마를 행하는 것은 이미 요가를 하고 있는

것이지요. 야마만 잘 수행해도 이미 요가의 모든 걸 이룬다고까지 말합니다. 마치 예수님이 주신 새 계명 하나만 제대로 지킬 수 있다면 기독교의 모든 계명을 다 이루는 것이라고 말하는 것과 비슷한 맥락으로 보시면 됩니다. 예수님의 새 계명은 이것입니다.

> "새 계명을 너희에게 주노니 서로 사랑하라 내가 너희를
> 사랑한 것 같이 너희도 서로 사랑하라." (요한복음 13:34)

불교의 5계나 요가의 야마는 모두 이방종교의 핵심 가르침이요, 그것을 지키는 것은 그 종교의 신앙행위를 하는 것입니다. 여기서 주목할 것이 있습니다. 요가의 야마가 기독교의 십계명 속에 다 들어 있다는 사실입니다. 불교의 5계 중 제5계를 뺀 나머지 4계 또한 마찬가지입니다. 재미있는 것은 불교의 제5계(술 마시지 말라)가 십계명에는 없는데도 한국의 보수적인 교회에서는 십계명만큼이나 강조, 고수하고 있다는 사실입니다. 반면에 적지 않은 불교인들이 제5계는 개의치 않고 생활하지요.

5계와 야마를 알게 된 어떤 목사님이 고민 끝에 결단을 말씀하신다고 생각해봅시다. "연구를 해보니, 십계명 중 다섯 계명은 타종교의 전통이요 그들의 핵심 가르침이고 핵심 신앙행위이다. 기독교는 그것을 따라하면 안 된다. 따라하게 되면 사실은 타종교의 신심행위를 하는 것이 된다." 자, 다시 질문을 드립니다. 십계명 중 5계나 야마와 동일한 계명 다섯 개는 따르지 않아야 기독교 신앙을 잘 지키는 것이 될까요?

목사님들 중에 식사기도 폐지, 십계명 중 다섯 계명 폐지라는

결론을 내리시는 분은 없을 것입니다. 만약 그런 식의 폐지를 결정하는 교회지도자가 있다면 더 이상 교회지도자 자리에 있어서는 안 됩니다. 식사기도는 몰라도 십계명 중 다섯 계명을 폐지한다는 것은 성경을 정면으로 부인하는 것이 되니까요.

그렇다면 어떤 기준에서 그 다섯 계명을 폐지하지 않는지요? 어떤 이유로 요가(야마)를 해도 된다고 판단하시는 것인지요?

십계명, 5계, 야마 대조표

기독교의 십계명 (출 20:1-17)	불교의 5계	요가의 야마
1. 너는 나 외에는 다른 신들을 네게 두지 말라.	해당 계율 없음	해당 계율 없음
2. 너를 위하여 새긴 우상을 만들지 말고... 그것들에게 절하지 말며, 그것들을 섬기지 말라.	해당 계율 없음	해당 계율 없음
3. 너는 네 하나님 여호와의 이름을 망령되게 부르지 말라.	해당 계율 없음	해당 계율 없음
4. 안식일을 기억하여 거룩하게 지키라.	해당 계율 없음	해당 계율 없음
5. 네 부모를 공경하라.	해당 계율 없음	해당 계율 없음
6. 살인하지 말라.	제1계: 불살생 (不殺生)	1. 아힘사(ahisā): 비폭력, 혹은 불살생(不殺生)
7. 간음하지 말라.	제3계: 불사음 (不邪淫)	4. 브라마차리아 (brahmacharya): 금욕, 혹은 욕망억제
8. 도둑질하지 말라.	제2계: 불투도 (不偸盜)	3. 아스테야(asteya): 불투도(不偸盜)
9. 네 이웃에 대하여 거짓 증거하지 말라.	제4계: 불망어 (不妄語)	2. 사트야(satya): 진실, 혹은 불망어(不妄語)
10. 네 이웃의 집을 탐내지 말라... 무릇 네 이웃의 소유를 탐내지 말라.	해당 계율 없음	5. 아파리그라하 (aparigraha): 불탐(不貪)
해당 계율 없음	제5계: 불음주 (不飮酒)	해당 계율 없음

체조도 하지 말고 어떤 자세로든 앉지도 말라?

"하타 요가"는 아사나에 중점을 두는 요가로서 요즘 요가원 요가의 대세입니다. 하타 요가 3대 경전은 "하타 요가 프라디피카", "게란다 상히타", "쉬바 상히타"입니다. 기본 아사나를 하타 요가 프라디피카에서는 15가지, 게란다 상히타에선 32가지, 쉬바 상히타에서는 84가지를 제시합니다. 변형된 아사나는 수백, 수천 가지가 됩니다. 게란다 상히타에 따르면, 쉬바(Shiva) 신이 8천 4백만 가지의 아사나를 가르쳤다고 전합니다. 과장된 표현임을 쉽게 짐작할 수 있지만, 아사나의 가지 수가 많다는 걸 보여주는 것임에는 틀림이 없습니다. 2015년에 미국에서 〈2,100 Asanas〉(2,100가지 아사나)라는 제목의 책이 발간되기도 했지요. 이와 관련된 이충웅 목사의 글을 잠시 들여다 봅니다. 요가를 비판하기 위해서 쓴 글이지만, 그것이 곧 부메랑이 되고 있음을 명확히 드러내는 아이러니가 있는 내용입니다.

> 요가가 힌두신과의 합일이라는 더욱 결정적인 증거가 있다. "시바 신께서 84가지의 자세들을 주셨다. 나는 그중에서 가장 중요한 네 가지 자세들을 설명할 것이다. 가장 중요한 네 가지의 자세는 달인(達人, Siddha), 연화(蓮花, Padma), 사자(獅子, Simba) 그리고 제왕(帝王, Bhadra)이다." 요가의 신은 시바이다. 그리고 시바가 준 이러한 자세들은 결국 시바를 찬양하는 것이고, 주어진 자세들을 통하여 여러 신들과의

예수님은 요가하는 기독교인에게 뭐라 하실까?

합일을 이루어나가는 것이다.[43]

이 글 속에 인용된 문장은 "쉬바 상히타"에 나오는 말씀입니다. 비슷한 내용의 글을 하나 더 열거합니다.

> 요가의 자세 중 가부좌자세는 가장 오래된 요가자세로 불린다. 이 자세는 이미 모헨조다로의 유적에서도 발견된다. 지금도 가장 기본적인 자세인 가부좌 자세는 바로 시바자세라고 하여 시바가 최초의 요가 수행자라고 한다. 이것은 오늘날 시바와의 합일을 시도하는 것이다. 이외에도 많은 자세들이 힌두교의 신들을 묘사하고 있다. 코브라자세, 독수리자세, 소얼굴자세, 물고기자세, 메뚜기자세, 나무자세, 영웅자세, 원숭이자세 등등 우리가 요가를 하면 일반적으로 따라하게 되는 자세들이다. 위에 언급한 모든 것들은 인도의 3억 3천만의 신들 중 하나이다. 따라서 우리가 요가를 한다면 요가의 말의 의미처럼 자연스럽게 이러한 힌두교의 신들과 합일을 이루게 되는 것이다.[44]

이상은 모두 아사나가 엄청나게 많다는 사실을 말해 줍니다. 이러한 사실과 현대의 체육학, 정신신체의학(psychosomatics), 재활의학의 연구결과 및 실제를 함께 고려하면 어떻게 될까요? 명제 형식으로 표현해보겠습니다.

밝혀진 사실
체육학, 정신신체의학, 재활의학이 권장하는 다양한 동작이나 자세가 수많은 요가 아사나 안에 다 있다.

요가 비판자의 논리
모든 요가 아사나는 힌두교의 종교행위이므로 기독교인이 행해서는 안 된다.

도출된 결론
고로 기독교인은 학교에서 가르치는 모든 체조, 국민건강을 위해 보급되는 국민체조, 재활치료를 위한 체조와 동작, 헬스장에서 가르치는 스트레칭 등 모든 체조와 스트레칭 행위를 중지해야 한다. 그 모두가 요가 동작이기 때문이다. 나아가 진정한 기독교인이라면 체조종목 선수가 되어서도 안 된다. 체조가 요가 아사나를 본뜬 것이니 체조를 한다는 것은 곧 힌두교 숭배를 한다는 의미이기 때문이다.

우스꽝스럽지만 현재의 요가 반대 논리라면 교회의 조치는 선택의 여지가 별로 없습니다. 재활 동작을 금지해야 하고, 체조 금지를 강력히 선포하든지, 적어도 "체조 모라토리엄"을 선포해야 할 것입니다. 너무 부담스러우면, 적어도 편법을 써야겠지요. 아사나를 행하되 이름을 일반 체조 이름으로 바꿔부르는 것입니다. ○○체조, ○○재활치료동작, ○○스트레칭 등의 이름으로 말입니다. 실제로 어떤 교회에서 스트레칭이라는 이름으로 요가 강좌를 개설한 경우도 보았습니다.

예수님은 요가하는 기독교인에게 뭐라 하실까?

요가 아사나와 똑같은 동작을 요가와 똑같은 방법으로 행하는데 이름만 바꾸면 괜찮은 걸까요? 이름만 바꿔 부르면 힌두교적 종교행위인 아사나를 행할 수 있는 면죄부가 될까요? 힌두교적 종교행위 여부를 선별하는 기준이 무엇인가요? 이름입니까, 내용입니까?

이충웅 목사의 앉는 자세 비판을 비판해봅니다. 이 목사가 가부좌(연화좌), 달인좌, 사자좌, 제왕좌, 소머리좌 등을 비판 대상으로 삼았습니다. 이 목사께서 이 자세들이 무엇을 지칭하는지를 정말 아셨다면 망설이셨을 것입니다. 그 자세들을 하지 말라는 것은 책상다리, 무릎 꿇기, 양반다리 등을 하지 말라는 것과 같으니까요. 여기에 요가의 앉는 자세 몇 가지만 추가한다면, 모든 앉는 자세를 포괄합니다. 결국 아사나의 앉는 자세를 하지 말라는 얘기는 사람더러 앉지 말고 살라는 얘기가 됩니다. 무당이 작두를 쓰니, 무교를 따르지 않을 사람들은 작두를 내다버려야 한다는 주장과 별반 다를 게 없습니다.

여러 요가 비판자들이 즐겨 반복 재생산하는 문장이 있습니다: "성경에서 뱀은 사탄을 상징한다.… 그러므로 기독교인이라면 요가할 때마다 빠지지 않는 부장가사나(코브라 자세)를 해서는 안 된다." 금지 자세의 대표적인 예로 "부장가 아사나"(뱀 자세)를 드는 이유는 필시 원죄를 짓도록 유혹한 생물이 뱀이기 때문일 것입니다. 그렇다면 "너희는 뱀 같이 지혜롭고 비둘기 같이 순결하라."(마태복음 10:16)고 말씀하신 예수님은 사탄숭배를 조장하신 건가요?

요가하는 독실한 신앙인들은 많다

에피소드 1

제가 싱가폴한인교회를 목회할 때입니다. 전도와 선교를 위해서 자비를 들여 정기적으로 해외공연을 하는 성악가 분들을 모시고 교회에서 음악회를 열었습니다. 특히 싱가포르 성악가들이 함께 출연하여 더욱 뜻깊었던 공연이었습니다. 공연 후 우리 교회 장로님들께서 감사의 식사자리를 마련하셨습니다. 그때 그 팀을 이끄셨던 선임 교수님께서 인상 깊은 간증을 하셨습니다.

그 교수님은 심각한 암 투병을 하셨던 분입니다. 투병 중에 함께하신 하나님을 간증하시던 중에 요가가 투병과 회복에 큰 도움이 되었다는 말씀을 하셨습니다. 또한 요가의 호흡이 성악가에게 아주 유용하다는 것을 깨닫고 자신의 제자들에게 요가를 강권하고 있다고도 하셨습니다. 황금 같은 방학기간 중에 자비를 들여 해외선교를 나서는 것은 아무 신앙인이나 할 수 있는 일이 아닙니다. 그때 오신 분들은 여러 음악대학 교수님들인 동시에 대형교회 성가대의 솔리스트들입니다. 그런 분들이 시간과 거금을 기꺼이 내서 하나님의 영광을 위해 헌신하신 것이지요.

그가 암 투병이라는 역경 속에서도 오히려 믿음을 더욱 돈독히 하시면서 요가로 건강을 증진하신 것을 어떻게 판단해야 하는지요?

예수님은 요가하는 기독교인에게 뭐라 하실까?

에피소드 2

동남아의 한 국가에서 30년 이상 선교에 헌신하고 있는 선교사님
이 계십니다. 10년 전에 만났을 때 이제 곧 죽을 것 같다는 얘기를
하셨는데 상태를 보니 빈말이 아니었습니다. 심신이 모두 쇠약해
졌고 기력도 고갈된 상태였습니다. 마침 제가 교회에서 요가를 가
르치고 있던 터라 제가 편집한 요가 교재를 드리고 요가 아사나를
전수해드렸습니다.

후일 얘기를 들어보니, 선교지로 귀환한 후 정말 하루도 거르지
않고 제가 드린 교재를 보고 요가를 계속했다고 합니다. 1년 만에
모든 것이 회복되었다는 소식이 들려왔습니다. 이후 선교사님은
저를 만날 때마다 업그레이드 교육을 받았습니다. 지금도 열심히
요가를 하고 계십니다. 외국인으로서 감당하기 힘든 현지인 교회
를 담임목회하시는 분인데, 새벽기도회 후에 몇몇 현지 교인들과
함께 요가를 하십니다. 교인들도 효과를 보니 열심이라고 합니다.
이분이 과연 힌두교를 섬기고 있는 것일까요?

에피소드 3

마음이 안쓰러워지는 이야기입니다. 최근에 어느 목사님 가족과
함께 식사를 했는데 우연히 요가 얘기를 하게 되었습니다. 30대
후반인 사모님은 둘째 아이를 출산하고 몸 컨디션이 너무 안 좋아
져서 동네 요가원에 다녔다고 합니다. 물론 건강도 잘 회복되었고
요. 얘기를 나누는 중에 2017년 우리 총회에서 요가금지 결정을
내렸다고 전했습니다. 얼마나 당황하시든지요. 몇 번이나 몰랐다
고 하면서 갑자기 자책을 하며 잘못했다는 표현을 했습니다. 없었

던 죄책감이 만들어지는 순간이었습니다. 교회에서 자라고 교육받았으며 지금은 사모가 되어 온 삶으로 교회를 섬기고 있는데, 신앙적인 문제점을 느끼지 못하고 요가를 해온 것입니다. 요가를 한 것이 이토록 민망할 정도로 자책해야 할 일일까요?

모 교수님, 모 선교사님, 모 사모님, 이분들이 과연, 요가를 비판하는 분들의 견해처럼, 요가를 함으로써 힌두교 종교 행위를 한 것이고, 지금도 계속하고 있다면 배교한 것일까요? 과연 이러한 판단이 정당한 판단일까요? 왜 우리 주위에 이런 답답한 일이 일어나는 걸까요? 지금이라도 조속히 교회가 요가의 위상을 재정립해주어 대내외적으로 상쾌한 모습을 보여야 할 때입니다.

3부

요가 옹호에 대한 비판

요가는 종교가 아니라 과학이다?

크리스천 요가는 안전한가?

요가는 종교가 아니라 과학이다?

요가를 옹호하는 입장은 크게 두 가지입니다. 하나는 요가가 종교가 아니라 과학이라는 전제 속에서 요가를 전파하는 것입니다. 다른 하나는 요가와 기독교를 혼합하여 전파하는 것입니다. 이 장에서는 전자의 입장을 살펴보고 그 문제점을 도출합니다.

"요가는 과학"이라는 입장

요가가 과학이라고 주장하며 적극적으로 요가를 전파하는 대표주자는 인도의 나렌드라 모디(Narendra Modi) 총리입니다. 요가에는 과학적인 부분과 종교적인 부분이 함께 있습니다. 그럼에도 굳이 요가가 과학이라고 주장하는 이유는 종교적인 마찰을 피하면서 요가를 적극적으로 전파하기 위함입니다. 이는 요가가 종교라는 주장 못지 않게 오류가 있는 주장입니다.

모디 총리는 2016년 1월 3일, "요가 연구와 그 적용의 미개척 분야에 관한 21세기 국제 컨퍼런스(The 21st International Conference on Frontiers in Yoga Research and Its Application)"

에서 기조연설을 했습니다. 연설의 핵심주제는 요가를 통한 건강 증진이었습니다.

> 요가는 건강과 웰빙을 향한 보편적 열망의 상징입니다.… 요가는 온 세계가 공유하는 소망, 즉 [만물의] 어머니인 자연(Mother Nature)과 인간 사이의 균형 추구라는 소망을 반영합니다.… 요가는 전 세계적인 유산이 되었습니다. 또한 세계는 아주 열정적으로 인도전통의학을 환영하고 있습니다. 나는 여러분이 요가와 인도전통의학을 더 밀접히 통합하여 우리의 건강관리시스템을 확립하고, 그로 인해 인도는 물론 세계의 모든 사람들이 건강한 삶을 사는 데에 공헌하기를 바랍니다.[45]

그는 연설 중에 요가에 대한 자기 견해를 뒷받침하는 논리를 다음과 같이 설파했습니다.

> 요가는 종교적 행위가 아닙니다.… 요가는 내세에 관한 것이 아닙니다. 그러므로 그것은 종교적 실천이라고 할 수 없습니다. 그것은 현세의 과학입니다. 그것은 이생에서 우리가 취해야 할 그 어떤 것에 관한 것입니다.… 요가는 종교유무와 상관없이 모든 사람을 위한 것입니다.[46]

예수님은 요가하는 기독교인에게 뭐라 하실까?

모디 총리는 2016년 6월 21일, 제2회 세계 요가의 날 기념대회에서도 동일한 논리로 연설했습니다. 특히 기념대회에서 요가를 직접 행함으로써 전 세계에 인상적으로 요가를 알렸습니다. 요가를 각자의 건강한 삶을 위해 받아들일 것을 호소함과 동시에 요가를 논란의 주제로 삼지 말아달라고 특별히 요청했습니다.

모든 종교 또는 종교 공동체는 사후에 천국(parlok)에 가는 것을 강조합니다. 그들은 당신이 이렇게 기도하면 이렇게 천국에서 누리게 될 것이라고 말합니다. 하지만 요가는 천국을 위한 것이 아닙니다.… 요가는 현세의 삶을 위한 과학이지 종교적 행위가 아닙니다. 다시 말하지만, 요가는 종교적 활동이 아닙니다. 지금 당신이 어떻게 정신적 안정을 얻을 수 있는지, 어떻게 육체적 건강을 누릴 수 있는지, 어떻게 사회에서 서로의 일치를 유지할 수 있는지 등등, 이런 방향으로 나아가는데 요가는 힘이 됩니다. 요가는 내세를 위한 과학이 아닙니다. 그것은 이생을 위한 과학입니다.… 여러분은 산부인과 의사들이 임신한 여성에게 요가를 하라고 권하는 것을 보았을 것입니다. 의사들이 임신부와 태아를 위하여 임신부들을 직접 요가 트레이너들에게 보내기도 합니다. 요가는 아주 현실적이고 과학적입니다.… 세월이 흐를수록 우리는 너무 바쁜 삶을 살게 되었습니다.… 우리는 우리의 [내면적] 자아와 단절된 삶을 삽니다. 이것은 모든 불행의 원천입니다. 요가는 우리 자아와 우리를 하나가 되도록 인도합니다. 나는, 여러분 모두가 요가에 대한 [종교적] 논란을 멀리하고 일반 대중의 유익을 위한 길로서 요가를 생각해 주시기를 요청합니다. 요가는 우리가 자아와 일치된 삶을 살아가도록 하는 위대한 길입니다. 나는 우리 모두가 이 길로 전진하게 될 것을 확신합니다.[47]

이어서 그는 모든 나라들이 요가의 날을 기념하고 있다며 인도의 유산인 요가를 통해 세계에 공헌할 것을 주창했습니다.

UN을 통해서 국제 요가의 날이 지정되고 전 세계를 위한 축제의 날이 되었습니다. 선진국이든 개발도상국이든 온 세계가 그것을 지지했습니다. 사회의 각 분야가 그것을 지지했습니다.… UN이 지정한 국제 기념일들이 몇 개 있습니다. 세계 암(cancer)의 날, 세계 건강의 날, 세계 정신건강의 날 등. 스포츠 분야에도 기념일들이 몇 개 있습니다. 그러나 육체적 정신적 사회적 건강을 함께 추구하는 날로서는 국제 요가의 날이 유일합니다.… 이것은 우리 조상이 물려주신 유산의 정체성이요 힘이라고 생각합니다.[48]

이상, 모디 총리의 요가 전파 논리를 정리하면 이렇습니다: "요가는 종교가 아니라 온 인류를 유익케 하는 과학이다. 과학이 종

예수님은 요가하는 기독교인에게 뭐라 하실까?

교불문하고 받아들여지듯이 과학으로서의 요가 또한 종교불문하고 받아들여져야 한다." 이러한 모디 총리의 주장에 대해 찬성과 반대의 입장 둘 다 존재합니다.

요가는 곧 과학이라는 주장에 대한 찬성 반응

사회의 일반적인 반응은 대대적인 찬성입니다. 요가가 세계적인 인기 트렌드로 부상하는 것이 그 증거입니다.. 일단 2016년 "요가 저널(Yoga Journal)"의 기사를 보겠습니다.

> 미국의 요가 인구가 2012년 2,040만 명에서 2016년 3,670만 명으로 늘었다.… 미국 요가시장 규모는 160억 달러[약 18조 원]이고, 세계 규모는 800억 달러[약 90조 원]이다.… '요가'는 2016년 영국 구글 검색창에서 가장 많이 검색되었던 단어이다.[49]

2016년 미국의 인구는 세계은행(World Bank) 통계에 따르면 3억 2,340만 명입니다. 미국 인구의 11%가 넘는 국민이 요가를 하고 있는 셈이지요. 2020년 우리나라 예산이 약 513조 원임을 감안하면, 세계의 요가시장 규모(미국 18조 원, 세계 90조 원)가 엄청 납니다. 구글 검색 순위는 요가에 대한 세계인의 관심도를 드러내는 명확한 증거이고요. 요가가 온 세계에서 환영받고 있습니다.

2018년 한국의 요가 인구는 200만 명에 이르며 2024년에는

500만 명을 돌파할 것으로 예상됩니다. 또한 현재 8,600개의 요가원이 있으며 약 46,000명의 요가 강사가 활동하고 있습니다.[50] 우리나라의 요가원 수는 2017년 통계에 따르면 6천~7천 개 정도가 됩니다.[51] 여기에 피트니스센터나 문화센터의 요가강좌까지 합하면 엄청난 숫자가 될 것입니다. 요가가 과학이라는 명제의 진위를 떠나 그만큼 요가가 매력이 있다는 방증입니다. 요가의 과학적 열매를 많은 이들이 경험하고 있는 것은 확실합니다.

그러나 요가가 과학이라는 명제에는 분명히 오류가 있습니다. 이 명제는 요가가 종교라는 명제와 마찬가지로 부분의 전체화 오류를 범하고 있습니다. 이제 그 오류와 더불어 정의(definition) 자체가 가진 문제점을 상세히 밝히겠습니다.

요가는 곧 과학이라는 주장에 대한 반대 반응

반대 반응은 힌두교 이외의 다른 종교를 믿는 사람들, 그중에서도 특히 각 종교의 보수층에서 나오고 있습니다. 그들은 자신들의 신앙이 요가 때문에 오염될까 염려합니다. 요가를 통해 힌두교 영성과 가르침이 그들의 신앙에 침투될까봐 걱정하는 것이지요. 반대하는 예를 들어봅니다.

미국의 기독교 인터넷 잡지인 〈Relevant〉에서 2010년, "기독교인이 요가를 해도 괜찮은가?"라는 주제를 다루었습니다. 결론적 선언은 요가가 악마적 뿌리를 가지고 있으므로 모든 기독교인은 요가를 멀리해야 한다는 것이었습니다.[52] 요가를 악마적 행위

예수님은 요가하는 기독교인에게 뭐라 하실까?

와 동일하게 취급한 것입니다.

이런 류의 비판은 인터넷에 많이 떠돕니다. 포털사이트나 유튜브에 "요가와 기독교"라는 검색어를 치면 비슷한 내용들이 많이 뜹니다. 이 내용들은 모두 앞 장 "요가 비판의 비판"에서 그 부실성을 지적했던 것들입니다. 타당성을 인정받을 수 없는 내용들이지요.

그들이 왜 과도하게 영적 비판에만 몰두하고 요가의 과학적인 면과 긍정적인 효과에는 눈을 감았는지 충분히 짐작이 됩니다. 한국 요가원 현장과 미국의 현장은 다소 다릅니다. 미국에서는 기독교인들이 공식적으로 요가를 받아들여 소위 "크리스천 요가"라는 것을 만들고 이를 적극적으로 전파하고 있습니다. 그 기저에는 종교혼합주의적 성향이 깔려 있습니다. 기독교인들이 경계해야 하는 요소이지요. 이 때문에 비판과 반대가 생겼습니다.

그러나 크리스천 요가에 종교혼합주의적 요소가 있다고 해서 요가 비판 시 범한 오류들이 면죄부를 받지는 못합니다. 판단의 오류는 강변한다고 해결되지 않습니다. 바람직한 길로 나아가는 데에 걸림돌이 될 뿐입니다. 양쪽이 온전치는 않지만 각각 일리가 있을 때 해결하려면 양쪽의 일리를 모두 살리는 윈윈(Win-Win)의 대안을 제시해야 합니다.

미국의 천주교 사이트인 "Catholic Answers"에서 2012년, "요가와의 트러블"을 주제로 한 기사를 냈습니다. 그때 천주교 지도자들은, 영적인 방식으로 요가를 사용하는 것은 천주교의 관점에서 보면 문제의 소지가 아주 크다고 주장했습니다. 특히 일원론(monism), 영지주의(Gnosticism), 천주교 영성에 위배되는 영적

테크닉에 빠지게 됨을 경계했습니다.[53]

미국의 천주교 지도자들은 나름 타깃을 바르게 정하고 비판했습니다. 요가 비판자들이 흔히 범하는 '부분의 전체화 오류'나 '타깃 설정의 오류' 및 '판단기준 오적용의 오류'를 범하지 않았습니다. 요가의 종교적 부분을 종교적 기준으로 비판하고 있습니다. 이것은 적절한 비판입니다. 그러나 이것은 미국의 일반 요가 내지 "크리스천 요가"를 향한 비판입니다. 한국의 요가원 요가에는 별로 해당사항이 없습니다.

요가의 나라 인도에서는 사정이 어떨까요? 모디 총리의 극진한 노력으로 세계 요가의 날이 UN에서 결정되자, 인도의 한 이슬람 신학교는 세계 요가의 날을 매개로 한 인도 정부의 계획을 "정치적 눈속임 장치(gimmickry)"[54]라면서 정치에 연루되는 것을 원치 않기 때문에 더 이상의 코멘트를 사양한다고 발표했습니다. 인도의 몇몇 무슬림 단체들은 "수르야 나마스카라" 또는 "수르야 나마스카르(Sūrya Namaskār: 태양경배 자세)"에는 이슬람법의 핵심교의에 어긋나는 구성요소가 있어서 반대한다고 천명했습니다.[55]

또한 무슬림 비정부기구(NGO)인 "전 인도 무슬림 개인법 위원회(The All India Personal Law Board)"에서는 수르야 나마스카라 같은 힌두교적 행위를 공식 교육기관에서 의무적으로 행하는 것을 반대하는 캠페인을 다짐했습니다. 무슬림은 오직 알라만을 경배해야 한다는 이유에서입니다. "전 인도 이맘 기구(All India Imam Organization)"의 우메르 일야시(Umer Ahmed Ilyasi) 대표는 모디 총리에게 요가를 특정 종교(힌두교)와 연결시키려는 시도를 멈추고 국가 전체를 고려할 것을 촉구했습니다.

예수님은 요가하는 기독교인에게 뭐라 하실까?

인도 무슬림이 예민한 반응을 하는 이유

인도 이슬람의 예민한 반응을 이해하려면 인도의 특수상황을 알아야 합니다. "수르야 나마스카르(Sūrya Namaskār)"는 언어적으로는 태양(Sūrya: Sun) 경배(Namaskār: salutation)라는 의미입니다. 실제로는 12가지 기초적인 아사나로 이루어진 아사나 세트이지요. 한국에서는 "태양경배자세"로 불립니다. 인도에서는 일종의 국민체조 역할을 하기 때문에 학교 및 여러 기관들에서 수시로 행합니다.

수르야 나마스카라가 무슬림들의 눈에 거슬리는 이유를 세 가지 정도입니다. 첫째는 연결동작 때문입니다. 손을 모은 기립자세에서 출발하여 땅에 완전히 엎드리는 자세를 거쳐 다시 손을 모은 기립자세로 돌아옵니다. 무슬림들에게 공식기도(살라트) 순서 중 알라 경배자세를 떠올리기에 충분합니다. 문제는 그 자세의 이름이 "수르야 나마스카라" 즉 "태양경배자세"라는 것이지요. 알라경배가 태양경배와 대비되면서 심적 불편함이 생깁니다.

둘째 이유는, 열두 동작을 시작할 때 각 동작마다 "비자 만트라(Bīja Mantra)"라는 기도문을 낭송하는데, 유일신 알라 대신 태양을 숭배하는 직접적인 행위로 느껴지기 때문입니다. 비자 만트라는 최고의 에너지원으로서의 태양을 브라만(Brahman)과 연결시키며 경배하는 한 문장짜리 기도문 열 두 개로 구성됩니다. 비자 만트라와 수르야 나마스카라를 온전히 행할 때에는 수르야 나마스카라 세트를 12회 반복하며 매 세트를 시작할 때 먼저 비자 만트라 기도문 한 문장을 암송합니다. 무슬림들에게 아주 불편할 수밖에 없습니다.

셋째 이유는, 인도의 소수 그룹인 무슬림들(인구의 약 14%)에게는 힌두교에서 기원한 요가의 활성화가 다수 그룹인 힌두교인들(약 80%)의 패권(supremacy) 강화 운동으로 느껴진다는 것입니다. 참고로, 인도 무슬림 수는 퍼센티지로 소수일 뿐이지 실제로는 2억 명 정도입니다. 그래서 총리가 주도하는 운동에도 당당하게 맞대응하는 목소리를 내는 것이지요. 극소수 그룹인 기독교는 잠잠합니다.

재미있는 현상 둘을 소개하겠습니다. 하나는 인도 무슬림의 실제 생활 이야기입니다. 인도 델리에서 변호사 일을 하는, 철저한 이슬람 신봉자인 인도인 친구가 있습니다. 그는 인도 무슬림 지도자들의 비판적인 말을 복사하듯이 말하며 부정적인 견해를 표명하는 친구입니다. 제가 좀 반론을 펴면서 모디 총리의 지론대로 과학적인 운동효과까지 무시할 필요는 없지 않냐고 도전했습니다. 아사나 동작 하나를 시범 보이며 건강에 좋은 영향을 미친다고 실감나게 설명해주었습니다. 그러자 그가 갑자기 저의 시범동작보다 한 단계 더 높은 아사나를 완벽하게 선보이며 많은 아사나를 행할 줄 안다는 걸 자랑했습니다. 종교적 시각에서 요가를 머리로는 반대하지만, 그 또한 선조들의 전통에 이미 젖어 있고, 몸이 느끼는 과학적 효과까지 거부할 수는 없었던 것 같습니다. 그가 행했던 아사나는 단기간의 수련으로는 할 수 없는 것이었지요.

다른 하나는 이슬람이 절대 주류(mainstream)인 나라의 요가 얘기입니다. 제가 각각 1년 이상 살면서 직접 경험한 두 나라의 예를 들겠습니다. 이집트(무슬림 90%)와 이란(무슬림 99.5%)입니다. 두 나라의 공통점은 눈에 띄는 요가 반대 흐름이 없다는 것입

예수님은 요가하는 기독교인에게 뭐라 하실까?

니다. 요가 인구가 아직은 많지 않고, 국민의 절대다수가 무슬림인 관계로 요가가 크게 위협이 되지 않는 분위기입니다.

또 하나의 공통점이 있습니다. 두 나라 요가인들의 적극성입니다. 이집트 요가원의 요가 클래스 중 일부는 의외로 힌두교적인 내용을 과감하게 도입하고 있어서 놀랐습니다. 한국에선 보기 힘든 요가류의 예를 들면, 쁘라나야마(호흡조절)을 바탕으로 한 호흡치료, 종교 이전의 공통요소로서의 영 상담, 레이키, 초월명상(TM), 전생보기, 최면치료, 원초적 에너지 활성화 등등의 클래스가 있었습니다. 각종 요가 클래스가 침술 및 마사지 등 상업화된 온갖 목록 속에 함께 있어서 크게 눈에 띄지는 않지만 고객이 있다는 얘기입니다.

이란은 이집트보다는 다양하지 않지만, 의외로 요가에 대해 폭넓은 관심을 표현하고 있습니다. 출판된 책을 보면 알 수 있습니다. 우리나라에는 아사나 위주의 실용적인 책이 대부분인데 반하여 이란에는 요가의 종교적인 부분을 다루는 내용의 도서들도 적지 않습니다. 2019년 세계 요가의 날에는 요가인들이 테헤란의 큰 광장에 모여 대회를 가지기도 했습니다. 세계 요가의 날을 포함해 1주일은 요가 주간으로 하여 다양한 요가 워크숍도 열렸지요. 믿어지지 않지만, 한 보도에 따르면 요가 클래스를 가진 스포츠클럽이 이란 전역에 3천여 개가 있다고 합니다.[56]

인도 이외의 현황

짚고 넘어갈 것은, 인도 이외의 나라에서는 "비자 만트라"를 하지 않는다는 사실입니다. 인도 이외에서 교육을 받은 요가선생님들 대부분은 비자 만트라라는 게 있다는 사실조차 모를 것입니다. 인도에서조차 대부분 비자 만트라를 생략합니다. 수르야 나마스카라를 비자 만트라와 함께 12회 반복하려면 시간이 꽤 소요됩니다. 요가원에서는 보통 2~3 세트 정도를 하고 다른 아사나로 넘어가거나 수르야 나마스카라 도중 변형 동작으로 넘어가는 게 보통입니다. 자연히 비자 만트라를 할 수 없는 상황이지요.

요가원에서 수르야 나마스카라를 할 때 태양을 우상처럼 떠받들며 태양을 경배한다는 생각으로 그 동작을 하는 사람은 거의 없을 것입니다. 대부분은 그저 체조동작으로 여기며 동작에 집중할 뿐입니다. 이것은 요가를 옹호하기 위한 강변이 아니라 요가원의 실제 상황을 알리는 것입니다. 요가를 비판하는 분이라도 요가원 경험이 있으시면 이 사실을 인정하실 것입니다.

태권도에 "품새"라는 것이 있습니다. 품새란 공방기술의 기초인 기본 동작을 바탕으로 격투상황을 가정하고 혼자서 수련할 수 있게끔 만들어진 태권도 동작 세트입니다. 품새 중에 제일 먼저 배우는 품새가 "태극 품새"입니다. 세계태권도평화재단 사이트의 "태극의 품새 설명"을 보면 이렇게 되어 있습니다.

> 태극은 우주생성의 원리와 사람의 생활규범을 그린 것이다. 태극은 그 자체가 무극과 양의와 함께 한다. 태극 점을 싸고 있는 원이 무극이며 붉은 빛과 푸른 빛이 돌아가는 것이 양의이다. 태극은 빛이며 우주 세계와 인생의 통일된 중심체고 무극은 힘이며 생명의 원천이다. 양의는 우주와 인생의 발전되는 움직임

을 나타내며 음과 양, 물질과 반물질 등 대칭되는 두 원리가 싸워 하나로 향함을 나타낸다. 팔괘는 태극과 더불어 질서정연하게 운행되고 괘의 (─)는 양이고, (--)은 음을 뜻하며 우주현상의 근본원리와 조화를 생성 발전시켜 나아간다.

이 내용은 분명 태극 품새를 중국역학과 철학 및 유교의 전통적 우주론을 기반으로 하여 설명하는 내용입니다. 여기 언급된 우주론은 기독교의 우주론 즉 창조론과는 정면충돌합니다.

자, 이 우주론 때문에 기독교인들은 태권도를 배우면 안 된다는 결론을 내린다면 올바른 판단인지요? 현장을 실사하고 판단해야 하지 않을까요? 도장에서는 중국철학에 기초한 우주론을 강의하지 않습니다. 그저 품새 동작에 몰두할 뿐입니다. 태권도를 배워 본 분들은 이 현실을 아실 것입니다.

마찬가지로 우리나라 요가원에서 수르야 나마스카라 동작을 취할 때 태양을 신으로 여기며 경배한다는 생각으로 하지 않습니다. 그저 건강 증진을 위해서 할 뿐입니다. 사실상 동작 따라기에도 바쁩니다. 그렇기에 기독교 신앙에 문제가 일어나지 않는 게 현실입니다. 그렇지만 요가에 종교적 영역이 없다는 뜻은 아닙니다. 일단 팩트체크를 하는 것입니다.

각 종교의 교리 차이를 알면 제대로 보인다

요가는 힌두교적 배경을 가지고 있습니다. 힌두교 이외의 타종교를 믿는 분들이 긴장하고 예민하게 반응하는 것은 당연합니다. 타종교와 교의적으로 어떤 차이가 있기에 종교적 마찰을 빚나 궁금해집니다. 세계 4대 종교(기독교, 이슬람, 힌두교, 불교)의 핵심교리를 간략히 비교 고찰합니다. 이 작업에 책 한 권을 할애한다 해도 지극히 부족 합니다. 여기서는 각 종교인들이 절대로 간과할 수 없는 핵심요점만 제시하여 요가의 종교적 위상을 알아차리는 데에 도움을 드리고자 합니다.

요가와 이슬람

이슬람의 핵심 교리는 "타우히드(tawḥīd)"로 표현되는 유일신론(monotheism)입니다. 타우히드란 알라만이 참 신이고 알라 이외에 다른 신은 없다는 철저한 유일신 신앙을 한 단어로 집약한 것입니다. 이슬람의 유일신 알라는 세상의 창조주이면서 절대적인 초월자이지요.

반면에 힌두교의 핵심교리는 "범아일여"입니다. 이는 내가 절대자 안에, 절대자가 내 안에 있는 상태에 대한 깨달음과 체화(embodiment)를 목표로 하는 범재신론(panentheism)입니다. 범아일여가 만물 안에 범(梵:우주의 본체)이 내재(immanent)되어 있음을 말하는 반면, 타우히드는 만물의 창조주인 알라가 만물에서 초월(transcendent)되어 있음을 말합니다. 힌두교의 최종 지향점인 범아일여는 이슬람의 타우히드 신앙과 정면으로 충돌합니다.

예수님은 요가하는 기독교인에게 뭐라 하실까?

한국에서는 무슬림(이슬람교인)이 극소수라 요가지도자들에게 크게 문제가 되지는 않습니다. 하지만 무슬림이 극소수라고 해서 무슬림의 신양을 무시해도 되는 것은 아니지요. 그분들의 신앙을 잘 이해하고 배려할 준비를 갖추는 것이 성숙한 태도일 것입니다. 무슬림이 어느 정도 세력을 가진 나라들에서는 요가지도자들이 원하든 원치 않든 요가에 대한 비판적 논란에 신경을 쓸 수밖에 없는 현실이고요.

요가와 불교

한국의 요가 수련생들 중에는 불교인이 많습니다. 요가와 불교는 지향하는 바가 서로 달라 충돌이 있을 법하지만, 의외로 많은 불교인들이 요가에 대해 우호적입니다. 물론 일부 불교지도자들은 요가의 폐해를 의식해서 일반 요가 대신 불교의 가르침을 반영한 "비파사나(Vipassanā) 요가"를 제시하기도 하지만, 우리나라에서는 대중적이지 않습니다. 왜 대부분의 한국 불자들이 요가를 배척하지 않고 우호적으로 받아들이는 걸까요?

첫째, 요가와 불교 모두 인도라는 토양에서 발생했고 상호 교차적 배경을 가지고 있기 때문에 일반 불자들은 이 둘이 유사하다고 느낍니다. 특히 서로 공통된 용어를 많이 사용하기 때문에 더욱 그러합니다. 내용적으로 상호 영향을 주고받은 부분도 적지 않습니다. 그러나 동일 용어를 사용하더라도 의미연관체계가 전혀 다를 수 있으며, 사용적 의미가 다를 수 있지요. 문제는 양자의 철학적 체계와 내용이 너무 심오해서 일반인이 이해하기가 무척 어렵다는 것입니다. 양자의 핵심 내용의 차이를 뒤로 한 채로 공통 용어와 분위기만을 보고 양자가 유사하다고 생각합니다.

둘째, 불교 특유의 응동보화력(應同普化力)이 발휘되어 결국 요가의 장점을 흡수하여 불교화한 점도 있습니다. "응동보화(應同普化)"란, 불교의 흡수(absorption) 동화(assimilation) 능력을 긍정적으로 강조하는 불교계의 용어입니다. "모든 것에 응(應)해서 하나로 동화되어(同) 불도(佛道)를 널리(普) 펼친다(化)"는 의미입니다. 하지만 진정한 응동보화는 요가와 불교 각각의 핵심진리를 모른 채로 상충을 겉으로 무마해서 될 일이 아니겠지요.

요가와 불교의 핵심적 교의는 어떻게 다를까요? 요가는 궁극적으로 삼라만상이 브라만(Brahman; 梵)의 전변(轉變, pariṇāma, transformation)임을 직시하여 범아일여(梵我一如)를 전인적으로 체화(embody)하는 것을 지향합니다. 반면에 불교는 만물의 연기(緣起, pratītyasamutpāda, dependant arising)를 직시하여 범아일여관(梵我一如觀)을 해체시킵니다.

달리 표현하면, 불교의 연기설(緣起說)이 요가 및 힌두교의 전변설(轉變說)의 한계를 철저히 들추어낸다고 할 수 있지요. 불교에 "파사현정(破邪顯正)"이라는 용어가 있습니다. "사"도(邪道, 거짓 가르침)를 "파"괴(破壞)해서 "정"법(正法)을 발"현"(發顯)시킨다는 의미입니다. 이때 "파사"(破邪, 삿된 것을 격파함)의 주요 대상이 바로 힌두교의 가르침이었습니다.

힌두교(요가학파의 큰 울타리)는 불교를 눈엣가시처럼 여겼습니다. 인도역사를 보면, BC 2~1세기 바라문(婆羅門, 힌두교 사제계급) 출신인 슝가(Śuṅga) 왕조의 뿌쉬야미뜨라(Puṣyamitra) 왕이 잔혹하게 불교를 박해한 이래 힌두교는 왕권을 힘입어 불교를 지속적으로 박해했습니다. 불교와 "요가철학"의 모태인 힌두교가 양립할 수 없음을 드러냅니다. 박해의 이유가 교의(doctrine) 차이 때문만은 아니지만, 그 여파가 불교와 힌두교와의 큰 갈등을 빚은 것은 부인할 수 없는 사실입니다. 결국 불교의 발상지인 인도에서 불교를 찾아보기 힘들게 되었습니다. 교의적인 시각에서만 보면 한국의 불자들이 요가를 긍정적으로 받아들이는 현상은 사실상 아이러니입니다. 물론 아사나 위주로 진행되는 한국의 요가원 요가라는 시각에서 보면 충분히 이해가 되지요.

요가와 기독교

어찌되었건 한국에서는 요가선생님들이 무슬림이나 불자 수련생들을 크게 의식하지 않아도 되는 분위기입니다. 문제는 기독교인 수련생들입니다. 기독교는 삼위일체 하나님(the Triune God)이라는 유일무이한 신 개념과 "케노시스(Kenosis)"라는 예수의 독특한 됨됨이를 교리의 핵심으로 삼고 있는데, 이는 범아일여와는 거리가 멀기 때문입니다.

어떤 불교인들은 기독교 하나님의 삼위일체(the Trinity)를 부처님의 삼신설(三身說, Trikaya theory)과 유사하다고 생각합니다. 또 어떤 힌두교인들은 기독교의 성육신(Incarnation) 또는 케노시스(Kenosis)를 힌두교의 화신(化身, incarnation)과 비슷하다고 봅니다. 이러한 오해는 기독교의 성육신을 표피적으로 관찰한 결과입니다. 삼신설이나 화신설은 기독교의 삼위일체나 케노시스 개념과는 여러 모로 아주 다릅니다.

성육신(成肉身, Incarnation)은 성자 하나님 예수 그리스도가 인간이 되신 것을 지칭하는 용어입니다. 케노시스(Kenosis)는 "(예수의) 자기 비움"을 의미하는 것으로 성육신의 방법과 본질을 명확히 함축한 용어입니다. 둘 다 하나님이 인간이 되신 것을 지시하지만, 케노시스의 지시하는 바가 조금 더 포괄적입니다. 모두 삼위일체 중 예수님께 초점을 맞춘 용어라고 볼 수 있지요. 삼위일체는 하나님의 내재성과 초월성이 서로 손상됨 없이 존재하는 것이므로, 전변설이요 내재의 극대화인 범아일여라는 요가의 대전제는 기독교의 가르침에 어울리지 않습니다.

힌두교의 범아일여, 이슬람의 타우히드, 불교의 연기, 기독교의 삼위일체와 케노시스는 상호 교환 통합 흡수될 수 없는 교리들입니다. 혹여나 요가지도자들 중에 힌두교적 교의를 전하고 싶은 분이 있다면 이러한 차이를 철저히 인지하고 타종교인들을 배려하여 자제해야 할 것입니다.

과학을 과학답게 종교를 종교답게

이미 언급했듯이, 요가는 과학적 영역과 종교적 영역을 함께 가지고 있습니다. 이를 더 분명히 하기 위해 우선 과학과 종교의 정의(definition)를 살펴볼 필요가 있습니다. 동일 대상에 대한 정의가 사람에 따라 달라질 경우 의사소통이 불가능하기 때문입니다. 어떤 사람이 자기의 주장이나 편의를 위하여 자기만의 정의를 다른 사람에게 강요한다면, 오해와 갈등이 생기지요. 어떤 주장이나 논쟁을 하기 전에 정의가 보편적인 것인지를 검토하는 것은 필수적

예수님은 요가하는 기독교인에게 뭐라 하실까?

입니다.

모디 총리의 과학은 과학이 아니다

모디 총리가 과학이라고 말하는 것은 과학이 아닙니다. 과학의 보편적 정의에서 한참 벗어났기 때문입니다. 과학의 일반적인 정의를 살펴봅니다.

> 과학이란 우주의 사물들이 어떻게 작동하는지를 발견해가는 조직적이고 논리적인 접근법이며, 또한 우주의 모든 것에 대한, 발견을 통해서 축적된 지식의 총체이다.[57]

또 다른 사전적 정의를 하나 더 인용합니다.

> 측정할 수 있고 입증할 수 있는 사실들로 구성된 지식의 총체로서 그것은 과학적 방법을 적용함으로써 얻어지고, 과학적 법칙과 원리로 일반화된다. 모든 과학은 타당한 추론에 의해 정초되며 논리 법칙을 따른다.[58]

이상의 두 정의에서 보시듯이(그리고 여기에 싣지는 않았지만 다른 사전들에 설명된 과학의 정의를 보게 되면), 과학에는 공통적인 필수 요소가 있는데, 그것은 바로 "논리"입니다. 과학은 사물과 사건에 대한 논리적 추론의 접근법이요 산물입니다. 논리를 벗어나는 것을 과학이라고 할 수 없는 것이지요.

이런 관점에서 요가가 과학이라는 모디 총리의 주장에는 문제가 있습니다. 요가에는 과학적인(즉 논리적인) 부분과 함께 종교적인(즉 초논리적인) 부분이 함께 있기 때문입니다. 바히랑가 요가(요가의 제1~5단계)는 과학적인 부분이지만, 안타랑가 요가(요가의 제6~8단계)는 분명히 논리적인 영역을 벗어납니다.

특히 제8단계 "사마디(samādhi)"는 전적으로 초논리적 차원이지요. 사마디를 인도인들은 보통 "초의식(super-consciousness)"[59]이라고 번역합니다. 초의식은 논리의 영역이 아니라 초논리적 영역입니다. 요가가 과학이라고 강변하는 것은 사마디를 부정하는 것이 되어 자가당착에 빠집니다. 얼룩이를 검둥이 또는 흰둥이라고 부른 셈이어서 요가를 종교로만 보는 견해만큼이나 "부분의 전체화 오류"에 빠진 것입니다.

왜 모디 총리가 이런 오류에 빠지게 된 것일까요? 종교와 과학을 말할 때 보편적인 정의를 사용하지 않고 민간에 퍼져 있는 단순한 개념을 기초로 했기 때문입니다. 민간 개념은 종교든 과학이든 간접적이고 부분적으로만 본 것입니다. 온전한 정의가 되기에는 부족하지요. 그의 종교와 과학의 개념을 정리하기 위하여 다시 한 번 인용합니다.

> 요가는 종교적 행위가 아닙니다.… 요가는 내세에 관한 것이 아닙니다. 그러므로 그것은 종교적 실천이라고 할 수 없습니다. 그것은 현세의 과학입니다. 그것은 이생에서 우리가 취해야 할 그 어떤 것에 관한 것

예수님은 요가하는 기독교인에게 뭐라 하실까?

입니다.… 요가는 종교유무와 상관없이 모든 사람을 위한 것입니다.

모든 종교 또는 종교 공동체는 사후에 천국(parlok)에 가는 것을 강조합니다. 그들은 당신이 이렇게 기도하면 이렇게 천국에서 누리게 될 것이라고 말합니다. 하지만 요가는 천국을 위한 것이 아닙니다.… 요가는 현세의 삶을 위한 과학이지 종교적 행위가 아닙니다.[60]

결국, 요가와 관련하여 모디 총리의 과학과 종교의 정의는 이렇습니다: "종교는 사후 천국(parlok)에 관한 것이고, 과학은 현세의 삶을 위한 것이다. 요가는 천국에 대해 말하지 않고 현세의 삶을 위한 것이므로 요가는 종교가 아니라 과학이다." 이러한 정의는 대중적 감성에는 다소 호소력이 있을지 몰라도 정확함과 엄밀함을 필수로 하는 학문적인 정의로는 하자가 큽니다. 모든 과학책에 실려 있는 과학의 정의에는 "논리"가 필수 요소로 자리잡고 있습니다. "논리"라는 요소를 제외한 정의는 과학의 정의가 될 수 없습니다. 과학에 대한 모디 총리의 정의는 사실상 통용불가입니다.

모디 총리의 종교는 종교가 아니다

종교에 대한 논의가 제대로 되려면 적어도 종교학에서 내리는 정의가 필요합니다. 종교학은 특정 종교에 편향됨 없이 최대한 공정하게 그리고 포괄적으로 종교를 다루는 것을 목표로 하기 때문에 종교의 정의 또한 무게가 있습니다.

종교학자들은 종교를 본질적으로 정의하기 위해서 오랜 동안 부단히 노력했습니다. 그 결과 종교학적 정의가 100여 개 넘게 등장했습니다. 문제는 그중 어느 것도 종교학의 목표를 완벽히 충족시키지 못했다는 것입니다. 결국 종교를 본질적으로 정의하는 일은 포기되었습니다. 대신 현상학적으로 종교를 정의하여 종교적 작업을 지속해오고 있습니다. 종교의 현상학적 정의란, 종교라고 일컬어지는 것들의 현상을 가능한 한 선입견이나 판단을 중지한 채 관찰한 결과물입니다. 이는 일종의 작업 정의(operational definition)지요. 유의미한 연구나 작업을 위해선 정의가 필수적입니다. 확실한 개념 정의(conceptual definition)를 모르는 가운데 작업을 수행 하기 위해서 세운 정의를 작업 정의라고 합니다.

종교학자들은 종교에 고유한 "체험(experience)" 현상과 "표현(expression)" 현상이 있음을 발견했습니다. 종교 특유의 이러한 두 가지 현상은 종교와 종교 아닌 것을 구분하는 시금석이 됩니다.

현대종교학의 기초를 놓은 요아킴 바하(Yoachim Wach)에 의하면, 종교적 체험에는 네 가지 특징이 있습니다.[61] (1) 궁극성(ultimacy): 종교적 체험이란 궁극적 실재(ultimate reality)로서 경험되는 것에 대한 반응입니다. 체험자는 당연히 이 궁극적 실재의 무한성과 영원성을 상정합니다. (2) 전체성(totality): 종교적 체험은 궁극적 실재로 파악된 것에 대한 인간 전 존재의 전체적 응답(total response)입니다. 부분적으로 응답하기에는 체험이 너무 강렬합니다. (3) 강렬함(intensity): 종교적 체험은 인간의 가장 강렬한 체험입니다. 이 강렬한 체험은 체험자의 전체적 반응을 낳고,

예수님은 요가하는 기독교인에게 뭐라 하실까?

또한 선교적(propagandistic, missionary) 동기의 원천이 됩니다. (4) 실천성(practicality): 종교적 체험은 인간으로 하여금 그 체험에 준하는 행동과 실천을 하게 만듭니다.

체험은 필연적으로 표현을 낳습니다. 종교에 있어서 체험과 표현은 순환적으로 상호 영향을 주지만, 발생학적으로는 체험이 표현에 선행합니다. 이미 종교가 형성되어 있을 때에는 표현에 이끌려 종교에 입문한 후에 비로소 체험을 하는 경우도 종종 발생합니다.

요아킴 바하에 따르면, 체험은 사상적, 실천적, 사회적 분야로 표현됩니다. 사상적 표현에는 신화, 교리, 경전, 신학 등이 있습니다. 실천적 표현으로는 예배, 제의, 수행 등을 들 수 있습니다. 공동체 및 교단, 종교적 사회활동은 사회적 표현입니다. 영향력이 큰 종교일수록 이 표현들이 복합적이고 정교합니다. 모름지기 종교는 체험 현상과 표현 현상을 가집니다.

바하가 특별히 언급하진 않았지만, 종교의 체험과 표현을 잘 들여다 보면, 한 가지 중요한 특징을 발견할 수 있습니다. "자아초월(self-transcendence)" 지향성이 그것입니다. 자아초월이란 어떤 종교적 계기를 통해서 자기의 전인적인 한계를 넘어서는 체험을 하는 것을 의미합니다. 자아초월은 절대타자(the absolute Other) 체험일 수도 있고, 궁극적 실재(the absolute Reality) 또는 궁극적 진리를 스스로 체득하는 체험일 수도 있습니다. 종교학에서는 흔히 전자를 누미노제(Numinose) 체험, 후자를 니르바나(Nirvana) 체험이라고 부르지요. 이 둘은 대표적인 종교적 체험 유형입니다. 이외에도 종교적 체험의 유형과 그에 따른 표현의 유형이 다양하지만, 그 모두는 체험자의 "자아초월", 적어도 "자아초월 지향"이라는 특성을 가집니다.

여기서 주목할 것은, 자아초월 체험이 전인적으로 일어나기 때문에 적어도 그 사람에게는 인간의 논리를 넘어선다는 사실입니다. "말로 형용할 수 없는(ineffable)", "불립문자(不立文字)" 등의 표현이 종교적 체험에 반드시 따라붙게 되지요. 전자는 기독교에서 하나님과의 만남을 표현하는 대표적인 형용사이고, 후자는 불교의 용어입니다. 불립문자란, 직역하면 "문자로는 세워질/전해질 (立: 설/전해질 '립') 수 없다"는 뜻입니다. 깨달음은 말이나 문자로 전달될 수 없으며 논리의 한계를 벗어난다는 의미이지요.

종교의 현상학적 정의를 자세히 말한 이유는 요가가 종교가 아니라는 주장의 문제점을 지적하기 위함입니다. 종교학적 정의에 비추어보면, 모디 총리의 종교 정의, 즉 천국과 내세를 주장하면 종교, 현세의 유익을 구하면 과학이라는 정의는 종교학계나 과학계에서는 고려의 가치조차 없는 부실한 정의입니다. 종교학적 정의의 관점에서 조명하면, 요가의 제6, 제7단계는 분명히 "자아초월"을 직접적으로 지향하고 있고, 제8단계 사마디는 자아초월 "체험"을 "표현"한 것입니다. 즉 요가의 제6~8단계, "안타랑가 요가"는 종교에 해당합니다.

어떤 요가인들은 요가는 영성(spirituality)을 계발하지 종교를 전파하지 않는다고 말합니다. 요가는 영적 수행일 뿐 종교적 행위가 아니다, 그 둘은 구분되어야 한다고 주장합니다. 그들이 말하는 영성은 각 종교 영성의 바탕이 되는 모체(matrix) 같은 것이지요. 이러한 주장은 힌두교적 패러다임으로 종교를 본 것입니다.

예수님은 요가하는 기독교인에게 뭐라 하실까?

범아일여를 "체험"한 힌두교 내부자의 관점에서 영성을 "표현"한 것이지요. 다양한 종교의 영성은 브라만의 영성에 포괄된다는 "범아일여"의 관점이 뚜렷하기 때문입니다. 요가가 계발하는 영성은 모든 종교영성들의 바탕을 이루는 영성이요 모든 종교성의 모체라고 주장한다면 이미 공정성을 잃은 힌두교식 강변일 뿐입니다. 종교학적 정의에 따르면 요가에는 분명히 종교적 차원이 있습니다.

윈윈(Win-Win)의 길은 있다

"요가가 과학"이라는 모디 총리의 주장에는 두 가지 치명적인 문제가 있습니다. 첫째는 과학과 종교의 정의(definition)가 부실하여 보편성이 없다는 것이지요. 모디 총리의 정의는 종교학계나 과학계에서는 용납될 수 없는 정의입니다. 둘째는 "부분의 전체화 오류"를 범하고 있습니다. "요가가 과학"이라는 주장은 "요가가 종교"라는 주장만큼이나 잘못된 오류판단에 근거한 것입니다. 치명적인 문제를 가진 주장이 더 이상 펼쳐져서는 안 되겠지요.

요가는 과학적인 부분과 종교적인 부분을 모두 가지고 있습니다. 전자는 분명히 과학적인 효과가 있고 그것은 만인에게 유익합니다. 후자는 종교적 가치가 있고, 힌두교인이나 힌두교의 영적 세계를 지향하는 분들에게는 귀한 의미가 있습니다. 요가의 장점을 보편적으로 살리는 길과 각 종교인들이 자기 신앙을 지키는 길, 모두를 강화하는 윈윈(Win-Win)의 길은 무엇일까요?

요가 지도자들의 역할

요가지도자와 요가가 세계적으로 보편화되기를 진심으로 바라는 분들께 제안합니다. 바히랑가 요가와 안타랑가 요가의 구분을 천명하는 것이 중요합니다. 안타랑가 요가의 종교성을 두루뭉술하게 은폐하지 마세요. 안타랑가 요가의 종교성을 공개적으로 인정하고 힌두교인 이외의 타종교인들에게 전파하는 것을 삼가야 합니다. 안타랑가 요가까지 과학이라고 주장하며 모든 사람이 용납해야 한다는 노선을 취하면 안 됩니다.

요가의 과학적 부분인 바히랑가 요가와 타종교의 "접목" 가능성을 강조하는 것이 효과적입니다. 이것이 진정 요가의 보편화를 위한 길이요 종교불문 세계인을 위해 공헌하는 길입니다. 한국의 요가지도자들이나 요가단체는 대부분 자의든 타의든 비교적 이 길을 가고 있습니다. "현대 요가"는 이 방향으로 도도히 흘러가는 중입니다.

힌두교 사상에 빠져들어 자신의 요가철학, 사실은 힌두교적 신앙을 전파하려는 지도자들도 없지는 않습니다. 이분들은 점점 스포츠화 되는 "현대 요가"의 흐름에 불만을 표출하곤 합니다. 그러나 대부분은 시장 논리에 순응하며 요가의 스포츠화에 일익을 담당하고 있지요. 저는 힌두교적 사고에 집착하는 분들이 종교학적 접근법과 자세를 진지하게 배울 수 있기를 소망합니다. 그리하면 오히려 집착에서 자유로워지고 진정 세상을 위하여 더 폭넓게 공헌할 수 있다고 생각합니다. 종교학은 특정 종교의 입장에서가 아니라 중립적인 외부자의 입장에서 가능한 한 공정하게 종교들을 다루려는 학문이니까요. 힌두교 내부자적 시각에서 벗어나 타종교인들을 그들의 시각으로 존중하는 것은 요가 전파를 위해서 중요합니다. 요가의 제1덕목인 "아힘사(ahimsā) 즉 비폭력을 다종교의 세계에서 실천하는 게 되기 때문입니다.

　조금 더 구체적인 얘기를 해 봅니다. 요즘 요가가 인기고, 인도에서 요가를 배운 사람들이 늘다 보니 차츰 힌두교의 만트라(mantra: 진언. 일종의 짧은 기도문 내지 주문)나 바잔(bhajan: 힌두교의 대중 찬송)에 매력을 느끼는 사람들이 생겼습니다. 한국의 요가원이나 지도자 과정에서 이를 본격적으로 행하는 곳은 없는 것으로 압니다. 그러나 인도인이 지도하는 외국 요가원에서 바잔을 따라 부르게 하는 것을 보았습니다. 만트라나 바잔은 힌두교인들에게는 너무나 자연스럽고 평안과 영감을 주는 것입니다. 기독교인들과 인기 CCM의 관계 비슷하지요. 자기의 신앙적 감흥에 빠져 타종교인들에게 이런 것을 전파하는 것은 종교적 예의에서 벗어납니다. 요가 지도자들이 이 점에 유의하여 자제하면 오히려 요가의 보편적인 매력을 돋보일 것입니다.

요가를 반대하는 종교인들의 역할

신앙 문제로 요가를 반대하는 종교인들이 있습니다. 힌두교 신앙이 자기 신앙을 침해할까봐 염려하는 것이지요. 하지만 "요가가 종교"라고 강변하며 요가를 배척하는 것은 잘못된 태도입니다. 요가가 종교라는 판단은 오류판단이기 때문입니다. 오류판단을 근거로 무조건 요가를 배척한다면 요가의 과학적 유익을 현실적으로 체험하는 사람들에게는 어리석게 보일 따름입니다. 반대자의 종교는 배타적인 독단의 종교라는 오명을 더할 뿐이지요.

이 문제에서 벗어나는 길은 요가의 과학적인 부분과 각 종교의 신앙적 부분을 접목하는 것입니다. 바히랑가 요가를 접목 수용하는 가운데 안타랑가 요가의 종교성에 대한 유의점을 명확히 천명하여 자종교인들을 일깨우는 것이 현명한 길입니다. 요가를 반대하는 종교인들께 "접목"을 적극 제안합니다.

접목모델이라는 소중한 선택지

저는 종교혼합주의를 철저히 배제합니다. 저의 접근법은 "혼합" 모델이 아니라 "접목(grafting)" 모델입니다. 접목은 종류가 다른 두 나무를 이어 붙여서 하나의 나무로 만드는 것입니다. 목적은 두 나무의 서로 다른 장점을 함께 가진 하나의 나무를 만드는 것이지요.

좋은 열매를 맺는 나무의 가지("접지", scion)를 잘라서 밑동의 생명력이 왕성한 나무("대목", stock)의 가지에 접붙이는 접목을 하면 열매는 전적으로 접지의 열매, 즉 좋은 열매가 달립니다. 대목은 왕성한 생명력으로 영양분만 잘 공급할 뿐입니다.

저의 접근방법은 "요가는 대목, 접지는 기독교 신앙"이라는 구조입니다. 건강 사역이 변변치 못한 기독교의 부실한 전통을 보완하되 신앙에는 아무 손상이 없게 하는 것입니다. 기독교는 불행히도 육체적 건강 사역에 소홀했습니다. 이것은 기독교의 결함이 아니라 기독교인들의 결함입니다. 육체적 건강을 중요시하셨던 예수님의 뜻을 기독교인들이 외면했기 때문입니다. 예수님께서 얼

예수님은 요가하는 기독교인에게 뭐라 하실까?

마나 건강을 중요시하셨습니까? 예수님의 3대 사역 중의 하나인 건강 사역을 지금이라도 조속히 회복해야 합니다.

혼합이 아니라 접목

접목모델은 기독교 신앙에 힌두교 신앙을 섞는 것이 아닙니다. 요가를 한다고 해서 힌두교 교리와 기독교 교리를 절충하는 것도 아닙니다. 접목 모델은 기독교의 신앙적 가르침은 가감변형 없이 그대로 유지하면서 요가가 육체에 미치는 과학적 건강효과를 받아들이는 것입니다.

이렇게 얘기를 해도 타종교의 산물을 도입하는 것에 대해 무조건 거부하는 분들이 있습니다. 이충웅 목사를 비롯하여 대부분의 요가비판자들이 즐겨하는 표현입니다.

> 요가를 한다는 것은 단순한 운동을 한다는 것이 아니라 힌두교를 수행하는 것이다. 그러므로 크리스천들이 요가를 한다는 것은 힌두교를 믿는다는 것이므로 요가를 한다는 것은 종교혼합이 되는 것이다. 크리스천 요가라는 것은 다름 아닌 구약적 개념으로 보면 '여호와 바알'이 되는 것이고 신약적으로 보면 '예수 구루'가 되는 것이다.[62]

혼합이든 접목이든 타종교 산물의 도입을 무조건 반대하는 입장이지요. 이런 주장을 펴기 전에 혼합과 접목을 구분하며 접목을 조금 더 심도 있게 검토하는 것이 이성적일 것입니다. 두 가지를 검토해 보겠습니다.

하나는 밑동 교체에 대한 거부감입니다. 뿌리를 갈면 모든 게 바뀐다는 잠재적 인식이 있습니다. 꼭 그럴까요? 고욤나무는 감나무에 비해 추위에 강하고 튼튼하며 성장이 빠릅니다. 물론 열매는 고욤나무열매이지요. 이 고욤나무를 대목(뿌리와 밑동)으로 삼아 감나무 가지(접지)를 접붙입니다. 이렇게 접목하면 열매는 물론 감나무 열매를 맺습니다. 접목하지 않은 감나무보다 훨씬 좋은 감이 많이 맺힙니다. 여기서 주목할 것은 이렇게 접목된 나무를 감나무라고 부른다는 것입니다. 감나무 가지를 접목하면 고욤나무가 감나무가 됩니다. 접지와 열매가 밑동의 정체성을 바꿔버린 거지요. 요가와 기독교의 접목도 마찬가지입니다.

검토할 다른 하나는, 그렇다면 기독교 신앙을 타종교의 아무것에나 접목해도 되는가입니다. 답은 분명합니다. 아무 나무나 접목이 가능한 것이 아니듯이, 타종교의 아무 산물이나 기독교 신앙과 접목할 수 있지는 않습니다. 무엇보다도 종교성이 뚜렷한 산물은 접목이 불가능하리라는 것은 쉽게 짐작하실 것입니다. 비록 종교적이지 않더라도 윤리적인 결함이 있는 산물 또한 접목해서는 안 됩니다. 기독교는 높은 수준의 윤리를 가진 종교이기 때문입니다.

요가와의 접목은 어떨까요? 다행히 요가는 한 가지 조건만 지킨다면 접목이 잘 될 뿐 아니라 부작용도 거의 없습니다. 요가는 다른 종교적 산물에 비해 과학적 부분(바히랑가 요가)이 종교적 부분(안타랑가 요가)과 잘 분리되어 있고 각각 비교적 독립적이기 때문입니다. 한 가지 조건이란 바히랑가 요가(과학적 부분)만을 대목(stock)으로 삼는 것이지요. "요가원 요가" 또는 "현대 요가"는 과학적 부분에 치중되어 있기에 접목에 무리가 없습니다.

요가와의 접목은 기독교인의 선택이 아니라 필수라고 저는 생각합니다. 하나님은 만유의 주로서 인간의 육체적 건강도 주관하시는 분입니다. 그런 분을 믿는 우리들이 건강증진운동을 펼칠 때, 기왕이면 남녀노소 모두를 위한 최상 최적의 방법을 택하기를 하나님께서 원하실 것입니다. 요가는 바로 그 조건에 아주 부합합니다. 만약 기독교인들이 예수님을 본받아 일찍이 건강 사역에 심혈을 기울였다면 하나님께서는 필시 바히랑가 요가 같은 것을 기독교인들이 창시하도록 인도하셨으리라 확신합니다.

합리적인 접목사례는 이미 도처에

사실, 접목모델은 그리 생소한 것이 아닙니다. 누구나 아프면 병원에 가서 치료를 받고, 약국에 가서 약을 사먹습니다. 물론 기독교인도 예외가 아닙니다. 이것이 접목모델의 대표적인 예입니다. 왜냐구요? 서양의학과 약학의 기본적 기초는 유물론입니다. 현대에 들어서면서 정신과 몸의 연결성에 주목하고 있지만 서양의학과 약학의 기본 바탕은 유물론입니다. 유물론은 기독교의 세계관과 아주 다릅니다. 유물론은 하나님 사역은 물론 하나님의 존재 자체를 인정하지 않기 때문입니다. 그러나 기독교인들은 하나님에 대한 신앙은 고수하면서도 의학과 약학의 과학적 효과를 누립니다. 이것이 접목모델의 대표적인 예입니다.

한의학과 한약도 마찬가지입니다. 한의학과 한약은 중국철학의 음양오행설을 기본원리로 삼습니다. 음양오행설의 우주론과 인간론은 기독교의 가르침과 아주 다릅니다. 그럼에도 기독교인들은 건강에 관한 한, 한의학과 한약의 혜택을 누리고 있습니다. 서양 의학과 약학, 한의학과 한약의 사용은 우리도 모르는 사이에 접목 모델이 되어 우리 삶에 깊이 자리잡았습니다.

아주 엄밀히 말하자면, 요가가 기독교 신앙에 주는 폐해가 전혀 없는 것은 아닙니다. 그러나 한국 상황에서 요가의 폐해 수준은 서양의학의 바탕인 유물론과 한의학의 근본인 음양오행설이 초래 하는 폐해 정도에도 못 미칩니다. 굳이 접목모델의 폐해를 논하려 한다면, 요가보다는 더 많이 일상화되어 있는 서양의학과 한의학 의 폐해를 먼저 논하는 것이 이성적인 순서입니다.

접목의 나쁜 사례들

기왕에 접목을 잘못한 경우들을 예시합니다. 그 폐해는 요가나 의 학과는 비교가 안 될 정도로 아주 심각하고 치명적이기까지 합니 다. 대표적인 사례 두 가지를 예로 들어 봅니다.

첫째는 기복면화(복을 빌고 화를 면하고자 하는) 신앙과의 접목입 니다. 기독교도 기복신앙을 배척하지는 않습니다. 그러나 그보다 상위의 신앙이 음을 공고히 합니다. 그리스도를 자아의 주인으로 영접하여 그분이 자신의 삶을 다스리도록 하는 신앙이 대표적인 상위신앙이지요. 삼위일체 하나님의 주권을 믿는 신앙, 하나님의 사랑과 구원을 믿는 신앙, 공의의 신앙, 십자가의 신앙 등도 기복 신앙의 상위에 있습니다. 상위 신앙이 기복신앙과 배치(contrary) 될 때에는 기꺼이 기복면화를 포기하는 것이 참된 기독교 신앙입 니다.

문제는 접지와 대목이 뒤바뀌어 기복신앙이 최상위 신앙이 된 모습이 종종 교회 안에 보일 때 발생합니다. 기독교가 대목(stock)이 되고 기복신앙이 접지(scion)가 된, 잘못된 접목이지요. 이렇게 되면 기독교가 샤머니즘에 먹혀버립니다. 이것은 혼합 정도가 아니라 주객이 전도된 악한 접목입니다. 앞에서도 언급했듯이, 접목하면 대목이 아니라 접지의 나무가 된다는 것을 명심해야 합니다.

또 다른 예는 황금지상주의(mammonism) 즉 맘몬신앙과의 접목입니다. 오래전 상하이 출장 중에 우연히 네덜란드 기자를 만났습니다. 제가 기독교 목사임을 밝히자 그는 아주 확신에 찬 어조로 자기는 돈을 믿는다고 말했습니다. 처음엔 시크한 유머인 줄 알았는데, 얘기가 진행될수록 아주 진지한 신앙고백이라는 것을 알게 되었지요. 그는 돈에 대한 자기 신앙을 간증했습니다. 그의 간증은 기독교인들의 전형적인 신앙간증과 구조가 너무나 유사했습니다. 의도적이라는 판단이 들었습니다. 신앙간증할 때 하나님을 언급하는 그 자리에 돈을 집어넣어 간증했습니다. 돈에 대한 신앙을 간증한 후 그가 물었습니다. 자기 신앙이 무엇이 틀렸냐고, 기독교 신앙이 더 나은 게 뭐가 있냐고, 오히려 더 모호하고 위선적인 것은 아니냐고. 그때 요즘 기독교 신앙과 황금만능주의 신앙이 거꾸로 접목되지 않았냐고 묻는 듯이 느껴졌습니다.

크리스천 요가는 안전한가?

"크리스천 요가(Christian Yoga)"는 요가와 기독교를 결합하려는 의도에서 탄생한 요가를 지칭하는 고유명사입니다. 크리스천 요가와 대동소이한 것 중에 "홀리 요가(Holy Yoga)"도 있습니다. 요가를 기독교 관점에서 거룩하게 했다는 의미입니다. 역시 크리스천 요가와 별 차이가 없는 것으로 "야훼 요가(Yahweh Yoga)"라는 것도 있습니다. 야훼(Yahweh)는 구약성경에 나와 있는 하나님의 이름입니다. 우리나라에서는 주로 "여호와"로 알려져 있지요. 이 외에도 "Living Waters Yoga", "New Day Yoga", "Yoga Faith" 등도 크리스천 요가와 맥을 같이합니다. 다양한 이름들이 있지만, 내용이 거의 동일하므로 그 모두를 지칭하여 "크리스천 요가"로 부르겠습니다.

크리스천 요가

크리스천 요가가 무엇인지 소개하겠습니다. 우선 크리스천 요가 지도자들의 언급 내용을 인용합니다. 다음은 "크리스천요가협회

(Christian Yoga Association)" 사이트에서 발췌했습니다.

크리스천 요가는 어떠한 상황에서도 포기함 없이 아무것에도 개의치 않고 정신을 집중하여 드리는 찬양이요 예배이다. 수년에 걸쳐 크리스천 요가라는 용어는 다양한 크리스천 수련자들에 의해 그리스도께서 그분의 성전으로 여기시는 우리 몸을 영화롭게 하는 하나의 양식 또는 예배와 찬양으로서 사용되었다.… 크리스천 요가는 우리의 창조주와 살아 계신 하느님 예수 그리스도를 우리 전 존재와 심오하고 친밀하게 연결시키는 육체적 실천이다; [이것은] 육체적으로, 정신적으로, 정서적으로, 영적으로 [이루어진다].[63]

크리스천요가협회는 그리스도 중심인 [요가] 클래스, 워크샵, 교사 훈련 및 기타 행사에 있어서 전 세계적으로 높은 표준을 만들기 위해 노력한다. 이 공동체는 크리스천 요가를 통해 하나님의 나라 건설을 소망하는 하나님의 사람들을 모으기 위해 존재한다.[64]

크리스천요가협회는 요가, 통합건강관리, 대체 의학 및 치료법에 있어서 그리스도 중심의 실천을 실행하고자 하는 전문적인 의견 결집체이다.… [이 협회는] 크리스천 요가 클래스, 교사 훈련, 기타 행사들을 통해서 책임감 있고 윤리적인 행위가 펼쳐지도록 지원하면서 또 한 편으로는 사실에 입각하고 성경에 기

반을 둔 가르침을 최선을 다해 장려한다.[65]

　　크리스천요가협회는 요가를 수련하는 모든 기독
교인들의 안전한 모임을 보장하기 위해 존재한다. 이
협회는 수련생들과 회원들에게 제공되는 수업에서
그리스도 중심 요가의 무결함과 진정성을 드러내는
전문 조직으로서 인증과 계속교육을 위한 안전한 장
소를 제공한다.[66]

　이들은 크리스천 요가가 창조주 하나님과 그리스도께 연결된
전인적인 찬양이요 예배이며, 그리스도 중심의 요가임을 강조합
니다. 기독교가 주도권을 가지고 요가를 흡수해들였고 그리스도
중심 신앙으로 재구성했다고 밝히는 것입니다. 그들은 크리스천
요가를 "그리스도 중심적 요가(Christ centered yoga)"라고 생각합
니다.

　심지어 요가를 통한 선교까지도 꿈꿉니다. "홀리 요가" 홈피 첫
화면 첫 구절입니다.

　　와서 경험하십시오, 세계적인 수준의 요가 훈련, 살
아 계신 하나님에 의해 삶이 변화되고 땅 끝까지 복
음을 전할 수 있도록 해주는 훈련을!"[67]

　다음은 크리스천 요가를 정착시킨 한 교회가 요가를 소개하는
구절입니다. 역시 크리스천 요가와 선교를 연결시키고 있습니다.

예수님은 요가하는 기독교인에게 뭐라 하실까?

홀리 요가(Holy Yoga)는 인간과 그리스도와의 연결을 심화시키기 위해 만들어진 체험 예배 시간이다. 우리의 유일한 목적은 신자나 불신자나 다 같이 그분의 말씀과 예배와 건강을 통해서 진정으로 하나님께 연결되도록 하는 기회를 제공하는, 그리스도를 높이는 경험을 촉진하는 것이다. 홀리 요가는 요가 양식을 통해 땅 끝까지 복음을 전하기 위해 존재한다.[68]

이렇게만 보면, 크리스천 요가가 철저히 기독교 신앙에 기초한 듯이 보입니다. 또한 기독교 신앙과 요가의 대립을 해결한 좋은 대안처럼 보입니다. 그러나 정말 그러한지 검토가 필요합니다. 만약 기독교와 힌두교의 혼합물이라면, 나아가 요가로 인해 힌두교화한 기독교 신앙을 말한다면, 크리스천 요가는 일반 요가보다 더 위험합니다. 왜냐하면 "크리스천"이라는 수식어 때문에 기독교인들이 마음의 빗장을 풀어놓고 대할 것이기 때문입니다.

그들은 요가를 설명할 때 성경구절을 사용합니다. 그런데 자주 신학적인 전문적 지식이 부족한 채로 성경구절을 자의적으로 사용하고 있음이 발견됩니다. 그럼에도 성경구절을 사용한다는 사실 하나 때문에 기독교인 수련자들은 그들의 요가에 대한 경계심이 풀어진 상태에서 종교혼합적인 내용에 무심코 순종할 가능성이 큽니다. 그래서 위험하다고 한 것입니다.

서양에서는 요가 시장에 크리스천 요가가 차지하는 비중은 아주 큽니다. 반면에 한국에서는 아주 미미합니다. 한국에서도 크리스천 요가와 비슷한 시도를 하는 분이 없지는 않지만 극소수일 뿐이지요.

어떤 교회에서는 하나의 건강증진 프로그램으로 요가반을 운영합니다. 미미하지만 크리스천 요가의 맥을 따르는 교회도 있습니다. 아직 크리스천 요가라는 이름을 내건 요가원은 없는 것으로 압니다. 크리스천 요가류의 책자가 있기는 하지만 아주 초보적인 단계에 멈춘 것이어서 신앙적으로 문제가 될 수준은 아닙니다.

이렇게 보면 한국의 상황과 별 관련이 없다고 볼 수 있습니다. 서양에는 크리스천 요가가 다양하게 활성화되어 있고, 요가원이나 교사에 따라서는 종교혼합주의의 내용이 심각한 수준에 이른 것들도 있습니다. 서구의 동향을 한국의 기독교인 요가인들과 요가지도자들, 교회 지도자들이 반면교사로 삼을 필요가 있습니다. 이제 신앙에 문제를 일으킬 수 있는 종교혼합주의를 먼저 개괄한 후에 크리스천 요가의 문제점을 구체적으로 살펴보겠습니다.

종교 혼합주의

종교 혼합주의는 두 종교를 서로 섞어서 결합하는 이론, 주장, 방침 또는 현상의 총칭입니다. 이렇게 하는 주된 목적은 각 종교의 장점을 함께 누리기 위함이지요. 혼합주의의 동기는 대부분 실용적이고 현세적인 경우가 많습니다.

크리스천 요가도 마찬가지입니다. 크리스천 요가인들은 기존의 기독교 신앙 및 교회생활이 주는 장점과 유익을 그대로 누리고자 합니다. 더불어 요가가 주는 현세적인 육체적 건강효과와 정신적

예수님은 요가하는 기독교인에게 뭐라 하실까?

안정은 물론 힌두교의 신비주의적 매력도 놓치지 않으려 합니다. 그래서 혼합이 일어나는 것이지요.

종교 혼합주의의 구체적인 형태는 혼합의 정도에 따라 크게 세 가지로 구분할 수 있습니다. 첫째는 관습 또는 문화의 혼합입니다. 둘째는 제도나 제의(ritual)의 혼합입니다. 셋째는 교의(doctrine)의 혼합입니다.

관습 또는 문화의 혼합

어느 한 종교의 관습이나 문화를 다른 종교가 받아들이는 경우가 관습 또는 문화의 혼합입니다. 타종교의 핵심교리 유입은 없이, 장점이 있는 타종교의 관습이나 문화를 자종교화하는 것입니다. 이것은 대부분 신앙적으로 문제가 되지 않습니다. 성탄절이 그 예입니다.

유력한 일설에 따르면, 12월 25일은 예수님의 생일이 아닙니다. 그날은 원래 로마의 태양신 미트라의 생일이고 로마제국의 귀족들이 이날을 축하하며 겨울축전 시기로 삼고 있었습니다. 4세기에 이르러 성탄절의 필요성이 대두되었고, 실용적 이유에서 로마의 축제일인 12월 25일로 낙점된 것입니다.

어떤 이들은 12월 25일을 성탄절로 지키는 것을 종교혼합주의의 소산으로 보며 거부합니다. 그러나 그날이 로마시대에 태양신 숭배의 날이었다 하더라도, 그 때문에 기독교인들 중에 태양신 숭배신앙에 영향 받는 사람은 아무도 없습니다. 대부분의 기독교인들은 12월 25일이 로마의 태양신을 섬기던 날이었다는 사실조차 모르고 있습니다. 완전히 기독교화된 것이지요. 12월 25일이 성탄절로서 진정 기독교화되어 기독교에 흡수되었다면, 성탄절 날짜에 종교혼합주의라는 비판의 잣대를 들이대는 것은 적당치 않습니다.

실지로 세계의 주요 종교일수록 타종교의 문화와 관습을 발전적으로 도입한 예를 가지고 있습니다. 기독교도 예외가 아닙니다. 유대교로부터 중요한 관습과 문화를 이어받아 기독교화한 것은 말할 것도 없고, 이방종교 관습을 이어받기도 했습니다. 크리스마스만이 아니라 부활절(영어 이름, 날짜, 달걀)도 일종의 문화 혼합의 결과물입니다. 다만 완전히 기독교화하여 이방종교가 전혀 힘을 쓰지 못하는 상태일 뿐입니다. 종교들의 이러한 혼합은 오히려 자종교의 생존력을 높이고 발전을 가져온 경우가 많습니다.

제도 또는 제의의 혼합

둘째는 제도나 제의의 혼합입니다. 대표적인 예가 한국 교회의 새벽기도 전통입니다. 새벽에 정화수 떠놓고 기도하는 무교적 전통, 혹은 불교의 새벽예불 전통이 기독교에 긍정적으로 자리잡은 것이지요. 요즘은 거의 사라졌지만 한 세대 전까지도 활발했던 성미(devoted rice) 전통도 무교 및 불교적 전통입니다. 주부들이 밥을 지을 때 한줌의 쌀을 별도로 모았다가 주일에 교회 갈 때 봉헌하는 것이지요.

새벽기도나 성미는 혼합주의의 산물이지만 긍정적 의미가 큽니다. 부정적인 평가를 받는 혼합물도 물론 있습니다. 기복신앙과 신유를 위한 축귀행위가 대표적입니다. 기복신앙과 축귀신유집회가 무조건 잘못되었다고 할 수는 없습니다. 그러나 그리스도의 길

예수님은 요가하는 기독교인에게 뭐라 하실까?

을 따라 밟는 것보다 복 받기를 우선시 한다든가, 그리스도를 닮는 것보다 축귀를 통한 신유에 더 많은 관심을 기울인다면, 그것은 기독교의 본질을 훼손하는 심각한 상태에 빠진 것이지요. 기복이나 신유의 매개자를 무당처럼 떠받드는 행위는 이미 무교화된 상태입니다. 제도나 제의의 혼합은 그것을 뒷받침하는 타종교의 교의도 유입될 수 있어서 조심해야 합니다.

교의의 혼합

셋째는 교의의 혼합입니다. 이는 한 종교의 근간을 허무는 일이 될 수도 있습니다. 타종교의 교의가 혼합되면서 자종교의 핵심교리가 약화되거나 부인된다면, 이미 변질된 종교요 이단이 된 경우입니다. 크리스천 요가는 상당 부분 그 길로 들어섰습니다. 기독교의 교의를 부인하지는 않지만, 힌두교 교의를 반영하는 부분은 강조하고 그렇지 않은 부분에는 침묵합니다. 구체적으로 얘기하면, 하나님의 내재가 강화되고 초월이 약화된 모습, 그로 인해 죄인의식과 대속의 은혜가 약화된 모습이 있습니다.

광의의 혼합을 신학계에서는 토착화(indigenization), 상황화/현장화(contextualization), 문화화(enculturation), 문화변용(acculturation) 등의 용어를 통해서 의미영역을 확장해갑니다. 학술용어들을 자세히 풀어내지는 않겠습니다. 대중적인 단어들을 통하여 개념을 좀 더 명확히 하면 족합니다.

혼합은 흡수, 동화, 접목 등의 단어를 통해서 그 개념을 더 명확히 할 수 있습니다. 흡수는 두 종교 중에 한 종교가 완전히 주체가 되어 다른 하나를 완전히 자기 식으로 수용하는 것입니다. 흡수하는 종교에는 전혀 누가 되지 않고 오히려 득이 되는 형태입니다. 동화(assimilation)는 흡수보다는 조금 강도가 약합니다. 자종교가 타종교의 산물을 동화시킨다는 뜻은 타종교 산물의 특질을 변화시켜 자종교의 특질을 닮아가게 만든다는 뜻입니다. 이때 그 산물은 타종교적 정체성을 상실하게 되지만 파편적인 특질을 유지하기도 합니다. 접목은 대목(stock)과 접지(scion)가 각각의 기능을 그대로 유지하되 열매는 100% 접지의 열매를 맺는 형태입니다.

어느 종교든지 자종교가 주체가 되어 타종교를 흡수 동화 접목하는 것은 문제 삼지 않습니다. 새벽 기도가 대표적인 예이지요. 물론 근본주의를 표방하는 분파에서는 그 모두를 싫어하며 타종교와의 접촉 자체를 거부하기도 합니다. 대부분은 자종교가 주체가 되어 타종교 산물을 그 정체성을 지워 흡수해들이거나, 접목해서 에너지는 얻되 열매는 온전히 기독교의 열매를 맺는 것은 문제 삼지 않습니다. 보수주의자들은 동화나 접목을 꺼려하기도 합니다만 자종교의 산물들 중에는 이미 동화나 접목의 결과물이 있지요. 크리스마스나 부활절이 대표적인 예입니다.

크리스천 요가의 전개 방식 1 : 문제 없는 결합

크리스천 요가에서 기독교 신앙과 요가를 결합하는 방식은 대략 다섯 가지입니다. 신앙에 큰 문제가 되지 않는 결합과, 문제를 일으키는 결합을 구별하여 진술합니다. 먼저 문제 없는 결합을 다룹니다. 크게 세 형태가 있습니다.

예수님은 요가하는 기독교인에게 뭐라 하실까?

아사나와 기독교적 상상의 결합

크리스천 요가에서 가장 흔히 볼 수 있는 형태는 아사나(요가동작)와 기독교적 상상을 결합시키는 장면입니다. 아사나를 할 때 기독교적 상상을 격려하는 것이지요. 하스타 우타나아사나(Hasta Uttanāsana, 팔 올리기 자세)를 예로 들어봅니다. 이 자세는 팔과 손을 하늘로 뻗어올린 자세인데, 동작을 할 때 이런 멘트를 하는 것이지요. "따스한 하나님의 손이 당신의 두 손을 잡아 하늘로 이끄십니다." 이런 식의 결합은 아무런 문제가 없습니다.

아사나와 성구의 결합

아사나를 행할 때 그 동작을 성구를 들어 설명하거나 격려합니다. 예를 들어봅니다. "샤바아사나(śavāsana, 송장 자세)"라는 게 있습니다. 사지를 큰 대(大)자로 뻗고 누워 있는 자세입니다. 이때 적절한 성구를 인도자가 낭송해줍니다. 예를 들어 시편 23편의 구절을 말이지요. "여호와는 나의 목자시니 내게 부족함이 없으리로다. 그가 나를 푸른 풀밭에 누이시며 쉴 만한 물가로 인도하시는도다"(시편 23:1-2). 크리스천 요가를 소개하는 책들에 보면, 요가의 각 동작마다 관련 성구를 이런 식으로 소개하고 있습니다. 이러한 방식 또한 신앙에 큰 문제가 되지 않습니다.

이 두 가지 방식을 좀 음미해보겠습니다. 기독교적 상상이나 성구를 요가동작에 결합시키면 상당한 위력을 발휘합니다. 평상시 무심코 지나치던 몸의 동작과 감각에서 하나님의 역사하심이 실감나기 때문입니다.

샤바아사나는 대부분 요가시간 마지막 순서에 배치됩니다. 이 아사나는 그저 대자로 눕는 것이 아니고, 적절한 테크닉을 사용하여 몸의 각 부분의 긴장을 풉니다. 몸이 땅에 녹아들어가는 느낌이 들며 정말 평온해집니다. 그때 심신의 평온이 상상과 성구를 통해 하나님과 직결되는 실감을 하게 됩니다. 이것의 위력은 기독교인들이 이전에 느끼지 못했던 새로운 차원입니다. 아주 유쾌한 경험이지요.

사람에는 지적 차원과 영적 차원, 그리고 육체적 차원이 있습니다. 사람은 지적 작용을 통해 하나님 인지의 지평을 넓혀갑니다. 영적 작용에 의해 하나님을 더욱 깊이 있게 체험해갑니다. 아쉽게도 육체의 차원에서 하나님을 만나며 느끼는 일은 크게 주목받지 못했습니다. 이런 상황에서 크리스천 요가는 수련자를 새롭고 강력한 체험으로 인도합니다. 요가의 몸동작을 통해 느껴지는 쾌감을 하나님과 직접 연결합니다. 이것은 전에 경험하지 못했던 엄청난 감동이 됩니다. 하나님께서 주시는 기쁨을 추상적으로가 아니라 "몸을 통해서" 체험하게 됩니다. 몸을 통한 하나님과의 만남을 부각시킨 것은 크리스천 요가의 공헌입니다.

"몸으로" 하나님을 느끼는 이 차원을 기독교가 개발하지 못한 것은 참 안타까운 일입니다. 몸 또한 하나님의 창조물이고 하나님을 실감할 수 있는 자연스런 영역임에도 소홀히 대하게 된 원인은 희랍로마식 사고에 있습니다. 희랍로마식 가치체계를 한마디로 말하자면 "영혼 우대, 육체 천대"입니다. 이는 기독교의 원래 가르침과 거리가 있음에도 기독교에 막대한 영향을 끼쳐왔습니다. 교회가 조속히 비성경적 전통을 떨쳐내고 통전적으로 하나님과 만나는 장을 열어야 합니다. 그렇지 않으면 그 부족함 때문에 타종교의 산물에 기독교인들이 계속 기웃거리게 될 것입니다. 그래서 도 제가 접목모델을 대안으로 제시하는 것입니다.

아사나와 기독교 음악의 결합

한국에서는 드물지만 지도자에 따라서는 아사나를 할 때 음악을 틀어놓기도 합니다. 크리스천 요가 지도자들도 마찬가지입니다. 요가 분위기에 어울리는 선율은 요가의 효과를 높이기 때문입니다. 이때 사용되는 음악은 날이 갈수록 다양해지는 추세입니다. 이전에는 지도자들이 인도인의 정서를 바탕으로 한 명상음악을 선호했습니다. 요즘은 지도자의 개인적 취향이 많이 반영되는 추세입니다. 자기가 좋아하는 은은한 팝송, 서양의 클래식이나 경음악, 자기 나라의 전통가락이 반영된 선율을 틉니다.

크리스천 요가도 예외가 아닙니다. 크리스천 요가 지도자들 중에는 은은한 CCM이나 찬송 또는 기독교 클래식을 트는 분들이 있지요. 이집트에서 영국인 크리스천 요가 교사를 알게 되었습니다. 그녀가 지도하는 요가 강습에 종종 참여했지요. 그녀는 실내악으로 연주된 찬송가를 틀었는데, 저에게는 방해가 되었습니다. 가사가 자꾸 떠올라 요가에 집중하는 것을 오히려 방해했기 때문입니다.

요즘은 명상음악 장르가 시장성이 있어서 많이 개발되었습니다. 종교적 배경을 가진 것도 있지만, 특별한 종교적 배경이 없는 것도 유행하고 있습니다. 기존에 유행했던 일반 음악을 명상음악 풍으로 편곡한 것도 있구요. 시중에서 명상음악이라 불리는 것은 어떤 종교적 메시지를 담아 세뇌하려는 음악이라기보다는 심신의 고요함과 평화를 가져다주는 선율로 구성된 음악 정도로 보는 게 합당합니다. 명상음악은 인간이 심신의 평화를 누리고 싶어 하는 자연스런 욕구의 발로입니다. 인간의 이러한 욕구를 음악의 힘으로 충족시키고자 하는 것입니다.

이러한 상황임에도 기독교인들이 "명상"이라는 용어 때문에 명상음악을 백안시하는 경향이 있습니다. 명상음악에 뉴에이지라는 죄목을 씌웁니다. 그럴수록 심신의 깊은 평화를 지향하는 음악 영역을 타종교나 상업인들에게 내어주는 꼴이 된다는 사실을 조속히 깨달아야 합니다. 교회가 명상음악을 멀리하는 것만이 능사가 아닙니다. 오히려 몸·맘·영에 진정한 평화를 가져다주는 포용력 있고 수준 높은 음악을 기독교 정서를 바탕으로 창작해내는 일에 교회가 적극적으로 힘을 써야 합니다.

누구든지 진정한 심신의 평화를 원할 때 종교불문하고 자연스럽게 기독교 음악을 찾는 상황을 만들어야 합니다. "명상음악 중의 으뜸이 기독교 명상음악이다." 이런 소리를 들어야 하지 않겠습니까? 묵상을 하든, 요가를 하든, 선(禪)을 하든, 어떤 명상을 하든지 배경음악을 튼다면 기독교 명상음악을 트는 날이 오기를 소망해봅니다. 그럴 때 자연스레 만입이 하나님을 높인다고 말할 수 있게 됩니다. 무분별한 혼합주의도 안 되지만, 만유의 주님을 일부의 주님으로 만들어버리는 "뺄셈의 논리"나 배타주의도 조속히 그쳐야 할 때입니다.

기독교인들이 한국의 전통 선율, 인도의 전통 선율, 아랍의 선율, 페르시아의 선율에 더 긍정적으로 관심을 기울여야 합니다. 서양 음계로는 담아낼 수 없는 묘한 매력이 있기 때문입니다. 그럼에도 기독교인들이 한국 선율은 무교와 연결시키고, 인도음악은 힌두교, 아랍과 페르시아는 이슬람과 연결시키면서 그것들을 껄끄러워 하는 경향이 있습니다. 뺄셈의 논리로는 그 음악들의 도전을 해결해낼 수 없습니다. 진정한 해결은 모두가 만족을 느낄 수 있도록 기독교 음악의 폭과 깊이를 키울 때 가능합니다.

2006년에 "새찬송가"가 출간되었습니다. 이번 편집에는 다행히 한국적 정서가 많이 반영된 편입니다. 그전까지 불리던 "통일찬송가"에는 한국인 작곡가의 곡이 17곡으로 전체의 3%에 불과했습니다. 새찬송가에는 한국인이 작사한 찬송이 121곡(18.7%), 한국인이 작곡한 찬송이 128곡(19.6%)이 수록되었습니다. 그중 국악 등 고전적인 가락으로 구성된 곡은 19곡입니다.[69] 찬송가 편찬 역사상 유래 없이 한국적 정서가 많이 반영된 것입니다. 이 추세는 상당히 고무적이지만, 아직 부족합니다. 기독교 음악의 한국적 정서가 더 폭넓고 깊이 있게 승화되어 세계를 품어내도록 개발되어야 합니다.

인도, 아랍, 페르시아의 선율에 대해서도 마찬가지 시각으로 접근할 필요가 있습니다. 각각의 매력을 일단 있는 그대로 소화해낸 후 그것을 기반으로 기독교적 영성이 깃든 선율을 창작해낼 때 비로소 기독교 음악의 보편화가 완성될 것입니다.

서양음계에서 음과 음 사이의 최소 간격이 반음입니다. 한 옥타브 안에 12개의 반음이 있지요. 반면에 페르시아 음계는 최소 간격이 4분의 1음입니다. 한 옥타브 안에 24개의 음이 있는 셈입니다. 물론 24개를 항상 다 활용하지는 않지만, 필요에 따라 4분의 1음들을 활용합니다. 주목할 것은 페르시아 특유의 정서가 4분의

1음을 활용할 때 잘 드러난다는 것입니다.

작은 마당(12음계)에서 놀던 기독교 음악이 큰 마당(24음계)에서 놀던 페르시아 정서를 품어들이는 것은 무척 어렵습니다. 하나님이 모든 것의 주님이심을 믿는다면, 큰 마당의 음악을 배척하기보다는 모두가 놀 수 있도록 마당을 키우는 것이 선행되어야 하지 않을까요? 타종교의 음악까지도 품어서 만유의 주 하나님을 믿는 영성으로 감화시킬 때 비로소 기독교 음악이 온 세상의 음악이 되리라 믿습니다.

크리스천 요가의 전개 방식 2 : 문제 있는 결합

혼합주의 성향을 띠는 크리스천 요가의 전개방식 두 가지를 다뤄 보겠습니다. 하나는 힌두교적 시각으로 성경을 사용하며 전개하는 방식입니다. 다른 하나는 힌두교적 영성 개념을 바탕으로 전개하는 방식입니다. 내용을 명확히 하기 위하여 초월과 내재라는 시각에서 접근합니다. 초월과 내재는 각 종교의 절대자 혹은 절대적인 실재를 드러내는 내용의 위상을 파악하는 데에 아주 유용한 도구적인 관점입니다.

힌두교적 시각으로 성경 사용

크리스천 요가가 종종 범하는 잘못은 힌두교적 시각으로 성경을 해석하고 사용하는 것입니다. 힌두교적 시각이라 함은 세상 모든 것을 브라만(Brahman)의 전변(transformation)으로 보는 시각, 무엇보다도 "범아일여"의 시각을 지칭합니다. 종교학의 용어로는 범재신론(panentheism; 만유재신론, 내재신론)의 시각이라고 할 수 있습니다. 범재신론은 신의 내재(immanence) 차원이 강한 반면, 신의 초월(transcendence) 차원이 약합니다. 반면에 기독교는 삼위일체와 케노시스를 통해 하나님의 내재와 초월을 각각 100%로 유지합니다. 케노시스(Kenosis)란 예수의 자기 비움을 뜻하는 것이지요. 삼위일체나 케노시스에 대해서는 언급을 생략하지만, 분명히 해둘 것이 있습니다. 기독교를 내재에만 초점을 둔 힌두교적 시각으로 보고 풀어내면 절반이 훼손된 기형적 기독교가 된다는 사실입니다.

힌두교적 시각으로 성경을 사용한다는 얘기는 기독교 하나님의 내재성에 과도하게 집중하면서 초월성을 소홀히 한 채로 성경을 해석하고 인용한다는 의미입니다. 성경 구절을 인용하더라도 내재성을 강조하는 구절들만 모아서 부각시키면 기독교의 하나님이 제대로 드러나지 않습니다. 결국 하나님 인식에 불균형이 발생하며 결국 힌두교스러운 하나님 상이 도출되지요.

한쪽에 치우쳐 성경을 사용하는 것이 무엇인가를 기독교인들에게 익숙한 "번영신학(prosperity theology)"을 예로 들어 설명해 보겠습니다. 번영신학이란 예수를 믿으면 현세의 번영이 온다는 신학이지요. 번영신학에서는 축복, 풍부, 응답, 이적의 하나님 상이 부각됩니다. 물론 성경구절로 뒷받침되고요. L.A.에, 지금은 몰락했지만 한때 관광명소로도 유명했던 유리 건물의 수정교회(Crystal Cathedral)가 있습니다. 그 교회를 담임하며 세계적으로 선풍적 인기를 끌었던 로버트 슐러(Robert H. Schuller) 목사는 번영신학의 대표주자 중 하나였지요. 한국에서는 "3박자 축복"이라는 슬로건으로 번영신학이 크게 유행했습니다.

신앙인에게는 부활신앙과 십자가신앙이 동시에 필요합니다. 믿는 이에게 때로 하나님의 응답으로 기적적인 일이 발생하고 번영이 임합니다. 그러나 때로는 믿는 이는 하나님의 침묵에 순종하며 고난의 길을 걸어야 합니다. 특히 대속적(redemptional) 의미의 고난은 그리스도인이 피해서는 안 되며 그것은 사실 그리스도인의 영광이 됩니다. 그렇기에 십자가와 부활로 상징되는 두 차원 모두를 그리스도 안에서 기꺼이 받아들이며 하나님의 뜻을 이루어가는 것이 신앙인의 길입니다. 사도 바울은 바로 그런 길을 걸어갔습니다. 유명한 바울의 말입니다.

> 어떠한 형편에든지 나는 자족하기를 배웠노니, 나는 비천에 처할 줄도 알고 풍부에 처할 줄도 알아 모든 일 곧 배부름과 배고픔과 풍부와 궁핍에도 처할 줄 아는 일체의 비결을 배웠노라. 내게 능력 주시는 자 안에서 내가 모든 것을 할 수 있느니라. (빌립보서 4:11b-13)

번영신학은 십자가로 대변되는 영역을 축소하고 번영과 풍부를 과도하게 추구하며 이와 관련된 성경구절만 모아 성도를 세뇌하는 경향이 있습니다. 이러한 경향은 아무리 성경구절을 사용하더라도 온전한 하나님 상을 왜곡합니다.

비슷한 구조의 문제가 힌두교적 시각으로 기독교에 접근할 때도 발생합니다. 기독교는 하나님의 내재와 초월 중 어느 하나도

예수님은 요가하는 기독교인에게 뭐라 하실까?

소홀히 해서는 안 됩니다. 범아일여와 맥을 같이하는 시각으로 내재에만 초점을 둔 성경구절을 모아 크리스천 요가에 반영하면 기독교 신앙을 왜곡하게 되지요.

내재성을 강조하면 자력구원 신앙의 경향을 띠게 됩니다. 내 안에 신이 있기 때문에 그 신을 발견하는 일에 몰두하게 되고 그 신과의 합일을 이루는 것이 지상과제가 됩니다. 절대타자(the absolute Other)로서의 하나님의 초월성, 그분 앞에서 유한한 존재로서의 죄인의식, 그에 따른 회개, 그리스도의 대속(the Redemption) 등이 약화됩니다. 크리스천 요가에 바로 이러한 약점이 있습니다.

크리스천 요가 지도자들이 그리스도 중심이라고 하면서도 힌두교적 시각으로 성경을 사용하게 되는 원인은 무엇일까요? 그 원인은 두 가지인데, 하나는 요가 자체에 기인하고, 다른 하나는 현대 기독교인들의 성향에 기인합니다.

안타랑가 요가에 대한 과도한 개방

크리스천 요가는 바히랑가 요가(요가의 과학적인 부분)만이 아니라 안타랑가 요가(요가의 종교적인 부분)에 속하는 "명상"을 깊은 검토 없이 적극적으로 받아들였습니다. 사실 크리스천 요가의 명상과 인도 전통요가의 명상이 동일하거나 동일한 목표점을 가진다고 볼 수는 없습니다. 그러나 크리스천 요가가 충분한 검토와 대책 없이 안타랑가 요가의 영역에 과도한 개방을 한 점은 부인할 수 없는 사실이지요. 과도한 개방은 자연스레 성경을 힌두교적 시각으로 사용하도록 인도합니다. 요가의 종교적 부분을 적극적으로 받아들이고 풀어가려면 종교적 시각(즉 힌두교적 시각)을 긍정적으로 반영할 수밖에 없습니다.

요가의 명상은 요가 완성단계인 제8단계 사마디를 지향합니다. 힌두교의 핵심 교의인 브라만(Brahman) 전변설, 특히 "범아일여"를 피할 수 없습니다. 그런 관점에서 크리스천 요가가 명상에 기독교 옷을 입힐 때 하나님의 내재를 뒷받침하는 성경구절들을 편향적으로 사용하게 되는 것이지요. 반면에 하나님의 초월을 지지하는 구절은 명상을 설명하는 데에 적절치 않기 때문에 자연스레 소원해집니다. 크리스천 요가가 명상을 적극적으로 받아들이면 힌두교적 시각으로 성경을 사용하게 될 가능성이 커집니다. 그렇기에 크리스천 요가 지도자들이 명상을 긍정적으로 수용하기를 원한다면, 반드시 더 깊은 연구를 선행해야 합니다.

제가 명상을 끊어내야 한다고 말하지 않고 더 깊은 연구가 필요하다고 말한 것을 의아해하실지 모르겠습니다. 명상을 무조건 단절하기보다는 철저한 연구를 거치되, 명상의 과학적인 부분은 접목해들일 필요가 있기 때문입니다. 혼합주의로 가려는 것이 아닙니다. 인도 종교의 아주 독특한 특징을 고려하며 만유의 주님이신 하나님을 믿는 신앙을 철저히 견지하려는 의도입니다.

"어떤 민족을 막론하고 이지(理知, intellect)가 발달되면 정의(情意, emotion and will)에 둔하고 또 정의에 치우치면 이지에 어두운 것이 보통인데, 인도 사람들은 그 둘을 서로 잘 어울리게 결합시키는 선천적인 재능을 갖고 있는 민족"[70]입니다. 그래서 인도의 종교는 아주 독특한 특징을 가집니다.

인도의 종교는 철학, 과학, 생활과 불가분리라고 말할 수 있을 만큼 상호 밀접합니다. 보통 밀접이 아니고 밀접의 극치입니다. 심히 종교적인(초논리적인) 영역에까지도 과학적인(논리적인) 요소가 침투해 있습니다. 인간이 논리적으로 할 수 있는 모든 작업을 빠짐없이 다 해놓은 것이 인도의 종교입니다. 종교에 철학과 과학이 서로 뒤엉켜 어우러지고 있다는 말씀이지요.

과학은 종교불문하고 받아들여야 하는 인간의 보편적 산물입니다. 물론 더 좋은 산물이 나오면 이전 것을 폐기해야 하는 잠정성(provisionality)이 특징이긴 하지만, 자기의 종교가 무엇이냐에 따라서 수용여부가 좌우되지는 않습니다. 제가 주목하는 것은 안타랑가 요가(요가의 종교적 영역)에 스며들어 있는 과학적인 요소입니다. 명상이 비록 전체적으로는 종교적 분야라 할지라도 과학적 요소가 있다면 이것을 간과해서는 안 되기 때문입니다. 그 과학적 요소는 만유의 주님께 속한 것이기에 기독교가 되찾아와야 합니다.

타임(TIME)지가 명상을 특집화하여 몇 차례 다뤘는데, 2003년 8월 4일 자에는 "명상의 과학(the Science of Meditation)"이라는 제목까지 붙였습니다. 또한 뉴스위크지와 같은 다른 유명 잡지들도 과학적 관점에서 여러 차례 명상을 다루었습니다. 인터넷 검색창에 "명상의 효과"를 치면 유력한 의학 논문과 기사들이 많이 뜹니다. 명상의 긍정적인 의학 효과에 대한 연구 보고들입니다. 명상에 분명히 과학적 차원이 있음을 알 수 있도록 해주는 증거이지요.

명상이 종교적인 영역에 속한다고 일괄적으로 배척하면, 결과적으로는 인간이 보편적으로 수긍해야 하는 과학적 내용까지도 배척하는 셈이 되고, 명상의 과학적 분야를 힌두교에 맡기는 셈이 됩니다. 과학적인 효과에 매력을 느낀 사람들은 기독교를 떠나 힌두교를 기웃거리게 될 것이고요. 배타주의나 "뺄셈의 논리"는 만유의 주님을 일부의 주님으로 왜소화시키는 행위가 됩니다.

정말 기독교의 하나님이 만유의 주님임을 믿는다면 과학적 내용을 기독교로 찾아와야 합니다. 어떤 타종교를 믿는 과학자가 훌륭한 과학적 성과를 냈을 때, 기독교인이 그 사람의 신앙을 문제삼아 그의 과학적 성과를 거부한다면 어리석은 짓이 됩니다. 명상 속에 과학적 산물이 있음에도 명상 전체를 거부하는 것 역시 어리석은 대처방법입니다.

명상에서 과학적 부분을 흡수해들이기 위해서는 과학적인 요소와 종교적인 요소를 세밀히 분리해내는 고난도의 작업이 필요합니다. 철저히 분리가 되고 관리되어야 그 과학적 요소를 대목(stock)으로 삼고 기독교 신앙을 접지(scion)로 삼는 접목이 가능해집니다. 만유의 주 하나님께 영광을 돌리기 위해서 해볼 만한, 아니 진즉에 했어야 할, 지금이라도 꼭 해야 하는 작업입니다. 이것이 명상에 대한 더 깊은 연구가 필요한 이유입니다.

현대 기독교인들의 죄인의식 약화

힌두교적 시각으로 성경을 사용하게 되는 다음 원인으로는 현대 기독교인들의 일반적인 현상인 죄인의식 약화를 들 수 있습니다. 죄인의식이 약화된 신자는 신의 초월보다는 내재에 마음이 끌립니다. 초월자의 절대적인 간섭에 순종하기보다는 자기 안에 내재하는 신을 찾는 것이 현대인에게 더 어울린다고 할 수 있지요. 그렇기에 신의 내재에 대해 극 세련된 힌두교적 시각은 엄청난 매력으로 다가옵니다.

그러나 기독교 신앙의 출발점은 철저한 죄인의식입니다. 이것이 소홀히 되면 기독교에서 이탈하게 됩니다. 얼핏 보면 좀 진부해 보이지만, 이것이 힌두교와 기독교를 구분짓는 특징인 동시에 기독교의 매력이 됩니다. 왜 그런지 약술해 보겠습니다. 기독교에서 말하는 죄는 하나님께서 설정하신 질서를 깨뜨리는 행위를 의미합니다. 그 질서는 인간을 비롯한 모든 피조물이 행복하고 평화롭게 살 수 있도록 설정되어 있습니다. 관계 형태로 묘사되어 있는데, 구체적으로 하나님과 인간과의 관계, 인간과 인간과의 관계, 인간과 자연과의 관계로 구성됩니다. 성경에서 하나님 나라의 질서를 처음으로 기록해놓은 부분이 창세기 1~2장이고, 그 질서를 이름하여 창조질서라 합니다. 창조질서를 처음으로 깨뜨린 것을 "원죄"라고 하지요. 원죄는 피조물인 인간이 창조주 하나님과 같이 되려 한 데서 시작되었습니다.

> 너희가 그것[선악과]을 먹는 날에는 너희 눈이 밝아져 하나님과 같이 되어 선악을 알 줄 하나님이 아심이니라. (창세기 3:5)

하나님과의 관계가 깨지면 다른 관계들 즉 인간과 인간의 관계, 인간과 자연의 관계도 이어서 파괴되며, 이것들을 회복하려면 우선적으로 하나님과의 관계를 회복해야 한다는 것이 성경의 일관된 메시지입니다. 크리스천 요가에 스며들어온 힌두교적 영향을 밝혀내기 위해 잠시 창조질서를 요약합니다.

하나님과 인간의 관계에는 상반되는 듯한 두 가지내용이 있습니다. 하나는 "하나님은 창조주, 인간은 피조물"(창세기 1:1, 1:27), 다른 하나는 "인간은 하나님의 형상"(창세기 1:27)이라는 설정입니다. "하나님의 형상"이란 "하나님의 왕권을 부여받은 자"라는 의미입니다. 반면에 피조물의 의미는 인간의 주인은 하나님이지 인간 자신이 아니라는 것이지요.

현대는 인간에게 "네가 너의 주인"이라고 계속 부추기고 있고, 사람들은 자신의 주인됨이 당연한 듯이 생각하고 행동합니다. 자신이 주인이라는 의식은 나아가 남들과 세상의 주인됨으로 확장됩니다. 자기가 주인인 사람은 모든 것을 자기중심적으로 생각하고 판단합니다. 인간이 "만유의 주"가 된 셈이지요. 모든 인간이 가지고 있는 "자기중심성"은 하나님과 같이 되어 모든 것의 주인이 되려 했던 원죄의 또 다른 모습이기도 합니다. 자기중심성이 하나님의 모든 창조질서를 파괴하는 죄를 낳게 되는 것은 당연한 귀결입니다.

인간이 자기중심이 되면, 하나님을 주인으로 인정하지 않기 때문에 하나님과의 관계가 깨어집니다. 자기중심이 되면, 다른 인간을 평등하게 대하지 못하고 서로 화목하지 못합니다. 평등이라는 것이 남을 자기와 같이 대할 때 가능한데, 자기중심일 때는 이것이 불가능하니까요. 불평등한 관계가 되면 당연히 서로의 화목은 물건너가고, 결국 인간과의 관계도 깨어지지요. 자기중심인 인간은 자연을 하나님의 창조질서대로 지켜주지 못하고 훼손하게 되며, 그 결과 자연도 인간에게 반항합니다. 모든 관계가 깨어져 불

예수님은 요가하는 기독교인에게 뭐라 하실까?

행한 세상이 됩니다.

하나님 중심에서 자기중심으로 변함으로써 깨어진 관계를 성경은 실감나게 묘사합니다. 벌거벗었어도 아무런 거리낌이 없이 일심동체(창세기 2:24-25)였던 아담과 하와가 서로 몸을 가리며 서로에게 감출 것이 있는 관계가 됩니다(창세기 3:7). 하와를 일컬어 "내 뼈 중의 뼈요 살 중의 살이라"(창세기 2:23)라며 사랑을 고백했던 아담이 원죄에 대한 자신의 책임을 회피하고 하와 탓으로 돌리는 비겁한 인격이 됩니다(창세기 3:12). 형 가인이 동생 아벨을 살인하는 비극(창세기 4:8)도 발생합니다. 하나님이 설정하신 인간관계, 즉 "샬롬"(평화, 평등과 화목)의 관계 파괴입니다. 땅은 가시덤불과 엉겅퀴를 내어 인간의 경작에 반항하게 됩니다(창세기 3:18). 자연과의 관계가 파괴된 모습입니다.

사실 이상의 모습은 바로 오늘날 우리들의 모습이기도 합니다. 그리스도인은 이러한 현실을 통찰하는 사람들입니다. 그리스도인은 모든 인간의 불평등과 불화에 대해 책임을 느끼며 아무리 애써도 자기 힘으로는 이 문제를 해결할 수 없음을 고백하는 사람들입니다. 죄된 모습을 직시하며 무한한 죄의식을 가지는 사람들이지요. 창조질서에 따르면, 사람은 자연을 하나님의 심정과 방식으로 잘 다스리고(창세기 1:28) 지켜줘야(창세기 2:15) 하는 존재임에도 실상은 그렇지 못했습니다. 그리스도인은 자기중심성으로 말미암아 자연을 훼손하고 남용한 것에 대해서 무한한 죄의식을 가지는 사람들입니다. 그리스도인은 이 모든 문제들을 자기 힘으로 해결할 수 없음을 절감하며 회개하고, 자기의 주인됨을 포기하고 하나님의 주인되심을 인정하며 간절히 소망합니다. 기독교 신앙은 죄인의식에서, 초월자요 구원자이신 하나님께 죄를 회개하는 데에서 시작된다고 할 수 있습니다. 그렇기에 기독교 신앙은 하나님의 초월 차원이 필수입니다. 이에 비해 힌두교는 인간의 불평등과 불화가 모두 카르마(karma)에 기인한다고 봅니다. 카르마는 업(業)으로 번역되는데, 전생에 지은 생각과 언행을 뜻합니다. 따라서 차별, 천대, 학대를 받을 때 그것을 해결하는 길은 내세의 좋은 지위를 위하여 현세에서 좋은 업을 쌓는 것이지요. 이러한 인간관은 현세의 부조리와 불평등을 적극적으로 개혁하려는 동력이 부족합니다. 21세기임에도 인도에 여전히 카스트제도가 힘을 발휘하고 있는 것은 우연이 아니지요. 그러면 기독교는 세상의 불평등과 불화를 하나님의 선하신 뜻대로 해결하고 있는가라고 되묻게 됩니다. 자신 있게 그렇다고 답할 수 없게 만드는 많은 과오가 떠오릅니다. 하지만 여기서는 초월과 내재라는 관점에서만 조명하는 것으로 그치겠습니다. 기독교는 초월과 내재의 두 차원을 온전히 가지고 있습니다. 반면에 힌두교는 초월보다는 내재에 중점이 있습니다. 기독교 신앙이 제대로 지켜지려면 내재에만 비중을 두어서는 안 됩니다.

인간의 죄악된 현실을 절감하며 죄인의식이 대전제가 될 때 하나님의 초월이 제대로 인정됩니다. 그러나 현대의 추세에 물든 기독교인들은 죄인의식이 약화되어 있습니다. 이것이 브라만(신적 또는 궁극적 실재)의 내재만을 대전제로 삼으며 그것을 내 안에서 발견하려는 힌두교적(범아일여적) 시각에 현대인들이 끌리는 이유입니다. 인간 창조질서의 두 가지 핵심 중 "피조물로서의 인간"은 하나님의 초월(transcendence)과 맥을 같이하고, "하나님 형상으

예수님은 요가하는 기독교인에게 뭐라 하실까?

로서의 인간"은 하나님의 내재(immanence)와 맥을 같이합니다. 현대 기독교인들은 후자에 치중된 경향이 있습니다.

기독교 신앙이 죄인의식에 머물러야 한다는 뜻은 아닙니다. 죄인의식에서 출발하지만, 성자 하나님 예수 그리스도가 인간이 되셔서 우리 안에서 거하시고 우리의 죄과를 대신 감당하심(대속하심, Redemption)을 받아들이는 것이 기독교 신앙입니다. 단지 하나님의 초월에 대한 철저한 신앙 없이(달리 말하면 철저한 죄인의식 없이), 하나님의 내재 쪽에만 시선을 돌리는 것은 문제가 있다는 말씀입니다. 기독교의 하나님은 초월과 내재가 각각 100%로 작동하는데, 한쪽만 부각되면 왜곡된 하나님 상이 되어버립니다. 크리스천 요가가 내재 쪽에 치우친 관점으로 성경을 사용하기 때문에 요가를 기독교화하기보다 기독교를 요가화(힌두교화)할 위험성이 큽니다. 사실 어느 정도 기독교의 요가화가 이미 진행되었습니다. 요가를 성급히 기독교화하려는 의욕보다 초월자 하나님에 대한 온전한 경외심과 철저한 죄인의식을 먼저 가지는 것이 이러한 위험에서 벗어나는 길입니다.

힌두교적 영성 개념

"요가는 종교가 아니다!"

요가지도자들이 범세계적으로 즐겨 사용하는 슬로건입니다. 여기에는 두 가지 의미가 있습니다. 하나는 "요가는 종교가 아니라, 과학이다."라는 의미입니다. 이것의 강점과 약점에 대해서는 앞에서 자세히 밝혔습니다. 또 다른 의미는 "요가는 종교가 아니라 영성(spirituality)이다."라는 슬로건으로 대변됩니다. 여기서는 이것을 풀어보겠습니다.

"영적이지만 종교적이지는 않다(Spiritual But Not Religious)!"
라는 대중적인 슬로건이 서구에서는 "SBNR"이라는 약자로 회자
될 만큼 영향력이 있습니다. 어떤 이들은 불가지론(agnosticism)을
바탕으로 한 구도자적 입장의 표현으로 사용합니다. 보통은 신(또
는 초월적 세계)을 인정하고 그분(또는 그것)을 지향하지만, 조직화
된 종교는 사양한다는 뜻으로 사용합니다.

일반적 의미의 SBNR 입장이 득세하게 된 배경으로 현대의 몇
가지 흐름을 들 수 있습니다. 종교의 전체주의 경향에 대한 현대
개인주의의 반발, 종교의 배타주의와 현대의 다원주의적 가치관
과의 상충, 기존 종교들의 윤리적 폐단 등이 대표적입니다. 그것
들이 해결되지 않는 한 SBNR의 흐름은 도도하게 흘러갈 것입니
다. 우리나라에서는 "SBNR"이 슬로건으로 등장하지는 않았지만,
이미 그 흐름은 교회 안팎에서 드러나고 있습니다. 하나님을 믿
지만 교회에는 "안 나가"는 "가나안 성도" 현상, 교인이 헌금 대신
사회적 기부를 택하는 현상, 교회의 반대에도 아랑곳하지 않고 요
가에 열심인 기독교인들이 증가하는 현상 등이 대표적입니다.

요가가 이러한 상황을 모판으로 해서 자연스럽게 SBNR 사회
의 영적 정신적 육체적 대안으로 부상했습니다. 요가는 SBNR에
적합한 구조를 가지고 있기 때문입니다. 요가는 전체주의적 의무
나 배타주의로 인한 부담을 부과하지 않으면서 개인주의에 적합
한 영적 만족을 제공합니다. 종교가 담당하던 초논리의 세계를 명
상을 통해 요가인들에게 맛보입니다. 이것은 크리스천 요가가 기
독교 보수주의자들의 비판에도 불구하고 명상을 적극적으로 받아

예수님은 요가하는 기독교인에게 뭐라 하실까?

들이는 배경이기도 합니다. 여기에다 육체적으로는 건강을, 정신적으로는 안정을 체험케 합니다. 특히 육체적 건강 함양은 기존의 교회 전통에 없던 분야입니다.

요가의 강점을 넘어서는 길은 통전적인 "오직 예수" 신앙과 그에 의한 실천뿐입니다. 그렇지 않는 한 요가는 SBNR 추세와 함께 더욱 각광을 받게 되고 교회는 점점 더 쇠퇴할 것입니다. 도도한 흐름은 그저 교단 차원에서 요가 금지결정을 내린다고 해결되지 않습니다. 그 결정이 여러 모로 부당하다면 오히려 교회만 고립될 뿐이지요.

SBNR 정서는 요가 붐이 일어나는 사회적 인프라 역할을 톡톡히 하고 있습니다. 사실상 상호 시너지효과를 내고 있습니다. 이 점을 가볍게 봐서는 안 됩니다. 세계적인 유명 인터넷 요가 사이트인 "요가저널(Yoga Journal)"에 실린 내용입니다. "요가는 종교인가?"라는 질문에 이렇게 답했습니다.

> 대부분의 미국인 요가 수련자들은 이 질문에 대해 간단히 아니(No)라고 대답할 것이다. 요가인으로서 우리는 어떤 특정 신앙을 지지하도록 요구받지도 않고, [기독교의] 세례나 [유대교의] 성인예식 같은 종교의식을 지켜야 할 의무도 없다. 우리는 하나님을 믿으라거나 기성예배에 참석하라거나 특정한 기도들을 배우라고 요청받지 않는다.[71]

또 다른 유명 온라인 요가 사이트 "DoYou"에도 비슷한 내용이 실려 있습니다.

> 요가는 종교가 아니다. 신앙이 있거나 없거나 요가를
> 할 수 있다. 요가는 종교적 실천이 아니며, 요가의 영
> 적 측면은 어떤 기성 예배형식과도 관련이 없다. 요
> 가라는 단어는 연합하다 또는 결합하다라는 뜻이다.
> 요가인들은 몸 맘 영의 화합, 자아의 모든 측면 통합,
> 더 높은 능력 또는 영적인 힘과의 결합 등 — 다양한
> 방식으로 화합을 조망한다. 유일신(God)이든 다신
> (gods)든 어떤 신을 믿어도 좋고 혹은 아무것도 안 믿
> 어도 좋다.[72]

요가의 포용성을 묘사한 진술은 곳곳에 넘치도록 많습니다. 원
리적인 표현은 이렇습니다. 역시 "요가 저널"에 실린 내용입니다.

> [요가의] 실제는 필수적으로 종교적인(religious) 함
> 의를 가지지는 않는다. 그러나 영적인(spiritual) 함의
> 는 가진다.… 나는 여기에 한 가지 점을 추가하고 싶
> 다. 요가는 전통적으로 세속적(secular)이지 않다. 요
> 가는 항상 영성(spirituality)와 연결되며 [사실상] 종
> 교와[도] 분리되지 않는다. 단지 많은 다른 종교들이
> 요가의 영적 차원을 사용할 뿐이다.[73]

SBNR 즉 "영적이지만 종교적이지 않은" 세계를 추구하는 현대

인의 동향에 대해 요가 측에서 "요가는 종교가 아니라 영성"이라는 답을 제시하고 있는 모양새입니다. 엄밀히 말하면 SBNR 정서보다 요가의 입장이 역사적으로 훨씬 앞섰습니다. 하지만 20세기 중반에 들어 SBNR 정서가 많은 이의 공감을 이뤄냈고 요가가 대안으로서 대폭적인 주목을 받게 된 것 또한 사실이지요.

요가인들은 요가가 다양한 종교의 영적 기반이기에 어떤 종교와도 마찰 없이 오히려 그 종교를 부요케 한다는 점을 부각합니다. 한걸음 더 나아가 적지 않은 요가인들이 곳곳에서 명시적으로 요가가 다원주의적임을 천명합니다. 모든 종교를 조금 더 적극적으로 인정함으로써 요가가 평화를 지향하고 있음을 드러내려는 것입니다. 이것이 세계 평화의 길이므로 다른 이들도 그것을 따라야 한다는 교훈적인 의도도 있지요.

> 많은 서구 종교들은 요가, 힌두교 또는 불교가 다신교적(polytheistic)이라고 생각하지만 사실이 아니다. 그것들은 다원주의적(pluralistic)이다. 그들은 다양한 이름과 형식들을 가지고 하나의 실재(one reality)에 다가간다. 이들은 서로 갈등을 일으키는 분리된 신들이나 신성들이 아니다. 그렇기에 우리는 다원주의적 관점에서 요가를 가르쳐야 한다고 생각한다.[74]

이 짧은 진술 속에 지나칠 수 없는 두 가지 틀린 내용이 있습니다. 첫째, 불교를 요가와 힌두교와 함께 한 그룹으로 묶은 것은 잘못되었습니다. 불교는 연기설을 통해서 힌두교의 핵심 기조인 전변설에 정면으로 도전하여 전변설을 해체하기 때문에 병존이 불가능합니다. 교리의 차이로 인해 불교가 힌두교에 의해 엄청난 박해를 받았고, 종국에는 불교가 인도에서 사라지게 됩니다. 교리 차이가 인도불교 박해와 쇠퇴의 유일한 원인이라고 할 수는 없지만, 큰 원인이 된 것은 부인할 수 없는 사실입니다. 이러한 차이를 무시하고 힌두교적 시각에서 한 묶음으로 묶는 사고방식은 무지의 소산입니다.

둘째, 요가, 힌두교, 불교를 다원주의적이라고 본 시각도 적절치 않습니다. 힌두교와 그것에서 파생된 요가는 다원주의보다는 포괄주의(inclusivism)에 속합니다. 다원주의는 각 종교의 독립적 절대성을 인정하는 입장이지만, 포괄주의는 타종교의 자율성을 인정하되 자종교를 우위에 두는 입장이지요. "많은 종교는 다 진리의 길이다. 그러나 그 종교들의 규범은 하나다(Many ways to truth, but one norm). 그리고 그 규범은 바로 나의 종교다."라는 입장입니다. 보통은 그 명제를 노골적으로 주장하기보다는 은근히 내비치는 게 포괄주의의 특징입니다. 어떤 종교가 그 명제를 거부하거나 규범으로서의 위상을 위협하면 그 종교를 가혹하게 공격하고 박해하는 것도 포괄주의 종교의 한 특징이지요.

힌두교 포괄주의의 뿌리는 깊고 오래되었습니다. 힌두교의 성전(holy Scripture)인 리그베다의 한 구절을 인용합니다. 브라만 전변설의 기원을 찾을 때 자주 인용되는 구절입니다. 포괄주의의 대표적 표현이기도 하지요.

그들은 그를 인드라, 미트라, 파루나, 아그니라고 불

예수님은 요가하는 기독교인에게 뭐라 하실까?

렸다; 그는 아름다운 날개를 가진 천상의 가루다이다. 진리[실재]는 하나이지만, 현자들은 그것을 여러 이름으로 부른다. 혹은 그를 아그니, 야마, 마타리쉬반이라고 불렀다. (리그베다 1.164.46)

영성과 요가를 대입하면 이런 명제가 도출됩니다. "다양한 각 종교는 다양한 모습의 파도와 같다. 그 모든 파도는 바다에서 나오고 바다로 귀착된다. 이 바다가 바로 요가의 영성이다." 힌두교인들은 "요가의 영성" 자리에 당연히 "브라만"을 대입할 것이고, 많은 요가인들은 그것을 용인할 것입니다.

힌두교는 이러한 포괄주의의 입장을 견지합니다. 힌두교는 모든 것, 그것이 신이든 어떤 원리든 어떤 종교든 그 모든 것을 브라만(Brahman)의 전변(transformation)으로 보며, 모든 것이 브라만으로 귀일됨을 주장합니다. 브라만의 전변, 범아일여가 힌두교의 본질적인 패러다임이지요. 이 패러다임에 대한 집착은 보통은 잘 드러나지 않지만 사실은 엄청나게 강력합니다.

흔히 힌두교인들은 힌두교가 타종교와의 갈등이나 적의가 없는 종교, 모든 종교를 다 용납하는 평화의 종교임을 즐겨 말합니다. 예수님도, 부처님도 신으로 존중하며 믿는다고 말하며, 그 신상들을 기꺼이 모십니다. 언뜻 보면 상당한 관용으로 비쳐집니다. 그것은 타종교인들이 브라만의 전변을 인정할 때만 작동하지요. 불교처럼 전변설을 인정하지 않거나, 이슬람처럼 자종교 신의 유일성을 천명하는 종교는 철저히 거부하며 가혹하게 박해해왔습니다. 인도와 파키스탄이 분리되게 된 주요 이유가 바로 힌두교와 이슬람의 갈등 때문이지요. 힌두교의 입장은 결코 다원주의가 아닙니다. 힌두교 중심의 포괄주의일 뿐입니다.

종교적 포괄주의는 평화를 위한 대안이 될 수 없습니다. 다양한 종교 위에 군림하는 메타 종교의 위상을 지키려 하기 때문입니다. 다원주의도 대안이 될 수 없습니다. 각 종교의 독립성과 자율성을 인정하지만, 절대적 진리가 각 종교마다 있는 게 화근입니다. 이해관계 충돌 시 해결이 불가능하지요. 기독교는 포괄주의도, 다원주의도 아닙니다. 흔히 자타가 많이 오해하듯이 배타주의도 아니구요. 이유는 간단합니다. 예수님이 배타주의자도, 포괄주의자도, 다원주의자도 아니셨기 때문입니다. 예수님은 케노시스(자기 비움)로 인한 사랑 그 자체셨습니다. 교회가 현실적으로 예수님의 케노시스를 실천하고 있는가라는 문제는 별개입니다. 여기서는 핵심 가르침만 다룹니다.

기독교인이 요가를 통해 SBNR의 정서에 빠지게 되면, 죄인의식이 점점 사라지게 됩니다. 기독교적 범아일여인 신의 내재 내지 신일합일을 지향하는 자족에 빠지기 십상이지요. 종국에는 주님의 십자가가 무의미하게 여겨지게 됩니다. 십자가를 무의미하게 만드는 신앙은 더 이상 기독교가 아닙니다.

적극적인 요가인들은 브라만의 전변, 특히 범아일여의 관점에서 요가 전파(사실상 힌두교적 사고방식 선교)에 열심입니다. 다음은 미국베다연구소(American Institute of Vedic Studies) 창립자이자 대표인 데이비드 프롤리(David Frawley)의 말입니다. 그 연구소는 인도전통의학인 아유르베다의학, 요가, 명상, 베다점성학 등을 가르치며 관련 인쇄물을 출간하는 기관입니다.

예수님은 요가하는 기독교인에게 뭐라 하실까?

요가는, 우리가 장벽과 경계에 사로잡히지 않고, 더 풍성한 평화, 이해, 식별력, 더 높은 깨달음을 만들어 내며 우리를 더 위대한 보편적 진리로 연결시키는 긍정적인 방식으로 신앙체계[종교]들에 도전해야 합니다. 요가는 우리가 사회적, 정치적, 종교적, 이념적, 철학적 경계를 무너뜨리는데 도움이 될 것입니다. 그러나 요가가 [항상] 중립적이고 고분고분하기만 할 수는 없습니다. 과학조차도 어떤 종교 집단에게는 공격적이고 불쾌감을 줄 수 있습니다. [그렇다고] 우리가 그런 [과학을 가르치는] 학교에서 과학을 가르치지 말라고 말할 수 없습니다.[75]

매우 강력한 요가 선교 의욕을 표현한 발언입니다. 요가지도자들 중에는 힌두교 선교에 높은 의욕을 가진 사람들이 있고, 대중적이지는 않지만 일정한 영향력을 가지고 있습니다. 이러한 현실에 대해 미국의 유명 언론인인 리사 밀러(Lisa Miller)는 심각한 우려를 표명했습니다. 뉴스위크지에 실린 그녀의 글 "하나님과 삶에 대한 미국의 견해가 힌두교화 되고 있다"는 기사 제목 자체부터 시사하는 바가 큽니다.

미국은 기독교 국가는 아니다. [하지만] 우리는 사실상 기독교인들에 의해서 정초된 국가(의 국민)이다.… 그러나 최근 설문조사에 의하면, 적어도 개념상으로는 우리가 하나님, 우리의 자아, 피아, 영원에 대해 생각하는 방식에서 점점 더 힌두교인처럼 되어가고 있고 점점 덜 전통 기독교인처럼 되어가고 있다.… 힌두교 신자들은 하나님께로 가는 여러 길이 있다고 믿는다. 예수도 하나의 길이고, 쿠란도 또 하나의 길이며, 요가 수행은 세 번째 길이다. 아무것도 다른 것보다 더 낫지 않다; 모든 게 동등하다. 가장 전통적이고 보수적인 기독교인들은 이렇게 생각하도록 배우지 않았다. 그들은 주일학교에서 그들의 종교가 참되고 다른 것은 거짓이라고 배운다. 예수께서 말씀하셨다. "내가 곧 길이요 진리요 생명이니 나로 말미암지 않고는 아버지께로 올 자가 없느니라." 미국인들은 더 이상 이것을 받아들이지 않는다.… 교회 밖에서 영적 진리를 찾는 사람들의 수가 증가하고 있다. 2009년 뉴스위크 설문조사에 따르면 미국인의 30%가 자신을 "영적이지만 종교적이지 않다(spirutual, not religious)"고 말한다.[76]

상당한 염려가 담긴 글이지만 뚜렷한 대책을 내놓지는 않았습니다. 흔히 보수주의 교회가 보여주는 대로, 요가의 세가 강해지고 있다고 해서 교회가 기독교의 본질이 아닌 배타주의를 강화하는 방향으로 간다면 오히려 힌두교 부흥을 돕는 일이 됩니다. 상황이 어려울수록 원인 파악을 정확히 해야 하고, 상대를 잘 아는 일에 힘써야 합니다. 기독교가 배타주의 같은 악성 불순물을 제거하고 "오직 예수"가 취하신 길로 나아가야 함을 강조합니다.

힌두교에 경도된 크리스천 요가 이론

크리스천요가협회(Christian Yoga Association) 사이트에 올려져 있는 "예수와 요가"[77]라는 제목의 글을 분석합니다. 저자는 협회 설립자인 켈리 맥럴란(Kelly McLellan)입니다.

그녀는 글 앞부분에서 "[크리스천] 요가의 목적이 무엇인가?"를 묻고 "내면의 신의 존재를 만나려는 명상을 위해 심신을 준비시키는 것"이라고 아주 간략히 답합니다. 힌두교인들은 조금도 이의 없이 동의할 것이나 요가하는 기독교인에게는 문제가 있는 목적입니다. 크리스천 요가가 지도자들이 자주 말하는 대로 정말 "그리스도 중심의 요가(Christ centered yoga)"라면 이 목적 속에 그리스도가 반영되어야 했습니다. 그럼에도 기독교적인 특색이 전혀 없습니다. 인간의 유한성, 피조물됨, 성육신, 그리스도의 대속, 십자가와 부활 등 기독교의 핵심적인 가르침이 반영될 여지가 없습니다. 더구나 "내면의 신의 존재"라는 설정은 범아일여의 전형적인 힌두교적 사고입니다. 초월자로서의 하나님 개념이 들어갈 틈이 없습니다.

이어서 그녀는 "요가 수련은 무엇을 수반하는가?"를 묻고 이렇게 답합니다.

> 현대 요가는 세 기둥으로 구성된다: 호흡(prana-yama), 체위(asana) 그리고 명상(dhyana). 이 세 기둥을 통해 사마디(신과의 교통) 상태를 촉진할 수 있다. … 사마디를 통해 신과의 교통을 체험하고 우주의 진

정한 본질에 대한 새로운 시각을 부여받는다. 그 새
로운 시각은 사람들이 자유함 속에서 삶을 살아가게
한다(파탄잘리 요가경 1&4장). 따라서 기독교적 관점
에서 요가 실천은 죄와 죽음의 힘으로부터 자유롭게
살 수 있게 해주는 하나님과의 교통 실천이다. (요한
복음 15:14; 요한2서 1:9; 요한1서2:27-28; 갈라디아서
2:20).

힌두교적 특성이 그대로 드러난 힌두교적 진술입니다. 예수 대
신 요가를 통해 사마디를 추구합니다. 요가의 사마디를 기독교 하
나님과의 교통과 동격으로 보았습니다. 이것은 신앙적으로나 종
교학적으로 결정적인 오류입니다. 성경구절들을 기록했지만, 사
마디를 향한 과정과 결과에 성경구절이라는 옷을 입혔을 뿐이지
요. 자유 평화 등의 용어가 들어간 성경구절을 요가의 최고의 경
지인 사마디를 설명하는 데에 사용했을 뿐, 기독교 진리를 말한
것이 아닙니다.

다음은 "요가는 종교인가?"라는 질문에 답한 내용입니다.

이 질문에 대한 간단한 답은 아니다(No)이다. 요가는
종교가 아니다. 요가는 영적인 수련 또는 훈련이다.
하지만 이 질문을 둘러싼 혼란의 많은 부분은 요가
수련이 힌두교 철학에 젖은 문화를 통해서 태어났다
는 사실에 기인한다.… [그러나] 요가 수련하기 위하
여 힌두교인일 필요는 없다.

힌두교일 필요가 없다고 답했지만, 실상은 전형적인 힌두교의 범아일여의 사고방식에서 나온 대답입니다.

이어지는 "요가의 육체적 수련이 요가의 영적 측면과 분리될 수 있는가?"라는 질문에 대한 답은 이렇습니다.

> 기술적으로 이 질문에 대한 답은 예스(Yes)이다. 만트라, 기도 및 명상 테크닉은 요가 수련에서 생략 가능하다. 그러나 나는 즉시 "왜 그렇게 하기를 원하느냐?"고 되묻고 싶다. 요가의 육체적 수련인 아사나는 신의 현존을 체험하기 위해 심신을 준비되도록 특별히 설계되었다. 기독교 세계관 안에서 수련할 때는 수련자들이 내주시는 성령과의 교통을 추구한다. 이러한 (사마디라고 불리는) 교통 상태에서 수련자는 외부 실재들(세상)에게 더 이상 마음을 빼앗기지 않고 대신 하나님의 현존(위의 것들) 속으로 들어간다. (골로새서 3:1-3)

이 저자는 기독교의 하나님과 힌두교의 신, 기독교의 성령충만과 요가의 최상 상태인 사마디를 전혀 구분하지 않습니다. 성경구절을 패러디하여 표현했지만, 성경구절에 담겨 있는 그리스도를 요가 설명에는 빼버렸습니다. 저자의 크리스천 요가는 결국 그리스도 없이도 설명이 가능한 요가입니다. 그리스도의 제정성(constitutiveness)을 부인하고 대속의 구조조차 삭감한 셈입니다. 신과의 합일에만 초점이 맞춰져 있습니다. 이렇게 가면, 요가의 기독교화가 아니라 기독교의 요가화 내지 힌두교화가 됩니다.

> 요가수련의 신체적 측면과 영적 측면을 분리하는 것은 기도하기 위해 무릎을 꿇는 것의 신체적 측면과 영적 측면을 분리하는 것과 비슷할 수 있으리라. 수련의 영적 측면 없이 무릎 꿇는 자세의 앉고 일어서기를 하는 동안 하체 근육을 강화하고 이완할 수는 있을 것이다. 하지만 기도를 통하여 하나님과 대화에 실제로 들어감으로써 얻게 되는 그 달콤하고 강력한 유익은 놓치게 될 것이다.

이 설명은 힌두교인을 위한 요가 설명으로는 완벽합니다. 그러나 기독교인을 위한 부분이 어디에도 없습니다. 힌두교의 신과 기독교의 하나님이 동일하다는 저자의 내심이 그대로 드러나고 있습니다. 달콤하고 강력한 유익을 힌두교 경지에서 경험하는, 더 이상 그리스도를 통한 은혜와 감격을 모르게 된 기독교인, 사실상 이미 힌두교인이 된 사람의 진술로 느껴집니다. 이렇게 된 이유는, 앞서 언급했듯이 브라만(Brahman, 梵)의 내재와 하나님의 내재를 구별하지 못한 것, 기독교 하나님의 초월성을 간과한 것에 기인합니다.

이상의 진술들에는 크리스천 요가와 일반 요가의 차이가 전혀 보이지 않습니다. 그저 차이라면 성경구절을 가끔 사용한다는 점인데, 성경의 원래 의미와 상관없이 외형적으로 동일한 단어를 자의적으로 사용했을 뿐입니다. 그래서 크리스천 요가가 일반 요가보다 더 위험할 수 있습니다. 성경구절을 인용하기 때문에 기독교인들이 신앙적인 경계심을 내려놓고 긍정적으로 따르게 되기 때문입니다.

물론 켈리 맥럴란(Kelly McLellan)의 생각을 모든 크리스천 요가 지도자들이 공유하지는 않을 것입니다. 그러나 그녀가 크리스천 요가협회의 설립자이며 여전히 크리스천요가의 손꼽히는 지도자라는 사실은 많은 것을 함의합니다. 크리스천 요가 수련자들은 자기도 모르는 사이에 힌두교화 되는 것에 유의했어야 했습니다.

힌두교에 경도된 크리스천 요가인의 신심행위

크리스천요가협회 사이트(christianyogaassociation.org)의 "자료(resources)" 부문 중 "글모음(articles)"에 들어가면, 크리스천 요가에서 무엇을 행하며 무엇을 지향하는지 다양하게 알게 해줍니다. 힌두교에 경도된 크리스천 요가의 실상을 더 잘 알 수 있지요. 글의 제목은 "요가의 말라, 만트라와 돌들(Yoga Malas, Mantras & Stones)"[78]입니다.

> 말라 목걸이는 명상 실습에 사용되는 108개 구슬로 된 줄이다. 이것은 만트라[짧은 기도문]를 [몇 번 했는지] 셀 수 있도록 해주는 도구이며, 촉감을 통해 [기도] 인도자 역할을 한다. 말라에는 만트라 또는 명상을 위한 반복 순회의 시작점이요 끝점인 구루 구슬

(guru bead) 또는 구루 돌이라는 게 있다.

구루는 어둠의 제거를 의미한다. 고린도후서 4:6 은 "어두운 데에 빛이 비치라 말씀하셨던 그 하나님 께서 예수 그리스도의 얼굴에 있는 하나님의 영광 을 아는 빛을 우리 마음에 비추셨느니라."고 말씀한 다. 이것[구루]은 당신의 만트라/명상 속에서 하나 의 공간이 될 수 있을 것이다. 그 공간은 당신의 진동 (vibration) 또는 정동(情動, emotions)이 빛나는 것을 느끼도록 해주고 하나님과의 결합점들을 영화롭게 한다. [구루 비드에 연결된] 술(tassel)은 우리가 하나 님 및 다른 것들에 연결되어 있음, [즉] 하나됨을 나 타낸다. 마태복음 22:37-39은 우리에게 말씀한다, 하나님을 사랑하고, 서로를 사랑하라고, 사랑은 우리 의 결합을 지켜준다고.

말라는 산스크리트어 원어적 의미가 "화환", "꽃줄"입니다. 인 도인들이 기도와 명상을 위해 사용하는 도구를 지칭합니다. 가톨 릭의 묵주, 이슬람의 미스바하, 불교의 염주도 비슷한 용도이지 요. 개신교에만 이런 것이 없습니다. 크리스천 요가는 이 말라를 적극적으로 도입하고 있습니다. 인도인에게 말라의 위상은 한국 인의 전통 노리개 정도라고나 할까요? 크리스천 요가에서 과도하 다싶게 긍정적으로 말라를 소개하는 것은 동양의 신비에 대한 서 구인들의 막연한 동경심이 표출로 보입니다. 솔직히 상업적 의도 도 느껴지고요. 이런 것들을 성경구절까지 들어가며 설명하고 도입해야 하는지 의문이 듭니다. 그것도 자의적인 해석을 곁들여서 말이지요.

긍정적인 의미가 전혀 없는 것은 아닙니다. 개신교가 감각을 통해 하나님을 느끼도록 하는 일에 소홀하여 생기는 빈틈을 힌두교 도구로 채운 것이니까요. 다만 과도한 의미부여와 강조는 염려가 됩니다. 특히 말라의 술(tassel)을 통해 하나님 및 만물과 연결됨과 하나됨을 말하는 것은 전형적인 범아일여 시각의 반영입니다. 그것을 지지하기 위하여 인용한 마태복음 22:37-39은 원래의 성경적 의미를 드러낸다기보다는 힌두교적 시각으로 사용된 느낌이 물씬 납니다.

> 예수께서 이르시되 네 마음을 다하고 목숨을 다하고 뜻을 다하여 주 너의 하나님을 사랑하라 하셨으니, 이것이 크고 첫째 되는 계명이요, 둘째도 그와 같으니 네 이웃을 네 자신 같이 사랑하라 하셨으니. (마태복음 22: 37-39)

이는 구약의 핵심 가르침을 예수님께서 직접 요약하신 구절입니다. 이어지는 40절 말씀은 이렇습니다.

> 이 두 계명이 온 율법과 선지자의 강령이니라. (마태복음 22: 40)

여기의 율법과 선지자는 예수님 당시 구약 전체를 지칭하는 용어입니다. 이 두 강령은 부정 명령문으로 구성된 십계명을 긍정명령으로 축약한 것이지요. 십계명 또한 구약 전체를 관통하는 명령입니다. 인간이 죄악에서 벗어나 하나님의 아름다운 질서 속에서 행복하게 살아갈 수 있는 비결을 제시한 말씀이기도 합니다.

성경에 의하면 죄악의 해결 없이는 하나님과의 관계 및 인간들과 세상과의 관계가 회복될 수 없습니다. 인간의 죄악을 해결하기 위하여 성자 하나님이 십자가에서 돌아가실 정도입니다. 힌두교적 시각은 기독교에서 중시하는 죄악의 문제와 해결에 대해서 큰 관심을 갖지 않음에 유의해야 합니다. 말라를 소개하는 글 전체가 기독교의 중점을 간과하도록 묘하게 기록되어 있습니다. 힌두교적 시각으로 성경을 사용하는 전형적인 예입니다.

> 왜 108개의 구슬인가?… 심장(heart)[/마음] 차크라 [인체 내에 있는 에너지의 결집 소용돌이 7개 중의 하나]를 형성하기 위한 108개의 에너지 경락(Nadi: 운반로)이 존재한다. 만트라를 108번 암송하게 되면 심장(hear)[/마음]이 정화된다고 믿어져왔다. 시편 139:23, "하나님이여 나를 살피사 내 마음(heart)을 아시며 나를 시험하사 내 뜻을 아옵소서."
> 아유르베다 의학[인도전통의학]에서는 마르마 포인트(Marma point)라고 알려진 108개의 신성한 접촉점이 있다. 이들은 몸에 있는 생명의 접촉점인데, 거기에서 근육, 뼈, 관절, 동맥, 신경이 만나 생명의 생생한 흐름을 만든다. 요한복음 1:4, "그 안에 생명이 있었으니 이 생명은 사람들의 빛이라."

예수님은 요가하는 기독교인에게 뭐라 하실까?

동양 종교들은 숫자와 우주의 상태가 대응된다고 믿는다: 1은 하나의 존재, 0은 허(虛, emptiness) 또는 무(無, nothing), 8은 무한 또는 만유. (우리[기독교인들]는 1은 하나님 또는 더 높은 진리, 0은 허 또는 완전성, 8은 영원 또는 끝없음을 말할 수 있으리라.) 시편 93:2, "주의 보좌는 예로부터 견고히 섰으며 주는 영원부터 계셨나이다."

이 인용문 외에도 성경을 요가와 인도전통의학과 임의로 연결시키는 사례는 많습니다. 성경의 맥락을 고려하지 않고 자의적으로 구절을 사용하면 성경을 인용하더라도 성경과 상관없는 내용이 됩니다. 구절들을 피상적으로 채집한 것입니다. 설명은 기독교 신앙과는 멀리 떨어진 것이고요. 더 이상의 예증은 불필요합니다. 이제 만트라에 대한 구절을 간략히 언급하겠습니다.

만트라란 무엇인가? 만트라는 당신이 하나님과 연결될 때 [당신] 내외의 에너지와 연결하고 그것을 느끼도록 돕기 위해 반복되거나 노래되는 단어, 음절 또는 문구이다. 시편 119:108, "여호와여 구하오니 내 입이 드리는 자원제물을 받으시고 주의 공의를 내게 가르치소서."
우리가 안락, 영감, 확신, 동기부여, 안정감 또는 에너지 분출, 행동이나 부정적 사고 패턴을 떠나보내는 것 등이 필요할 때 만트라는 우리에게 도움을 제공할 수 있다. 그것은 언제나 어디서나 행할 수 있다.

많은 영적 전통들은 우주가 하나님의 말씀 또는 소리로 시작되었다고 말하는데, 그 소리를 산스크리트로는 아움(AUM)이라 소리 내고 서구에서는 옴(OM)이란 소리로 듣는다.… 만트라는 우리 안에 있는 이 진동 또는 음파를 알게 해주고 그것에 집중케 하는 하나의 방법이다. 소리는 진동의 한 형태이다. 우주 안의 모든 것은 특정 주파수로 진동한다. 이러므로 만트라를 반복함으로써 [우주의 진동이 반영된] 그 만트라의 진동 주파수를 우리 안으로 끌어들이고, 그 결과 우리 역시 그 만트라의 단어와 진동에 공명을 시작한다... 사도행전 4:31, "빌기를 다하매 모인 곳이 진동하더니 무리가 다 성령이 충만하여 담대히 하나님의 말씀을 전하니라."

만트라의 효과에 주목하고 신앙생활에 도입하려는 의도는 의미가 있다고 생각합니다. 짧은 기도문이나 짧은 성경구절, 신앙이 담긴 한 두 단어를 반복 음송하는 것은 가톨릭과 정교회 전통에도 있습니다. 개신교인들이 기도 중에 "주여" 또는 "아버지" 등을 반복하거나 다른 기도 구절 없이 그것만 반복하는 것을 일종의 만트라로 볼 수 있습니다.

일부 신자들 중에 중언부언하지 말라는 예수님의 말씀을 표피적으로 해석하여 이 전통을 거부하는 분들이 있기는 합니다. 하나님이 궁극적으로 보시는 것은 기도자 내면의 마음이지 외면의 형

예수님은 요가하는 기독교인에게 뭐라 하실까?

식은 아닙니다. 반복이냐 아니냐보다 마음에 초점을 맞춘다면 만트라식 기도를 절단하듯이 거부할 이유는 없습니다.

　게다가 만트라의 긍정적인 심리적 효과나 진동이 우리 몸에 미치는 긍정적 효과가 과학적으로 입증되는 현실을 고려할 때 기독교인들이 이러한 효과들에 눈감을 필요는 없습니다. 단지 이런 면이 우상숭배나 미신적 행위로 빠지는 것은 경계해야 하겠지요. 특히 기독교인이 기독교의 기도문이 아니라 힌두교의 만트라를 애호하는 행위는 어리석은 행위요 분명히 이교적입니다.

보수 성향의 크리스천 요가

크리스천 요가들 중 보수적인 흐름도 간략히 소개합니다. 크리스천 요가에 힌두교적 요소가 과도하게 들어오는 것을 경계하며 제동을 거는 흐름입니다. "성경 요가(Scripture Yoga)"가 그중 하나입니다. "성경 요가"는 크리스천 요가를 대부분 수용하면서도 성경 말씀에 큰 비중을 두어 아사나 수련 중에 성경 낭송을 강조합니다. 성경을 많이 낭송함으로써 힌두교의 영향을 최소화하고자 함입니다. 일종의 온건한 제동이라고나 할까요?

　크리스천 요가와 철저한 단절을 선언한 "프레이즈무브즈(PraiseMoves)"도 있습니다. 프레이즈무브즈 지도자들은 이것이 요가에 대한 기독교적 대안이라고 주장합니다. 그들은 말하기를, 프레이즈무브즈의 자세나 동작이 요가 동작처럼 보일 수 있지만, 요가에 기원을 둔 것이 아니고 구약성경의 원어인 히브리어 알파

벳 모양에서 따온 것이라고 주장합니다. 요가와의 차별성을 강조하려 한 것은 이해가 되지만 강변으로 비쳐질 뿐입니다.

"프레이즈무브즈"와 별 차이 없는 또 다른 움직임은 "홀리핏(WholyFit)"입니다. 그 둘은 모두 요가 용어나 요가적 상상을 멀리하여 요가와의 연결성을 단절하고자 합니다. "홀리핏"은 그 홈피 첫 화면에 자신들을 이렇게 소개하며 유인합니다.

> 당신은 요가하는 기독교인입니까? 그리스도를 따르는 사람들에게 요가보다 더 의미 있다고 입증된, 요가의 대안인 홀리핏(WholyFit)으로 당신을 초대합니다. 홀리핏은 성경에 기초한 스트레칭, 힘 & 유연성의 피트니스 시스템입니다. 이것은 몸과 마음과 영을 강건하게 해줍니다. 기쁜 소식! 당신은 요가를 하지 않고도 스트레칭을 할 수 있습니다. [신앙적으로] 안전한 곳에서 마음껏 예수님을 개인적으로 경험하십시오. 홀리핏은 당신의 신앙을 스트레칭 시켜줄 것입니다![79]

프레이즈무브즈나 홀리핏은 조금만 들여다봐도 요가에서 기원하고 특히 아사나에 많은 빚을 지고 있음을 알 수 있습니다. 힌두교적 영향을 단절하려는 의도는 알겠지만, 요가의 장점과 공헌을 정당하게 평가하지 않는 자세는 그리스도인이 취할 자세는 아닙니다.

4부

건강과 요가 그리고 신앙

왜 목회자가 요가를 권유하는가?

오늘날 요가가 세계 방방곡곡에서 인기를 끌고 있습니다. 기독교 인들도 이 흐름에 예외가 아닙니다. 이 현상은 예수님의 3대 사역을 교회가 균형 있게 수행하지 못한 것에 대한 도전이요 질책이라고 저는 해석합니다. 마태복음은 이렇게 기술하고 있습니다.

> "예수께서 온 갈릴리에 두루 다니사 그들의 회당에서 가르치시며 천국 복음을 전파하시며 백성 중의 모든 병과 모든 약한 것을 고치시니"(마태복음 4:23).

① 회당에서 가르치시는 지적(intellectual) 사역, ② 천국 복음을 전파하시는 영적(spiritual) 사역, ③ 몸을 회복시키시는 육체적 (physical) 건강 사역입니다. 교회가 예수님의 사역을 이어받아 통전적으로 펼치는 것이 마땅했음에도 육체적 건강 사역에 소홀했습니다. 교회의 결정적인 실수입니다.

육체적 건강 사역에 소홀하게 된 근본 원인은 희랍로마식 (Greco-Roaman) 사고방식을 교회가 도입했기 때문입니다. 희랍로마식 사고방식이란, 개념의 짝을 대비시키고 한쪽에는 긍정적 가치, 다른 한쪽에는 부정적 가치를 부여하는 하는 사고방식이지요. 초대교회는, 영혼에는 긍정 가치, 육체에는 부정 가치를 부여한 후, 전자는 우대하고, 후자는 천대했습니다. 육체건강 사역에 소홀할 수밖에 없었지요.

예수님의 가치관보다 희랍로마의 가치관을 우선시한 것은 분명한 잘못입니다. 늦었지만 비성경적인 희랍로마의 가치관과 관습은 속히 개선되어야 합니다. 지금이라도 교회는 육체적 건강 사역을 실질적이고 구체적으로 펼쳐야 합니다. 이것이 목사인 제가 요가를 택하게 된 배경입니다.

교회가 행할 수 있는 보편적인 육체건강 사역이 무엇일까요? 육체건강 사역은 ① 질병 치유, ② 질병 예방, ③ 건강 유지 및 증진 사역으로 세분됩니다. 질병 치유는 대체로 교회가 직접 할 수 있는 영역이 아닙니다. 의료기관과 의료인들의 일입니다. 교회는 이 사역자들이 그리스도의 지혜와 심정으로 임할 수 있도록 신앙적 기반을 제공하고 격려하면 됩니다.

어떤 기독교인들은 예수님께서 직접 치유사역을 하셨던 것에 착안하여 치유의 길에 직접 나섭니다. 실지로 신유(神癒: God's cure)의 은사를 통하여 치유되기도 하지만 치유의 범위가 극히 제한적이고, 인과관계나 효과가 불분명한 경우가 많습니다. 은사자를 과도하게 떠받드는 등 부작용도 만만치 않고요.

심지어 모든 질병을 귀신의 짓으로 간주하고 크든 작든 모든 질병을 축귀를 통하여 해결하려는 신유은사자들도 있습니다. 신유는 분명히 존재하지만 아주 특별한 경우를 제외하고는 병원에 가는 것이 훨씬 더 효과적이지요. 의료 전문인들은 하나님의 전지전능(omniscience and omnipotence) 중 작은 일부를 의학과 의술 형태로 위탁받으신 분들입니다. 질병 치유를 위해서는 전심으로 기도하는 가운데 의료를 전문 의료인에게 의탁하는 것이 적절합니다.

질병예방과 건강 유지증진은 교회가 적극적이고 효과적으로 행할 수 있고, 행해야 하는 분야입니다. 소 잃기 전에 외양간을 고친다는 점에서 질병치유 못지않게 중요합니다. 대안은 바로 운동입니다. 혹시 운동 이외의 대안에 마음이 끌리신 분들을 생각하며 다른 대안들을 잠시 거론합니다. 흔히 그런 대안들을 양생법(養生法, health care method)이라는 범주로 묶어냅니다.

양생법의 종류

건강을 위한 대안들이 아주 다양하고, 사람들의 관심도 높습니다. 다양한 양생법 프로그램이 TV나 신문, 유튜브(YouTube) 등 대중매체에서 계속 다뤄지고 있는 것만 봐도 알 수 있지요. 각종 운동 및 체조는 물론 음식, 습관, 체질론, 지압, 마사지, 각종 목욕, 유산균, 건강보조식품 및 영양제, 물, 소금, 댄스, 기수련, 심지어 요료법(尿療法, urine therapy)까지 정말 다양합니다. 모두가 나름의 의미와 효과를 갖지만, 영향력의 범위가 제한적이기도 합니다. 하나를 택하여 교회에서 온 성도를 위한 대안으로 삼기에는 한계가 있지요. 사실 가장 적절한 양생법은 음식을 알맞게 먹고, 좋은 생활습관을 유지하며, 항상 바른 자세를 취하고, 운동을 적절히 해주는 것입니다. 많은 사람이 잘 알고 있지만 의외로 실천하기가 어렵기도 하고 너무 일반적이어서 딱히 대안으로 삼기에는 적절치 않습니다.

양생법을 "수동적/타율적 양생법"과 "능동적/자율적 양생법"으로 나눠봅니다. 수동적 양생법은 외부로부터 오는 영향력을 받아들이는 양생법입니다. 자신의 능력보다는 외부의 영향력에 의존한다는 점에서 타율적입니다. 반면에 능동적 양생법은 자신의 능력을 일깨워서 사용함으로써 건강을 증진시키는 양생법입니다. 외부의 영향력보다는 자신 안에 있는 능력에 의존한다는 점에서 자율적이지요.

수동적 양생법은 수술 및 시술, 약, 침, 뜸, 지압, 마사지, 족욕, 반신욕 등이 있습니다. 외부의 힘을 이용하는 만큼 효과가 빠르고 뚜렷합니다. 질병치유를 위한 직접적 수단이나 보조적 수단이라고 볼 수 있습니다. 계속 사용하면 자생력을 약화시킬 수 있다는 단점이 있습니다. 외부에서 지속적으로 힘이 들어오면 인체의 항상성(homeostasis)이 자동 발동되어 스스로 힘을 내는 일을 덜 하게 되기 때문입니다. 질병이나 극심한 피로 등으로 인해 자신의 능력만으로는 회복이 어려울 때 효과를 볼 수 있습니다. 반짝하는 효과나 쾌감에 중독되어 남용하거나 상용하는 것은 피하는 게 좋겠지요.

능동적 양생법은 각종 운동, 요가, 에어로빅 등을 꼽을 수 있습니다. 자신의 능력을 일깨우고 함양함으로써 건강 유지 및 증진을 꾀하는 방법입니다. 효과는 느리게 나타나지만 점진적으로 건강 능력이 개발되고 강화되지요. 무엇보다도 자생력을 키운다는 점

예수님은 요가하는 기독교인에게 뭐라 하실까?

에서 능동적 양생법은 강점이 있습니다. 건강상태가 시급한 조치를 필요로 하는 경우가 아니라면 능동적 양생법을 권장합니다. 병원에선 질병에 대한 직접적인 치료에 그치는 경향이 있습니다. 회복 후 건강 유지 및 증진을 위해서 해야 할 구체적이고 체계적인 방법을 알려주면 더 좋겠다는 생각이 듭니다. 어떤 질병은 사후 지속적인 조치가 반드시 필요합니다. 예를 들어 자율신경의 부조화로 인한 신경성 위염은 투약을 통해 호전되더라도 자율신경의 조화를 위하여 다른 조치가 없다면 온전한 회복이 어렵습니다. 심한 허리 디스크(요추 추간판 탈출증)는 수술을 한 후 일정기간 물리치료를 하지요. 그러나 척주를 바로 세우는 코어 근육을 강화하지 않으면 재발하거나 다른 디스크에 문제가 또 발생하기 쉽습니다. 병원이 증상 치료에 머물지 않고 건강 회복 나아가 건강 증진에 이르기까지의 과정을 위해 실질적이고 구체적인 로드맵을 제시해 주면 좋겠습니다.

양생법	내용
수동적/타율적 방법	외부(타인, 기구, 약물 등)의 힘을 이용한다. 질병치유 또는 치유의 보조적 수단으로 사용된다. 장점: 효과가 빠르고 강하다. 단점: 남용하면 자생력을 악화시킨다. 예: 수술 및 시술, 투약, 침, 뜸, 지압, 마사지, 족욕, 반신욕 등
능동적/자율적 방법	자기 내부의 힘을 이용하여 건강 능력을 일깨운다. 건강 유지 및 증진 방법으로 적합하다. 장점: 자생력을 높인다. 단점: 효과가 느리게 나타난다. 예: 각종 운동, 요가, 에어로빅 등

교회에서 각종 증상에 따라 처방식의 양생법을 제시할 수는 없습니다. 교회는 일반적인 양생법을 제시하고 실천하면 됩니다. 예수님의 육체건강 사역을 계승 발전시키는 방법으로 교회가 택할 것은 능동적/자율적 양생법입니다. 그중에서도 요가가 가장 적절합니다. 구체적인 이유는 다음과 같습니다.

교회 운동의 조건

교회가 추진하기에 적절한 운동의 조건을 제시해봅니다. 저는 다음 아홉 가지 조건을 충족시킬 운동을 모색했고, 결과적으로 요가를 택했습니다.

첫째, 교회가 교인 전체를 대상으로 추진하는 운동은 남녀노소 모두가 한평생 함께할 수 있어야 합니다. 연령, 성별, 개인의 신체적 능력에 제한을 두어야 한다면 전 교인 대상의 운동으로는 적절치 않습니다. 교회의 운동은 누구나 쉽게 그리고 함께할 수 있어야 합니다. 이 점에 요가만한 운동이 없습니다. 흔히 요가를 몸을 심하게 비틀고 꼬는 어려운 동작을 연상하며 아무나 할 수 없는 것으로 오해하지만 그렇지 않습니다. 기본적인 동작을 기초로 각자에 알맞게 단계별로 난이도를 조정할 수 있습니다.

둘째, 별 재미가 없다면 한평생 하는 운동으로 적절치 않습니다. 만족과 기쁨이 있고, 계속적인 발전이 체감되어야 지속할 수 있습니다. 요가는 이 점이 탁월합니다.

셋째, 교회의 운동은 안전해야 합니다. 교회의 운동이 되려면 운동 중에 무리나 위험이 쉽게 발생하면 안 됩니다. 요가도 물론 어려운 동작에 욕심을 부리다보면 부상이 생기지만 과도한 욕심이 위험을 초래하는 경우는 모든 운동에 다 있습니다. 요가 수련 때 욕심 내거나 남과 비교하며 무리하지 않고 자기가 할 수 있는 범위 내에서 행하는 것은 아주 중요합니다. 이 점을 수련자나 교사가 함께 유의하면 안전하게 할 수 있는 운동이 요가입니다.

넷째, 교회가 추진하는 운동은 ① 인원 제한 없이 ② 승패를 가리지 않고 ③ 누구든지 직접 할 수 있어야 합니다. 교회의 운동은 혼자서도, 둘이나 셋이서도, 대규모 집단으로도 할 수 있어야 합니다. 요가가 그런 운동입니다. 교회의 운동이 서로 경쟁해야 하는 것이라면 마음이 불편해집니다. 고로 승패를 가리거나 등수를 매기는 운동은 적절치 않습니다. 교회의 운동은 각자가 주인공이 되어야 합니다. 누구는 주인공이 되고 누구는 관객이 되어야 하는 운동은 교회의 운동으로 부적합입니다. 요가는 모두가 주인공입니다.

다섯째, 경제적 부담이 적어야 합니다. 교회가 추진하는 운동이 비용이 많이 들어서는 곤란하지요. 요가는 매트 하나만 마련하면 언제나 어디서나 할 수 있습니다. 배우는 비용 또한 그리 크지 않습니다. 목사님들이 지도자 자격을 갖추어 요가를 교회에서 가르치고 행한다면 비용의 문제는 없어지므로 이를 적극 권장합니다. 이를 위해서 요가 지도자과정을 신학대학의 필수 교과과정으로 설치할 것을 진심으로 제안합니다.

사실 예수님의 육체건강 사역에 교회가 충실하려면 그 이상의 조치가 필요합니다. 신학대학원(목회자 양성을 위한 대학원) 커리큘

럼이 영적 분야, 지적 분야, 육체적 분야로 3등분되는 것이 마땅합니다. 요가지도자과정, 체육학, 인체생리학, 공중보건학, 영양학 등을 설치하여 목회자들이 기초적인 건강지도 역량을 갖추게 해야 합니다.

여섯째, 서로의 유대관계를 돈독히 하고 사회성을 고무시킬 수 있어야 합니다. 언뜻 보면 요가가 이 조건과 상반되는 것으로 보입니다. 그러나 실제는 다릅니다. 서로의 숨소리를 들으면서 함께 같은 요가동작으로 하며 함께 땀을 흘릴 때 말이 없어도 유대감이 생깁니다. 또한 각자의 체험을 바탕으로 몸 상태에 대해 자연스럽게 얘기를 하게 되어 서로에게 개방적이 됩니다. 남녀노소가 몸과 건강을 놓고 진솔한 대화가 가능해지지요. 10대 청소년과 80대 노인이 자기가 체험한 것을 진지하게 대화할 수 있고 서로 가르칠 수 있는 운동이 요가입니다. 대화는 서로에게 격려가 되고 아름다운 유대를 형성합니다.

일곱째, 무엇보다도 육체적인 건강효과가 뛰어나야 합니다. 이 점에 있어서 요가가 단연코 뛰어납니다. 육체적 건강효과를 일곱 번째로 꼽았다고 해서 그 중요도가 일곱 번째라는 뜻은 아닙니다. 오히려 중요도가 높아 독립된 항목으로 상술할 예정입니다.

여덟째, 몸만이 아니라 심리적으로도 정신적으로도 건전한 유익이 있어야 합니다. 현대인들은 경쟁과 분주함으로 인해 심리적으로 정신적으로 찌들어 있기 십상입니다. 신체운동을 할 때 기왕에 심리적 정신적 회복을 가져다준다면 금상첨화이지요. 요가는 이 점에 뛰어납니다.

아홉째, 예수님의 3대 사역 정신을 자연스럽게 드러내면서 전도와 선교에도 유용해야 합니다. 요가는 말보다 몸을 통해서 사람들에게 기쁨을 주고 건강 증진을 도모합니다. 경쟁보다 시범을 통해 건강 자족하는 길을 제시합니다. 노약자 및 경제적으로 넉넉치 않는 분들의 건강을 위해 봉사할 수 있습니다. 따라서 예수님의 건강 사역이라는 기치를 건 요가 강습은 사람들에게 추상적이 아니라 실감나는 행복을 전하는 활동이 됩니다. 교회당이나 마을회관이 요가 봉사를 위한 좋은 장이 될 수 있습니다. 나아가 선교에도 유효합니다. 요가를 아프리카에 보급하는 자원자들의 활동이 있습니다. 이 아프리카 요가 프로젝트(africayogaproject.org)는 기독교 선교에 시사하는 바가 큽니다. 교회가 이 운동에 적극적으로 참여할 필요가 있습니다.

이상의 아홉 가지 조건을 만족시키는 운동으로서 요가만한 것이 없습니다. 최적의 대안을 마다하고 다른 것을 선택할 이유가 없습니다. 교회 일각에 존재하는 요가에 대한 "부정적 논란"은 근본적인 결함이 있어 요가를 회피할 이유가 되지 못합니다.

건강의 시작이 아사나인 이유

이제부터 건강과 운동, 특히 아사나와의 관계를 살펴보겠습니다.

건강이란?

건강의 정의로서 가장 많이 회자되는 것은 세계보건기구(World Health Organization, WHO)의 정의입니다. WHO는 건강을 "질병이나 허약함이 없는 상태일 뿐만 아니라 신체적, 정신적, 사회적으로 완전한 안녕(well-being) 상태"[80]라고 정의했습니다.

개인적인 차원의 건강, 특히 육체적 건강은 대부분 생리학적으로 조명할 때 명확히 드러납니다. 생리학(Physiology)이란 "생체의 기능이나 작용에 관한 현상을 연구하는 학문"이니까요. 요가의 건강 효과를 논할 때 생리학적 설명이 필수입니다.

우선 기관계(organ system)부터 살펴볼까요? 생리학적으로 인체는 상호의존적인 기관계들의 복합체입니다. 인체의 기관계는 보통 11가지로 분류됩니다[81]: ① 골격계(skeletal system) ② 근육계(muscular system) ③ 신경계(nerval system) ④ 호흡기계

(respiratory system) ⑤ 순환기계(circulatory system) 또는 심혈관계(cardio-vascular system) ⑥ 내분비계(endocrine system) ⑦ 소화기계(digestive system) ⑧ 비뇨기계(urinary system) 또는 배설계(excretory system) ⑨ 생식기계(reproductive system) ⑩ 면역계(immune system) ⑪ 피부계(integumentary system). 각 기관계의 구체적인 내용은 별도로 언급하지 않고, 표로 대신합니다.[82]

신체의 기관계와 주요 기능

기관계	주요 기관 또는 조직	기능
골격계	뼈, 관절, 연골	신체 지지 및 보호
근육계	골격근, 평활근, 심장근	기관 운동, 이동, 골격 유지
신경계	뇌, 척수, 말초신경, 신경절, 감각기관	신체 활동 및 기능 조절, 감각
호흡기계	호흡기관: 코, 인두, 후두, 기관지 등	산소 이산화탄소 교환 등
순환기계	심장, 혈관, 혈액, 림프관	전 조직으로 혈액 및 림프액 운반
내분비계	호르몬 분비 선 및 기관: 췌장, 고환, 난소, 시상하부, 신장, 뇌하수체, 갑상선 등	성장, 대사, 생식, 혈압, 전해질 균형 등과 같은 체내의 여러 활동 및 신체기능 조절
소화기계	위, 장, 입, 침샘, 식도, 췌장, 간 등	음식물의 소화와 흡수
비뇨기계	신장, 방광, 요관, 요도	혈장의 조성 조절, 요의 생성과 배설 조절
생식기계	남성: 고환, 음경 여성: 난소, 나팔관, 자궁, 질, 유선	정자와 난자 생성, 종족 보존
면역계	백혈구, 림프절, 비장, 흉선	병원균 침입에 대한 방어
피부계	피부	외부 환경에 대한 신체 보호, 체온 조절

생리학적으로 건강이란, 인체의 각 기관계가 제 기능을 잘 발휘하는 가운데 상호 유기적으로 원활하게 작동되는 상태를 의미합니다. 건강은, (1) 기관계들의 유기적 체제(organization) 유지가 양호하며, (2) 전체적인 물질대사(metabolism)가 원활하고, (3) 움직임(movement)이 자유로우며, (4) 외부 자극에 대해 인체에 유리한 방향으로 작용하는 자극감수성(irritability)이 적절하고, (5) 생존을 위해 환경변화에 대응하는 적응(adaptation) 능력이 최적화된 상태입니다. 보통 생명체의 특성으로 일곱 가지를 꼽습니다. (6) 성장과 (7) 생식이 추가되지요.[83] 성장과 생식은 적정 연령대를 벗어나면 약화되거나 멈추게 되지만 건강에는 문제가 없습니다. 건강에 대한 이상의 생리학적 관점은 건강을 위한 운동(exercise)으로 무엇이 가장 적절한가를 찾는 효과적인 준거가 될 것입니다.

운동의 3총사

건강 증진을 위한 운동에는 3총사가 있습니다. (1) 스트레칭, (2) 근육운동, (3) 유산소운동입니다. 운동 종류의 세부 항목은 이보다 훨씬 많습니다. 그러나 대체로 이 세 부류로 분류할 수 있습니다. 이 셋이 완벽하게 따로 분리되는 것은 아니고 각각 서로 요소를 가지고 있습니다. 주요 특징을 부각시킨 분류이지요. 부각된 부분은 방법과 효과에 있어서 각각 서로 겹쳐지지 않는 고유한 강점들을 가집니다. 총체적인 건강 증진을 위해서는 셋 다 필요하지요. 그럼에도 3총사 중에 하나만 뽑아야 한다면 1순위가 무엇일까요?

스트레칭입니다. 이 대답에 의아해하는 분들이 적지 않을 것입니다. 스트레칭을 준비운동 정도로 생각하는 경향이 컸기 때문이지요. 그간 스트레칭이 평가절하 되어 온 셈입니다.

스트레칭과 근육운동과 유산소운동을 3총사라 한다면, 요가는 이들을 거느린 대장 격입니다. 요가는 3총사의 1순위인 스트레칭의 완벽한 모습과 전체 효과를 다 가지고 있고, 근육운동과 유산소운동 효과의 상당 부분을 공유하기 때문입니다. 여기서 말하는 요가는 실제로 요즘 요가원에서 행해지고 있는 아사나 위주의 요가를 지칭합니다.

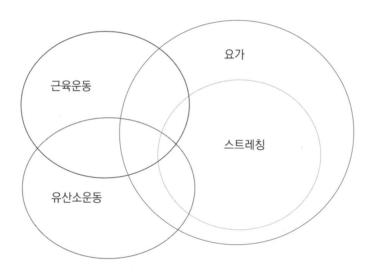

아사나의 메커니즘

아사나(āsana)는 좌법, 체위, 자세, 동작 등으로 번역됩니다. 어원적 의미는 앉는 자세(좌법)를 뜻하나 실제로는 요가 시간에 하는 모든 체위나 동작을 지칭하기 때문에 번역어가 다양합니다. 어원적 뜻에서 벗어난 번역의 다양함이 오히려 아사나가 무엇인지를 잘 보여주는 셈입니다.

아사나 수행의 3단계

요가의 시조인 파탄잘리(Patañjali)는 "아사나란 견고하면서도 (sthira, firm) 안락(sukha, comfortable)하게 머무는 것"(요가경 2.46)이라고 했습니다. 이 구절은 아사나를 행하는 표준이 되어왔습니다. 각 아사나 수행은 세 단계를 거칩니다.[84] 아사나의 기본 메커니즘입니다.

첫째는, 스티라(Sthira)의 단계입니다. "스티라(sthira)"는 "견고한", "강한", "안정된"의 뜻입니다. 정신을 집중하고 굳은 의지를 발휘하여 자세를 든든히 잡습니다. 저는 이 단계를 "자세잡기" 단계라 명명하여 사용하고 있습니다.

둘째는 치라(Cira)의 단계입니다. "치라(cira)"의 원래 뜻은 "길게 지속되는", "긴 시간 동안"입니다. 자세잡기 후 자세를 일정시간 유지하는 것을 가리키는데, 이때 중점을 두어야 할 것은 신체와 정신의 "이완(relaxation)"입니다. 저는 자세유지 시간에 집중해야 할 이완에 초점을 두어 이 단계의 구령을 "긴장풀기"로 하고 있습니다. 파탄잘리(Patañjali)는 요가경 2장 46절에서 아사나

예수님은 요가하는 기독교인에게 뭐라 하실까?

를 규정한 후, 곧이어 2장 47절에서 일체의 노력을 거두어들여 긴장을 풀 것을 강조했습니다. 치라의 단계는 이것을 반영한 것이지요.

이 단계에서는 자세 유지를 위한 필수 근육을 제외하고 다른 모든 근육의 힘을 빼는 요령으로 긴장풀기를 구체화합니다. 힘쓰지 않아도 되는 근육의 긴장을 풀려면 소위 "보디스캔(body scan)"을 해야 합니다. 온몸을 머리끝부터 발끝까지 훑으며 각 부분의 감각을 느끼는 행위를 보디스캔이라고 하지요. "전신에 힘을 빼라!", "몸을 느껴라!", "긴장을 풀고 고통을 즐겨라!" 인도에서 훈련받을 때 선생님으로부터 자주 들은 말입니다.

셋째는 수카(Sukha)의 단계입니다. "수카(sukha)"는 "행복", "기쁨", "환희"라는 뜻입니다. 저는 이 단계에 "행복 미소"라는 구령을 붙입니다. 미소는 긴장풀기의 완성, 또는 긴장풀기의 화룡점정과 같습니다. 미소를 지으면 긴장이 풀어지며 행복감이 잔잔히 채워지는 것을 느낄 수 있습니다. 활짝 웃으려고 하면 또 다른 긴장을 불러일으킵니다. 아주 살포시 미소 짓는 것이 중요합니다. 은은한 미소를 지은 채로 이완이 가져다주는 행복감을 적극적으로 느끼는 것이 포인트입니다. 미소를 조심스레 시도하다보면 긴장이 풀리는 느낌이 드는 지점이 있습니다. 처음엔 그 지점을 찾는 게 중요하지요. 이후엔 그 정도로만 미소 지으면 됩니다.

미소짓기 또한 인도의 요가 현장에서 엄청나게 강조되고 있습니다. 선생님들이 각 아사나 말미에 어김없이 "스마일!"을 외칩니다. 너무 자주 강조해서 오히려 방해가 될 정도였습니다. 그만큼 중요하다는 뜻이겠지요. 미소 짓기는 완벽한 긴장풀기 효과만이 아니라 "안면 피드백 효과"를 가져옵니다.

오늘날 아사나를 행할 때 둘째와 셋째 단계를 소홀히 하는 현상이 있습니다. 시대가 흐를수록 정적인 파탄잘리 전통보다 동적인 하타요가 전통이 득세한 것과 관련이 있습니다. 게다가 현대에 들어오면서는 근육운동 및 유산소운동의 강점을 아사나에 도입한 아사나 세트들이 다양한 이름으로 생겼습니다. 힘을 쓰는 체위들을 빠르게 진행하는 흐름이 요가 안에 들어온 것이지요. 이렇다보니 "치리"와 "수카"의 정적인 단계를 간과하게 된 것입니다. 새로 개발된 각 아사나 세트들은 분명 나름의 장점을 가지고 있습니다. 장점들을 살리면서도 세 단계를 적절히 반영한다면 더욱 효과적이라 사료됩니다.

아사나의 동작 원리와 건강 효과

아사나의 동작 원리와 건강 효과의 전체적인 개념은 이렇습니다. 아사나는 아주 다양하여 온몸의 각 부분을 빠짐 없이 움직여 줍니다. 특히 평상시 안 움직이던 부분을 움직여주면, 그 부분이 튼튼해짐과 동시에 신경계와 각종 순환도 강화됩니다. 이로 인해 다양한 건강 효과가 발생하지요. 이제 조금 더 구체적으로 동작들의 윤곽을 잡아 보겠습니다.

첫째, 아사나는 시작 자세에 따라 네 종류의 아사나 그룹이 있습니다. 엎드린 자세에서 시작하는 아사나, 앉은 자세 아사나, 선자세 아사나, 누운 자세 아사나입니다. 이중 하나에서 시작하여 순차적으로 다른 그룹으로 옮겨갑니다. 자연스레 다양한 동작을 골고루 할 수 있게 되지요. 주목할 것은, 동작의 다양성이 효과의

예수님은 요가하는 기독교인에게 뭐라 하실까?

다양성을 낳는다는 사실입니다.

둘째, 아사나는 전신을 움직이고 전신에 자극을 줍니다. 이 점이 준비 운동으로 하는 스트레칭과 차별화되는 점입니다. 머리, 목, 어깨, 팔, 손, 손가락, 가슴, 몸통, 배, 골반, 다리, 발, 발가락 등을 모두 움직여 운동해줍니다. 전신을 빠짐없이 활성화하는 효과를 가져오지요. 특히 각 기관의 혈액순환을 좋게 하고 그로 인해 다양한 건강 효과를 유발합니다.

셋째, 아사나에는 정말 다양한 동작이 있습니다. 신체의 각 부분을 상하 전후 좌우로, 굽히고, 젖히고, 들어올리고, 내려뜨리고, 내뻗고, 벌리고, 오므리고, 비틉니다. 또한 중력의 반대방향으로 체중이 실리도록 하는 자세도 다양합니다. 인간이 행할 수 있는 동작을 모두 행한다고 해도 과언이 아니지요. 동작의 이러한 다양함은 다른 운동이 줄 수 없는 다양한 자극을 각 기관에 가하게 됩니다.

구체적인 예를 두 가지만 들어보겠습니다. 평상시엔 하지 않는, 신체의 상하를 거꾸로 하고 유지하는 동작(예: 물구나무서기, 어깨서기 등)이 있습니다. 이러한 동작은 척추 및 여러 부위에 새로운 자극을 주고 장기의 협착을 풀어줍니다. 또한 몸의 자세를 바로 잡아주고 근육의 균형 있는 발달을 가져옵니다. 그동안 사용하지 않던 여러 근육이 먼저 균형 있게 발달되고 자세가 바르게 교정되어야 그러한 동작이 가능해지기 때문이지요. 몸통을 앞으로 접는 동작, 다리를 접어 가슴에 대는 동작도 있습니다. 굳어진 근육들을 이완시킬 뿐만 아니라 내장을 마사지하는 효과가 있지요.

넷째, 아사나는 대체로 느리게 움직입니다. 느린 움직임은 미세

근육을 골고루 자극합니다. 빨리 동작하면 미세근육들은 큰 근육의 움직임에 그냥 묻어가지요. 미세 근육 운동은 미세한 부분에까지도 건강 효과를 가져오며 그간 잠자던 감각이 개발됩니다.

다섯째, 이완 동작이 많습니다. 근육이 힘을 쓸 때 보통 이완보다 수축에 중점이 있습니다. 근육이 수축에 치중되면 수축된 채로 긴장되고 급기야 짧아진 채로 굳어집니다. 근육의 경직은 여러 질병의 원인이 됩니다. 굳어진 근육을 이완시켜 풀어주는 것은 건강 유지를 위해 필수적이지요.

여섯째, 버티면서 유지하는 동작이 많습니다. 버티고 유지하는 동작은 근지구력을 키웁니다. 근육의 힘(power)은 근지구력(muscular endurance)과 근력(muscular strength)으로 구성됩니다. 그중에 요가는 근지구력 향상에 탁월합니다. 근육을 튼튼히 하기 위해선 근지구력을 바탕으로 삼고 근력을 증진시키는 것이 정도이지요.

일곱째, 자세를 유지하면서도 긴장을 푸는 행위(치라와 수카의 단계)는 내분비계를 원활하게 하여 심신에 안정과 평화와 행복을 제공합니다.

이상의 요소들이 통합적으로 이루어지면 마치 전신 마사지를 받은 듯한 개운함에다가 상쾌한 기분까지 더해줍니다. 다른 운동들은 하고나서 별도로 피로를 풀어야 하는 경우가 많습니다. 요가에는 근육운동과 피로를 푸는 동작이 함께 있어 일석이조이지요.

스트레칭과 아사나

스트레칭(stretching)은 "늘이다, 뻗치다, 펴다" 뜻을 가진 영어 단어 "스트레치(stretch)"의 동명사입니다. 운동으로서의 스트레칭이란, 몸의 경직된 각 부분을 풀어주기 위하여 각 부분을 늘여주고 뻗어주고 펴는 동작들을 지칭합니다. 스트레칭은 그 지대한 효과와 중요도에 비해 평가 절하되어 있습니다. 아직도 다른 운동의 준비운동 정도로 여겨지고 있고, 독자적인 운동으로 취급받지 못하고 있는 실정입니다. 아마도 부분적으로만 스트레칭하는 관습이 일반적이고, 전신 스트레칭을 위한 독자적인 체계와 방법이 매력 있게 형성되어 있지 않기 때문일 것입니다.

반면에 요가의 아사나 세트는 글자 그대로 "전신"을 대상으로 하는 스트레칭이며, 그 방법이 아주 정교하고 체계적입니다. 그뿐 아니라 아사나는 스트레칭에 없는 다른 효과들도 가집니다. 전신 스트레칭은 아사나의 일부분이기 때문에 그것의 효과는 곧 아사나의 효과이기도 합니다.

도대체 전신 스트레칭에 어떤 좋은 효과가 있는 걸까요? 기본적인 출발점은 스트레칭이 신체의 뭉친 곳을 풀어준다는 것입니다. 뭉친 곳 즉 굳어진 부위를 풀어주는 것은 다른 어떤 운동보다도 선행되어야 합니다. 경직된 부위를 가진 채로 운동을 한다는 것은 산사태로 굴러떨어진 돌이 있는 길을 자동차가 지나가는 것과 비슷하다고 보면 됩니다. 돌을 치우고 가야 제대로 달릴 수 있지 않겠습니까. 뭉친 근육이 혈관을 누르면 혈액순환을 방해하고, 뭉친 근육이 림프관을 누르면 부종(edema)을 일으키고, 뭉친 근육이 신경을 누르면 통증을 일으킵니다. 그래도 방치하면 염증이 발생하지요. 이런 문제를 해결하는 데에는 스트레칭이 최고인데, 아사나는 전신 스트레칭 효과를 가집니다. 게다가 근육 운동과 유산소 운동 효과의 상당 부분도 공유합니다.

전신 스트레칭으로서의 아사나 효과를 거시적으로 조망하면 다섯 가지 정도를 꼽을 수 있습니다. 첫째, 혈액 및 림프액 순환 촉진입니다. 둘째, 자세 교정입니다. 셋째, 관절의 가동범위가 확장됩니다. 넷째, 균형감각이 활성화됩니다. 다섯째, 심신의 안정과 행복을 가져옵니다.

거시적 효과를 언뜻 보면 크게 새로워 보이지는 않습니다. 그러나 놓치지 말아야 할 중요한 포인트가 있습니다. 아사나가 전신을 대상으로 하며, 효과 역시 전신에 미친다는 것입니다. 이 점이 타의 추종을 불허하는 요가의 효과를 발생시킵니다. 전신의 활성화는 모든 효과에 선행하는 대전제와 같은 효과이지요.

혈액 및 림프액 순환 촉진

스트레칭을 하면 혈액 및 림프(lymph, 또는 림프액)의 순환이 촉진됩니다. 스트레칭을 통해 근육이 수축과 이완을 반복할 때 혈관과 림프관(lymphatic vessel)을 골고루 눌렀다가 풀어줌으로써 피와 림프를 짜주는 효과 때문이지요. 이때 피와 림프는 심장을 향해서만 흐릅니다. 정맥(vein)과 림프관에 있는 판막(valve)이 역류를 방지하기 때문입니다.

예수님은 요가하는 기독교인에게 뭐라 하실까?

근육의 수축과 이완은 스트레칭보다 오히려 근육운동의 본질이 아닌가라는 생각이 드실 수 있습니다. 맞습니다. 그래서 근육운동도 혈액과 림프의 순환 촉진 효과를 가집니다. 그러나 이 둘은 두 가지 차이가 있습니다.

첫째, 아사나의 전신 스트레칭은 근육운동보다 영향을 미치는 범위가 훨씬 넓습니다. 일반적으로 근육운동을 통해 움직이는 부위보다 아사나로 움직이는 부위가 훨씬 더 광범위하지요. 특히 아사나는 평상시 가동되지 않던 부위들을 움직여줍니다. 이는 평상시 혈액 및 림프 순환이 좋지 않던 부위를 움직여 순환을 회복시키는 효과를 가집니다.

둘째, 근육운동은 근력향상을 중시하기에 근육 수축에 중점을 둡니다. 근력은 근육이 수축하는 힘이니까요. 반면 아사나의 스트레칭은 근육의 경직된 부위를 풀어주는 것을 중시하기에 근육 이완에 중점을 둡니다. 따라서 경직되었던 근육에서도 혈액 및 림프의 순환이 원활히 일어나게 되지요. 그렇다고 아사나가 이완만 강조하는 것은 아닙니다. 수축 운동 및 수축을 통한 이완도 많습니다.

근력향상을 위해 어떤 근육을 수축시킬 때, 주로 움직이는 그 근육을 "주동근(主動筋, agonist)"이라고 합니다. 이때 주동근 수축의 반대방향으로 저항하는 근육 즉 "길항근(拮抗筋, antagonist)"을 균형 있게 운동해주는 것이 중요합니다. 이 균형이 제대로 잡히지 않으면 주동근이 수축된 채로 굳어지고 짧아질 수 있습니다. 그렇게 되면 길항근은 늘어난 채로 굳어지지요. 아사나의 스트레칭은 주동근의 근력향상보다 주동근과 길항근을 균형에 더 초점을 맞추고 약화되거나 경직된 근육을 바로잡아 줍니다. 근육운동은 이 점에 좀 소홀한 편입니다. 몸짱인 보디빌더라도 기초적인 아사나 동작을 제대로 못하는 경우가 그 증거입니다.

혈액 및 림프의 순환이 개선된다는 것은 엄청난 사건입니다. 건강에 필수적일 뿐만 아니라 건강과 총체적으로 관련되어 있기 때문입니다. 혈액은 모두에게 익숙하지만, 림프는 일반적으로 생소한 편입니다. 생소하다고 해서 중요성이 그만큼 떨어지는 것은 아닙니다. 림프의 중요성이 간과된 이유는 림프가 혈액에서 기원하고 그 역할이 혈액의 역할과 중복되기 때문일 것입니다. 하지만 림프만의 중요한 특징이 있지요.

첫째, 림프는 독자적인 활동영역과 독자적인 통로를 가지고 있습니다. 독자적인 통로란 림프관(lymphatic vessel)을 지칭합니다. 림프관은 마치 혈관처럼 온몸에 분포되어 있습니다. 독자 활동영역이 있다는 말은, 혈액은 도달하지 못하지만 림프가 도달해서 활동하는 영역이 있다는 의미입니다. 혈액은 혈관이라는 폐쇄회로 속에서만 움직입니다. 마치 기차가 철로 위에서만 움직이는 것과 비슷합니다. 혈액은 혈관이 없는 곳에선 활동을 못합니다. 반면에 림프는 혈액 속에 있다가 모세혈관(capillary)에서 빠져나와 혈관이 없는 곳에서 혈액의 중요한 역할을 대신 감당하며 림프관을 타고 움직입니다.

림프의 개념은 이렇습니다. 혈액의 성분 중 일부가 모세혈관에서 빠져나와 혈관이 없는 세포 사이에 머물거나 세포 사이를 돌아다니기도 하고, 세포 속으로 들어가 머물며 작동하기도 합니다. 세포 속으로 들어와 세포 안에 머무는 액체를 "세포내액

예수님은 요가하는 기독교인에게 뭐라 하실까?

(intracellular fluid)"이라고 합니다. 세포 사이에 머물거나 세포 사이를 돌아다니는 액체를 세포 사이에 있는 액체라는 뜻에서 "사이질액" 또는 "간질액(間質液, interstitial fluid)"이라 하고요. 간질액은 일정 역할을 한 후에 일부는 다시 모세혈관을 통해 혈액으로 흡수되고, 다른 일부는 림프관을 타고 움직이며 역할을 더 하다가 종국적으로 가슴에 위치한 대정맥(the main vein)과의 접합부를 통해 혈액에 합류됩니다. 림프관을 타고 흐르는 이 액체를 바로 림프 또는 림프액이라 부릅니다. 간질액과 림프액은 대동소이하므로 간질액도 편의상 림프라 부르기도 하지요. 림프의 독자적인 활동영역은 혈관이 없는 세포와 세포 사이, 림프관 및 림프절(lymph node)입니다.

림프절은 림프관들이 합류하는 지점의 덩어리로서 서혜부, 무릎 뒤, 복부, 겨드랑이, 가슴, 목 등 온몸에 군데군데 위치하고 있습니다. 우리가 잘 아는 편도선이 바로 목에 있는 림프절입니다. 구조상 림프를 버스, 림프관은 도로, 림프절은 터미널에 비유할 수 있습니다. 림프절이 노폐물과 세균을 함유한 림프(액)을 정화시키는 것에 착안하여 림프를 하수, 림프관은 하수도, 림프절은 하수처리장에도 비유하기도 합니다.

림프절의 중요한 기능 중의 하나는 림프구 생성입니다. 엄밀히 말하면, 골수(marrow)에서 생성된 조혈모세포(hematopoietic stem cell)가 림프절로 와서 림프구(lymphocyte)로 분화되는 것이지요. 림프절은 병원균과 싸우는 야전군사령부입니다. 병균과의 싸움이 심해져서 병균이 야전군사령부까지 침입하여 전투가 일어나면 림프절이 붓고 손상을 입습니다. 편도선염은 목의 림프절에 염증이 생긴 것입니다.

둘째, 림프는 혈액이 도달하지 못하는 곳에서 특화된 역할을 수행합니다. 림프의 특화된 역할은 대표적으로 혈액이 도달하지 못하는 지역의 노폐물 운반, 식균 작용 및 면역 활동입니다. 림프 속에는 백혈구 성분에 속하는 림프구와 단핵구(monocyte)가 들어있습니다. 림프구는 면역작용에 관여하며 면역항체를 보유하고, 단핵구는 식균작용(phagocytosis)을 담당합니다.

림프 순환이 악화되면, 면역력이 떨어져 질병에 취약하게 되고, 몸속에 노폐물이 쌓이게 되어 각종 질병의 원인이 됩니다. 축적된 노폐물은 나쁜 세균과 바이러스 양산의 모체가 됩니다. 림프계 장애는 결과적으로 부종(edema) 및 셀룰라이트(cellulite)를 발생시키고 만성질환과 암세포증식을 촉진하며 치매까지 유발할 수 있습니다. 그만큼 원활한 림프 순환이 중요합니다.

이제 혈액의 역할을 살펴봅니다. 혈액은 (1) 소화된 물질의 흡수 및 운반, (2) 노폐물 운반 (3) 산소와 이산화탄소 운반 (4) 호르몬 운반 (5) 항체 생성 및 식균 작용, (5) 조직(tissue) 내에 일정 수분 유지, (6) 체온조절, (7) 체액의 pH 유지 등 생존에 필수적인 역할을 합니다.[85] 혈액 순환이 원활치 않으면 이 모든 작용에 지장을 초래합니다.

혈액순환에 장애가 생기면, (1) 각 세포에 에너지원인 영양이 제대로 공급되지 않습니다. (2) 노폐물이 곳곳에 쌓여 독소를 내뿜습니다. (3) 에너지화의 필수요소인 산소의 공급과 에너지화의 부산물인 이산화탄소의 배출이 원활치 않게 됩니다. 세포에 영양분과 산소가 골고루 전달되지 않고 노폐물이 쌓이면 결국 각 기관들이 약화되고 병들게 되며 조직괴사에까지 이를 수 있습니다. 이뿐만이 아닙니다. 혈액순환 장애는 (4) 내분비계에도 이상을 일으킵니다. 호르몬 이상은 성장, 생식, 혈압, 혈당, 신경조절, 기초대사, 심장기능, 수분 균형, 전해질 균형 등에 심각한 악영향을 미칩니다. 호르몬 이상은 심지어 정서적 정신적 안정에도 문제를 일으킵니다. (5) 항체 생성 및 식균 작용에 장애가 발생합니다. 이렇게 되면 질병에 무방비상태로 노출되어 생명에 치명적이 됩니다. (6) 모세혈관을 감소시켜 순환기장애를 더욱 가속화합니다. 모세혈관은 혈액순환이 좋으면 많이 생기고, 좋지 않으면 줄어들기 때문입니다. 혈액의 기타 기능들도 생존에 필수적이지요.

혈액순환 장애는 단순히 순환기계만이 아니라 거의 모든 기관계 악화에 도미노 현상을 불러옵니다. 원래 인체는 각 기관이 유기적입니다. 하나가 무너지면 다른 부분도 연쇄적으로 무너져 결국 전체에 악영향을 미치지요. 그중에서도 특히 혈액순환 장애는 건강에 총체적인 문제를 야기합니다. 스트레칭을 하되 전신 스트레칭을 하는 것이 얼마나 중요한가는 아무리 강조해도 지나치지 않습니다. 아사나는 바로 "전신" 스트레칭으로서 완벽히 구비된 운동입니다. 아사나를 통하여 전신에 혈액 및 림프 순환을 촉진하는 것은 건강의 총체적인 회복과 유지 및 증진의 주춧돌이 됩니다.

기왕에 현대인의 주적인 비만을 구체적인 예로 들어 실감을 더해 봅니다. 체지방을 태우기 위해서는 산소가 필수적이기에 혈액순환이 제대로 안 되면 지방 분해에 차질이 옵니다. 게다가 혈액 및 림프 순환 장애가 계속되면 부종이 발생하고, "셀룰라이트

(cellulite)"가 생깁니다. 셀룰라이트는 피하지방층이 노폐물 및 점액질과 함께 어우러진 덩어리로서 피부에 울퉁불퉁하게 표출되어 보기에 흉합니다. 게다가 셀룰라이트에 염증요소와 독소가 축적되어 질병들의 원인이 되기도 합니다. 셀룰라이트의 원인이 혈액순환 장애만은 아니지만 큰 원인인 것은 확실합니다. 체지방을 태우고 부종과 셀룰라이트를 개선하려면 혈액순환 개선이 필수이고, 전신 스트레칭인 요가가 좋은 대안이 되는 것이지요.

지금까지 전신 스트레칭의 거시적인 효과 중의 하나인 "혈액과 림프의 순환 촉진"을 살펴보았습니다. 이제 혈액과 림프의 순환 촉진의 미시적인 효과를 열거해 보겠습니다. (1) 온몸의 세포에 활력을 불어넣습니다. 피부까지 윤택해지지요. 에너지원인 영양분과 에너지화의 필수요소인 산소가 원활히 공급되기 때문입니다. (2) 면역기능을 강화하여 각종 질병을 예방합니다. (3) 만병의 근원인 노폐물 및 독소를 원활히 배출합니다. (4) 비만 해소를 촉진합니다. 전신의 혈액 및 림프 순환이 원활하면 신진대사(metabolism)가 잘 이루어져 체지방이 감소되기 때문입니다. (5) 피로회복을 가져옵니다. 신체의 각 부분에 혈류량을 증가시켜 영영분과 산소를 충분히 공급되게 하기 때문이지요. (6) 근육통을 예방합니다. 역시 혈류량 증가가 통증의 원인을 제거하기 때문이지요. 보통 스트레칭을 운동 전에만 하는 경향이 있는데 격한 운동일수록 운동 후에 스트레칭을 반드시 해줘야 합니다. (7) 내분비계의 원활한 활동을 통해 모든 기관계를 활성화하고, 호르몬의 원활한 작용을 통해 신체적 건강만이 아니라 심리적 정신적 안정도 가져옵니다.

내분비계 활성화에 관한 내용을 부연할 필요가 있습니다. 요가와 호르몬을 연결시키는 연구들이 계속 나오는 것을 봐도 알 수 있듯이 그만큼 중요하기 때문입니다. 호르몬의 원활한 작용 효과가 상당하기 때문에 별도로 독립시켜 거시적 효과의 한 항목으로 다뤄도 될 만큼 비중이 큽니다. 아사나가 내분비기관에 직접적인 물리적 자극을 주는 것을 원인으로 꼽을 수도 있지만, 이 또한 혈액 순환으로 귀착되기에 혈액 순환 영역에서 첨언하겠습니다.

요가가 소위 행복호르몬 분비를 촉진한다는 내용은 이제는 논문에서 다루는 전문적인 지식이 아니라 일상대화에서 오가는 일반적인 지식이 되었습니다. 호르몬 관련 논문들 중에 요가를 렙틴(Leptin)과 아디포넥틴(Adiponectin)에 연결시킨 논문을 살펴보겠습니다.

아디포넥틴과 렙틴은 좀 생소한 호르몬입니다. 아디포넥틴은 1997년, 렙틴은 1994년에 발견되어 세상에 알려진 연륜이 짧은 호르몬이기 때문이지요. 하지만 그 중요도로 단기간에 유명 호르몬이 되었습니다. 2016년 서울에서 열린 세계고혈압학회에서 원주세브란스기독병원 심장내과 김장영 교수의 말입니다: "아디포넥틴의 성인병을 막는 효과가 밝혀지면서, 이를 이용한 치료제 개발이 전 세계적으로 진행중이다."[86] 아디포넥틴은 대사증후군을 방지하는 역할을 하는데 대사증후군에 노출되어 있는 현대인에게는 특히 중요하지요. 렙틴의 가장 큰 역할은 식욕조절입니다. 과식을 방지하는 식욕억제기능이 있는데, 비만과의 전쟁을 하고 있는 많은 현대인들에게 꼭 필요한 호르몬입니다.

주목할 것은 요가가 두 호르몬 분비를 원활하게 한다는 사실입니다. 2012년 12월 "Physiology & Behavior"(생리학과 행동)이라는 학술지에 "Adiponectin, Leptin, and Yoga Practice"(아디포넥틴, 렙틴 그리고 요가 수련)이라는 논문이 실렸습니다. 이 학술지는 세계행동신경과학협회(The International Behavioral Neuroscience Society)의 공식 학술지인데, 이 연구에는 행동의학(Behavioral Medicine), 정신분석학, 심리학, 영약학, 면역학, 공공건강학 등의 전문가들이 참여했습니다. 요지는 이렇습니다. 건강한 여성 요가 전문가 25명과 역시 건강한 여성 초보자 25명을 일정 기간 동안 3회 조사를 한 결과, 전문가 그룹의 렙틴 수준이 36% 높았고, 규칙적인 요가 수행이 렙틴과 아디포넥틴 생산을 원활하게 한다는 것입니다. 비슷한 내용의 연구보고들이 여럿 있습니다. 요가가 성인병 및 비만 방지에 효과가 있다는 다중적인 보고들이지요.

아사나의 혈액 및 림프 순환 촉진은 순환기계는 물론 내분비계, 면역계, 피부계, 근육계 등 거의 모든 기관계에 총체적으로 좋은 영향을 주는 것을 알 수 있습니다.

자세 교정

요가 또는 전신 스트레칭의 두 번째 거시적 효과는 자세교정입니다. 먼저 근골격계(muscular skeleton system)에 대해 설명합니다. 근골격계란 근육계(muscular system)와 골격계(skeletal system)를 병합한 명칭이지요. 두 기관계를 병합해서 부를 만큼 근육과 골격은 밀접한 관계입니다. 이 밀접함을 이해하는 것이 자세교정 효과를 이해하는 데에 열쇠가 됩니다.

　우선 두 가지 사실이 중요합니다. 첫째, 뼈들이 낱개로 존재한다는 사실입니다. 유해 발굴 시 낱개의 뼈들이 분리되어 있는 모습을 상상하시면 개념이 잡힐 것입니다. 둘째는 낱개의 뼈들을 결합조직과 근육이 붙들어 연결하고 있다는 사실입니다. 뼈와 뼈를 연결하는 관절(joint), 예를 들어 팔목, 손목, 무릎, 발목, 고관절 등을 떠올리시면 이 또한 개념이 잡힐 것입니다. 조금 더 풀어보겠습니다.

뼈

뼈를 먼저 봅니다. 인체의 뼈 개수는 성인인 경우 206개 정도입니다. 어릴 때는 개수가 더 많지만, 나이가 들어갈수록 뼈들이 서로 붙어 개수가 줄어듭니다. 머리뼈와 같이 견고히 맞물려 한 덩어리를 이루는 부동결합(不動結合, synarthrosis)의 상태인 것도 있지만, 어깨나 무릎과 같이 많은 뼈들이 서로 움직일 수 있는 가동결합(可動結合, diarthrosis) 상태인 것도 있습니다. 뼈들이 일정하게 배열되어 인체의 기본구조인 골격을 형성하고 신체의 자세를 만듭니다. 뼈는 인체의 자세를 유지시키는 근간이요 기둥이 됩니다.

결합조직

이제 결합조직(connective tissue)을 보겠습니다. 뼈가 골격을 세우고 자세를 잡는 기둥이긴 하지만, 결합조직과 근육이 없다면 낱개로 흩어져 골격과 자세가 형성되지 못합니다. 자세가 나오려면 결합조직이 필수조건이지요. 대표적인 결합조직은 인대(ligament)와 힘줄(tendon, 건)과 근막(fascia)입니다. 인대는 뼈와 뼈를 연결하고, 힘줄은 뼈와 근육을 연결합니다. 근막은 각 근육을 비롯하여 골격, 장기, 혈관, 신경 등 다양한 종류의 조직들을 감싸며 서로를 연결하는 질긴 막입니다.

근막은 잘 알려져 있지 않지만, "제2의 골격"이라고 불릴 만큼 상당히 중요한 조직입니다. 아사나는 광범위하게 연결되어 있는 근막을 효과적이며 적절하게 운동시켜주고 바로잡아준다는 점에서 다른 운동은 물론 일반 스트레칭과도 구별되는 차별성이 있습니다. 근막이 "제2의 골격"이라고 불리는 이유가 있습니다.

첫째는 근막의 가소성(plasticity)입니다. 가소성이란 어떤 고체에 힘을 가해 탄성(elasticity)의 한계 이상으로 변형시켰을 때 힘을 멈춰도 원래의 모습으로 돌아오지 않고 변형된 모습을 그대로 유지하는 성질입니다. 근막은 가소성 때문에 감싸는 조직이나 기관의 형태를 기억하고 보존합니다. 기관 내용물이 사라져도 근막의 형태는 그대로 남게 되지요. 마치 해녀들의 잠수복과 비슷하다고 보시면 됩니다. 근막이 비록 뼈대만큼은 견고하지 않더라도 대략의 형태를 기억하고 유지하기 때문에 제2의 골격이라 불리는 것입니다.

그렇기에 근막을 바로잡지 않고는 바른 자세가 나오지 않습니다. 유의할 점이 있는데 근막은 신축성(flexibility)이 거의 없고 가소성만 있다는 것입니다. 갑작스럽게 큰 자극을 가하면 근막이 손상됩니다. 근막을 바로잡을 때 약한 자극을 일정시간 지속하여 점진적인 변화를 꾀하는 이유입니다. 아사나는 바로 이 점에 강점이 있고, 근막 교정에 특효가 있습니다.

둘째는 근막이 감싸는 범위가 광범위하고 서로 연결되어 있다는 점입니다. 근막에는 근섬유를 감싸는 작은 근섬유막부터 근섬유들로 이루어진 하나의 근육 덩어리를 감싸는 근막, 한 기관을 감싸는 근막, 여러 근육 내지 여러 기관을 한 데 감싸서 연결하는 넓은 근막도 있습니다. 근막들은 신체의 여러 부분이 연동되게 하여 제2의 골격 역할을 하지요. 아사나는 근막으로 연결된 여러 부분을 통합적으로 무리 없이 자극하여 원활하게 하는 기능에도 탁월합니다.

근육 건강

근육이 건강하지 않으면 바른 자세가 나오지 않습니다. 근육 건강이란, 무엇보다도 탄력성과 유연성을 제대로 보유하고 있는 상태를 의미합니다. 반복되는 일이나 나쁜 생활습관은 근육을 수축된 채로 긴장시키고 오래가면 근육이 수축된 채로 굳어집니다(수축성 긴장 내지 경직). 또는 근육을 늘어진 채로 긴장시키고 결국 경직시킵니다(이완성 긴장 내지 경직). 수축성이든 이완성이든 근육의 경직은 근육의 탄력성과 유연성이 상실된 상태이지요. 근육에 수축성 경직이 오면 근육이 정상 길이보다 짧아집니다. 이완성 경직이 오면 근육이 늘어져 길어지지요. 짧아지거나 길어진 근육은 최적의 근육활동에 장애를 일으킵니다. 아사나는 근육의 적절한 이완과 수축을 통해서 근육의 길이를 최적으로 돌리는 동시에 근지구력, 탄력, 유연성도 갖추게 합니다.

정리하겠습니다. 결합조직과 근육들이 날개로 존재하는 뼈들을 연결해서 골격과 자세가 형성됩니다. 이때 결합조직이 제 역할을 못하고, 근육이 짧아져 있거나 길어진 채로 굳어 있다면, 그리고 근육에 힘이 없다면, 바른 자세가 나올 수 없는 것은 당연합니다. 결국 결합조직과 근육을 최적 상태로 만드는 것이 중요한데, 전신을 균형 있게 스트레칭시키며 근육운동도 겸하는 아사나가 최상의 대안이지요.

자세 교정의 미시적 효과

무엇보다도 바른 자세는 각종 통증 및 질병의 원인을 해소시킵니다. 나쁜 자세는 잘못된 생활습관이나 균형을 잃은 작업 동작의 반복으로 골격의 최적 상태에 이상이 생긴 것입니다. 골격이 허물어지면 근육, 힘줄, 인대 등 결합조직 및 주변 근육이 골격을 원래대로 되돌리려 계속 힘을 쓰므로 긴장하게 되고, 계속적인 긴장은 경직을 낳습니다. 경직된 부분은 혈관을 눌러 혈액순환을 저해하고 신경을 눌러 통증을 유발합니다. 심한 경직이 지속되면 그 부위가 손상되어 염증이 발생합니다. 이 또한 통증을 야기하지요.

통증이 발생하면 본능적으로 자세를 틀어 그 통증을 피하려 하는데 자세는 더욱 더 나빠집니다. 더 나빠진 자세는 병든 조직을 더욱 병들게 하고 다른 부분에도 문제를 일으키는 악순환이 일어나지요. 자세 교정은 악순환을 끊어 문제의 근원을 제거합니다. 자세 교정을 통해 통증이 감소되고 치유가 빨라지는 대표적인 질환은 관절질환, 요통, 신경통 등을 꼽을 수 있습니다.

아사나는 사실 이보다 더 많은 종류의 통증과 질병의 원인을 해소시킵니다. 아사나 동작에는 "척주(spine, vertebral column)"를 바로 잡는 운동이 많습니다. 다른 운동이나 일반 스트레칭이 따라올 수 없는 장점입니다. 흔히 척주와 척추(vertebra)를 혼용하는데, 척추는 척주를 이루는 낱개의 뼈들을 의미합니다. 척주는 척추뼈들이 연결되어 기둥을 이룬 것이고요. 아사나는 척주를 전후좌우로 굽히거나 늘이거나 비트는 동작이 많습니다. 이로써 척추 하나하나에 자극이 가해져 척추와 그 주변이 활성화됩니다.

척주를 바로잡고 각 척추와 주변을 활성화하면 척주 이외의 다른 부분에서 발생하는 다양한 통증과 질병의 원인도 일부 해소할 수 있습니다. 이유가 무엇일까요? 척주 속에는 척수(spinal cord)가 들어 있습니다. 척수는 뇌와 함께 중추신경계를 이루는 기관으로서 온몸으로 퍼져나가는 신경들의 본부입니다. 특정 척추의 이상은 그 부위 척수 신경에도 악영향을 미치고 그 신경이 관장하는 기관에도 통증과 질병이 발생합니다. 이상이 발생한 척추를 바로잡으면 관련 통증과 질병의 근원을 해소하게 되는 것입니다.

둘째로, 자세 교정은 최상의 몸매를 생성합니다. 뼈는 형태부여의 기능이 있습니다. 자세가 무너지면 인체 최적의 형태가 무너지고 결국 몸매가 망가집니다. 역으로 생각하면, 바른 자세는 최상의 건강한 몸매를 회복케 하지요.

셋째로, 자세 교정은 뼈대의 지지기능과 보호기능을 최적화하여 각 장기들을 제자리에 위치시키고 안전하게 하며, 장기들이 최상의 기능을 발휘하게 합니다. 나쁜 자세는 장기들을 제자리에서 벗어나게 하며 누르거나 늘어지게 만듭니다. 인체 조직이나 기관들은 최적의 상태에서 벗어나 수축 또는 이완된 상태로 오래가면 그대로 굳어지고 혈액 및 림프의 순환장애가 발생하지요. 또한 신경을 압박하여 통증을 유발합니다. 순환이 제대로 되려면 바른 자세가 필수입니다. 혈액순환과 바른 자세는 시너지를 창출하지요.

관절의 가동 능력과 범위 확장

관절(joint)은 두 개 이상의 뼈가 연결되는 부분을 지칭합니다. 여러 뼈가 합쳐진 머리뼈와 같이 움직일 수 없는 관절을 부동관절, 어깨나 무릎 같이 움직일 수 있는 관절을 가동관절이라고 하지요. 여기서 얘기하는 관절은 가동관절입니다.

건강한 어린아이일 경우, 관절은 원래의 가능한 모든 방향으로 움직일 수 있습니다. 그러나 나이가 들어가면서 관절의 가동범위가 줄어듭니다. 습관화된 나쁜 자세, 신체의 불균형을 초래하는 반복적인 일 동작 등이 원인입니다. 구체적으로 풀어봅니다. 평상시 관절 부위의 인대나 힘줄을 골고루 움직여주지 않으면, 그것들은 짧아지거나 늘어난 채로 굳어집니다. 심지어 눌리거나 비뚤어지지요. 그렇게 되면 통증이 생기고 오래가면 관절염으로 악화됩니다. 이 결과 관절의 움직임이 더욱 둔해지고 가동능력이 더욱 줄어들지요.

관절만이 아니라 골격근 역시 나이가 들면서 수축성 경직 또는 이완성 경직이 생기고, 경직된 부분에 혈액순환이 제대로 안 되어 염증이 발생합니다. 근육이 병들면 뼈들과 관절의 능력과 가동범위가 역시 줄어듭니다. 관절 하나가 문제를 일으키면 그것을 보완하기 위하여 다른 관절들이 무리를 하게 되고 결국 주변 근육에도 나쁜 영향을 끼쳐 총체적 난국이 발생합니다.

아사나의 전신 스트레칭은 그런 문제들의 원인을 제거합니다. 아사나는 어느 운동보다도 관절 운동이 많고, 모든 가동 방향으로 골고루 관절을 움직여 줍니다. 관절의 결합조직을 건강하게 하고, 근육의 길이를 회복시키며 탄력을 가져옵니다. 나아가 관절 주위 근육의 힘까지도 갖추게 하고, 관절 주변 혈류량을 늘게 해서 관절과 근육의 건강을 최적화합니다. 관절의 능력과 가동범위가 확장되는 것이지요. 그 미시적 효과는 이렇습니다.

첫째, 운동 범위가 넓고 다양해져 운동수행능력이 개선됩니다.

둘째, 신체의 유연성과 민첩성이 향상됩니다.

셋째, 부상을 예방하게 됩니다.

넷째, 관절 통증이나 관절염 해소에 일조합니다.

균형감각 활성화

사람은 보통 30대에 들어서면서부터 균형 감각이 저하되기 시작합니다. 노인이 될수록 급격히 균형감이 없어지지요. 균형감각이 무뎌지면 낙상 등 사고의 위험성이 커집니다. 부상을 당하지 않더라도 일어서기, 신발신기, 똑바로 걷기 등이 힘들어져서 일상생활에 불편이 옵니다. 잠시 균형감각 수준을 체크해볼까요? 한 발로 서서 양말을 한 번에 신을 수 있나요? 만약 심하게 기우뚱거리거나 양말 신던 발로 바닥을 딛어야 한다면 균형감각이 양호한 상태는 아닙니다.

무뎌진 균형감각을 되살리는 좋은 해결책이 아사나입니다. 아사나에 균형감각을 키우는 직접적인 동작과 자세들이 아주 많고 그 자세를 일정 시간 유지하도록 훈련하기 때문입니다. 외발서기를 봐도 다양한 자세들(예: 나무 자세, 전사3 자세, 춤의 왕 자세)이 있고, 양발로 서는 자세도 전체의 균형을 맞춰야 하는 것이 대부분입니다. 일반 사람들은 단 몇 초도 유지하기 어려운 외발 정지자세를 흔들림 없이 수십 초 유지한 채 그 자세를 설명하는 요가 선생님들을 보면 감탄이 절로 나옵니다.

아사나가 균형감각을 활성화하는 이유를 알아볼까요? 신체가 균형 또는 평형을 잡도록 해주는 기관은 (1) 눈, (2) 귀의 전정기관(vestibular organ), (3) 소뇌(cerebellum) 외에 (4) 근육 및 관절도 있습니다. 눈은 시각을 통해 균형을 잡도록 돕고, 귀와 소뇌는 직접 평형감각을 관장합니다. 근육(근막, 힘줄 포함)과 관절 및 피부 등에는 "고유감각"이 있는데, 균형감각에 큰 역할을 하지요.

"고유감각(proprioception)"은 "고유수용성 감각"이라고도 번역되는데, 신체의 위치, 자세, 평형 및 움직임의 방향과 정도 등을 인지하는 감각입니다. 접촉, 눌림, 떨림, 움직임 등의 자극에 반응하며 근육의 수축 또는 이완 시 운동량, 속도, 방향 등에 대한 정보를 뇌에 전달하여 균형을 잡도록 합니다. 우리가 눈을 감고도 사지의 움직임을 감지할 수 있고 의도대로 적절히 움직일 수 있는 것은 바로 고유감각 때문입니다. 그래서 고유감각을 "제6감"이라고도 합니다. 시각, 청각, 후각, 미각, 촉각의 5감에 고유감각이 더해진 것이지요. 5감은 신체 외부를 감각하는 것이라면, 제6감인 고유감각은 신체 내부를 감각합니다.

고유감각은 힘줄, 관절, 심부근육, 표층근육, 피부 등에 널리 분포되어 있는데, 아사나는 고유감각이 있는 모든 부위를 세세히 운동시키고 자극하여 균형감각을 최고조로 끌어올립니다. 균형감각 활성화의 미시적 효과 셋을 꼽아봅니다. 첫째, 운동기능이 향상되고, 둘째, 신체의 정확한 움직임이 가능해지며, 셋째, 부상을 예방할 수 있습니다.

심신의 안정과 행복

아사나를 통한 전신 스트레칭은 심신의 스트레스를 풀어줌으로써 안정과 행복감을 가져다줍니다. 마음의 스트레스를 풀어 안정과 행복을 가져다주는 이유는 다음과 같습니다.

첫째, 아사나를 통한 전신 스트레칭은 근육의 긴장과 경직을 풀어줌으로써 행복감을 상승시킵니다. 긴장과 경직이 있던 부위들이 풀리면 그곳에 혈류가 원활하게 되고 그로 인해 문제 상황, 예를 들어 통증 같은 것이 물러가게 됩니다. 여기저기 뻐근하고 아프던 것이 사라지고 상쾌해지는 것은 마음의 행복감으로 직통합니다.

둘째, 전신 스트레칭이 엔도르핀 분비를 촉진시켜 우울감을 밀어내고 기쁨을 느끼게 해준다는 사실은 이제 상식이 되었습니다. 전신 스트레칭은 내분비계를 정상화하여 각종 호르몬의 다양한 역할을 활성화합니다. 특히 아사나와 함께 호흡과 명상을 병행할 경우 소위 행복호르몬 분비가 원활해진다는 논문이 많습니다. 행복호르몬이란, 기쁨을 주는 엔도르핀, 평안과 행복을 느끼게 하는 세로토닌, 쾌감을 주는 도파민, 숙면효과를 가진 멜라토닌, 일체감을 느끼게 해주는 옥시토닌 등입니다.

셋째, 전신 스트레칭 특히 아사나를 하게 되면 구부정하거나 기우뚱한 모습이 교정되어 똑바르고 기품 있는 자세를 갖추게 되는데 이것은 당당함과 자신감을 상승시킵니다. 바른 자세와 자신감은 상호 영향을 주기 때문이지요. 자신감은 심신의 안정과 행복을 위한 중요한 요소입니다.

넷째, 전신 스트레칭은 자연스레 몸에서 현재 일어나고 있는 감각에 집중하게 만듭니다. 특히 아사나 동작이 유발하는 느낌에 정신을 저절로 집중하게 되지요. 아사나 중에 만들어지는 느낌이 묘한 통증이기 때문입니다. 사람은 그 어떤 자극보다 통증에 민감하여 최우선적으로 반응합니다. 통증은 흩어져 있던 정신을 통증 자체에 집중하게 만드는 힘이 있습니다. 아사나 통증은 묘합니다. 단순히 무조건 피하고 싶은 통증이 아니라 피하고 싶지만 매력도 느껴지는 통증이기 때문이지요.

인도에서 요가를 배울 때 "몸을 느끼라(Feel your body)!"는 선생님들의 외침을 정말 귀가 따갑게 들었습니다. 이외에도 "통증 부위에 의식을 집중시켜라.", "통증 부위에서 빛을 관(觀)하라(보라)."고 지도합니다. 수동적으로 그저 아파하지만 말고 능동적으로 통증과 통증 부위를 대상화하며 알아차리라는 것입니다.

수동적으로 그저 아파하는 것과 그 통증과 통증부위에 능동적으로 정신을 집중하여 그것을 대상화하는 것은 서로 차이가 있습니다. 통증으로 촉발된 당면한 감각에 정신을 집중하다보면, 염려나 스트레스 등과 정신을 매어놓았던 줄이 비로소 끊어지게 됩니다. 아무리 의식적으로 다른 곳으로 돌리려 해도 말을 듣지 않던 정신이 몸의 느낌 쪽으로 비로소 돌려집니다, 업무, 근심, 걱정에 딱 달라붙어 있던 정신이 그것들로부터 떨어져 몸의 감각에 몰두하게 됩니다. 이러한 현상의 중요성은 아무리 강조해도 지나치지 않습니다. 조금 더 들어가 보겠습니다.

심신을 해치는 과도한 스트레스나 염려와 걱정에는 주목할 만한 특징이 있습니다. 이미 일어나버려 이제는 어쩔 수 없는 과거나 아직 일어나지도 않은 미래에 과도하게 매이게 한다는 사실입니다. 과거나 미래에 매이게 되면, 현재를 잃게 됩니다. 모든 일은 현재에서 이루어지는데, 현재를 잃게 되면 일이 제대로 될 수가 없지요. 과거나 미래에 매이면 현재의 상황도 점점 더 악화될 뿐입니다. 걱정의 8~9할은 무의미하다는 연구보고서들이 흔합니다. 그럼에도 과도하게 염려 걱정을 합니다.

주변 사람들은 흔히 이런 말로 도움을 주려합니다. "긍정적 사고를 해라. 부정적 사고는 상황을 악화시킬 뿐이야." "불안할수록 건설적인 생각을 하라." "불안에 대한 과학적 통계를 봐라, 대부분은 불필요한 걱정이야." "염려와 근심을 다 주님께 맡겨라." "모든 게 마음의 작용이다. 주변에 의해 마음이 흔들리게 하지 말고 너의 마음을 굳게 지키라." 등등. 그러나 그리 효과가 있는 것 같진 않습니다. 잘 알면서도 마음이 여전히 염려와 걱정에 고착되어 있기 때문이지요. 염려와 걱정을 안 하려고 해도 저절로 마음이 쓰이는 걸 어떻게 하겠습니까. 아사나의 묘한 통증은 과거나 미래에 매여 있는 정신을 현재로 돌아오게 함으로써 스트레스를 차단하고 정신적 안정을 창출합니다.

이렇게 중요한데도 대다수 요가 현장에서는 몸의 느낌을 알아차리는 일에 소홀합니다. 시간부족이 주요 원인입니다. 많은 요가원들이 50분, 심지어 40분 내에 요가수련을 마치도록 되어 있습니다. 그 시간에는 자세를 제대로 잡기에도 시간이 모자랍니다. 지도자들이 몸의 감각을 고조시키는 것에 대해 제대로 훈련을 받지 못했기 때문일 수도 있습니다. 이유야 어찌되었든 이러한 현상은 큰 아쉬움을 주는 현실입니다. 요가의 효과를 반감시키기 때문이지요.

심신의 안정과 행복이 가져오는 미시적 효과는 엄청나게 많습니다. 사람의 몸과 정서와 정신이 안정되고 행복하다면 모든 일을 자기 역량껏 잘할 수 있는 기초가 되기 때문이지요. 심신이 안정되고 행복한 상태에서 열심히 임했음에도 성취할 수 없는 일이라면 더 하려고 해서는 안 됩니다. 그것은 욕심일 뿐입니다. 욕심으로 일하면 처음에는 반짝 효과가 있을지 몰라도 종국에는 자기를 해치게 됩니다.

아사나의 전신 스트레칭 효과: 전신의 활성화

거시적 효과	미시적 효과
1. 혈액 및 림프액 순환 촉진	1. 세포 활력 강화 2. 면역기능 강화 3. 원활한 호르몬 작용 4. 노폐물 및 독소 배출 5. 비만 해소 6. 피로 회복 7. 통증 예방
2. 자세 교정	1. 각종 통증 및 질병의 원인 해소 2. 최상의 건강한 몸매 3. 장기의 기능 최적화 및 안전보호
3. 관절의 가동 능력과 범위 확장	1. 운동범위 확장 및 운동수행능력 개선 2. 신체의 유연성과 민첩성 향상 3. 부상 예방 4. 관절 통증 내지 관절염 해소에 일조
4. 균형감각 활성화	1. 운동기능 향상 2. 신체의 정확한 움직임 3. 부상 예방
5. 심신의 안정과 행복	모든 일에 최선의 역량을 발휘하게 한다.

근육운동과 아사나

광의의 근육운동은 의도적으로 근육을 수축 또는 이완시켜 근육을 강화하는 운동 모두를 뜻합니다. 사실 거의 모든 운동이 근육을 운동시킵니다. 정도 차이가 있을 뿐이지요. 협의로는 웨이트트레이닝 즉 기구를 사용하여 근육에 다양한 방향으로 저항 또는 무게(웨이트, weight)를 부과함으로써 집중적으로 근육을 강화하는 운동을 뜻합니다. 광의든 협의든 근육 강화의 원리는 동일하므로 여기 내용은 모든 근육운동에 적용할 수 있습니다.

근육운동(웨이트트레이닝)에 대한 개념이 점차 변화되고는 있지만, 남성들이 소위 몸짱이 되고자 할 때 하는 운동 정도로만 아는 사람들이 아직도 있습니다. 이것은 스트레칭을 준비운동 정도로 평가절하한 것과 비슷한 오해입니다.

예수님은 요가하는 기독교인에게 뭐라 하실까?

근육을 강조하는 경구들

"근육테크는 장수의 필수조건이다."

근육운동의 필요성과 중요성을 표현한 말입니다. 근육테크는 재
테크(financial technology)에서 패러디한 말입니다. 노년을 대비
하여 재산을 기술적으로 모으고 안전하게 불리고 지키는 재테크
처럼 근육을 기술적으로 불리고 지킴으로써 건강한 노년을 만든
다는 뜻이지요.

"하체 특히 허벅지 근육은 제2의 심장이다."

실한 하체 근육은 혈액순환을 좋게 한다는 의미입니다. 하체근육
은 전체 근육의 70% 정도이고 그중에 허벅지 근육은 전체 근육의
40% 정도입니다. 피는 중력에 의해 하체로 몰리는데, 이때 하체
를 움직여 근육운동을 하면 일종의 펌핑 효과가 있습니다. 근육들
이 수축과 이완을 반복할 때 혈관이 눌렸다 풀어지는 일이 반복되
기 때문이지요. 정맥에는 판막(valve)이 있어 역류를 막아주기 때
문에 피가 심장을 향한 한 방향으로만 움직입니다. 하체로 몰리는
피를 하체 근육이 심장으로 밀어올려 주기 때문에 제2의 심장이
라고 표현한 것입니다.

"허벅지가 굵을수록 성인병이 줄어들고 장수한다."

허벅지의 혈액순환 효과 얘기입니다. 허벅지의 근육량에 따라 포
도당 대사(glucose metabolism)가 좌우됩니다. 근육은 에너지원인

포도당의 직접적인 사용처인 동시에 포도당의 저장형태인 글리코겐(glycogen)을 저장하는 저장소입니다. 근육량이 많으면 포도당을 많이 사용하게 되고, 남은 포도당을 많이 저장할 수 있습니다. 허벅지 근육은 포도당에서 지방으로 변하는 과정을 저지하는 일종의 완충장치라 할 수 있지요.

근육이 감소하면 "대사증후군(metabolic syndrome)"의 위험성이 증가합니다. 대사증후군이란, (1) 복부 비만, (2) 고혈압, (3) 혈당장애, (4) 중성지방 상승, (5) HDL콜레스테롤(소위 좋은 콜레스테롤) 저하라는 5가지 증상 중 3가지가 한꺼번에 나타나는 현상입니다. 대사증후군은 당뇨병, 심혈관질환, 뇌졸중, 암 등 온갖 질환의 뿌리가 됩니다.

"근육감소는 일종의 질병이다."

2016년 10월 미국 질병통제예방센터(CDC = Centers for Disease Control and Prevention)는 근감소증(Sarcopenia)에 질병코드(M62.84)를 부여했습니다. 근감소증이라는 신생 병명이 등장할 만큼 근육의 역할이 건강에 중요하다는 얘기이지요. 따라서 근육을 강화하는 운동은 건강을 위해서 여러 의미로 필수적입니다.

"하체근육은 관절 및 뼈 건강의 파수꾼!"

하체근육이 감소된다는 것은 관절(joint, 뼈와 뼈가 맞닿아 움직일 수 있도록 연결된 부위)을 감싸는 근육도 약화된다는 의미가 됩니다. 근육이 약화되면 뼈와 관절을 감싼 근육들의 체중분산 기능이 약화됩니다. 체중이 집중적으로 실리는 고관절, 무릎 관절, 발목 관절 등에 무리를 가져와 여러 가지 관절 질환이 발생합니다. 고관절이란 골반과 대퇴골(넓적다리뼈)의 연결부분을 말합니다.

또한 하체근육이 감소하면, 발을 딛을 때 버티는 힘이 줄게 되고 균형을 잃어 쉽게 낙상(떨어지거나 넘어져 다침)하게 됩니다. 낙상은 연세가 있는 분일수록 치명적입니다. 낙상 치료 차 누워지내면 운동부족이 됩니다. 운동부족은 건강하던 여러 기관이 활력을 잃게 만듭니다. 결국 면역력 및 온몸의 기능이 급속히 약화되지요. 이때 감기라도 걸리면 손쉽게 폐렴 등의 중증으로 전환되기 쉽습니다. 또한 뼈와 관절을 감싸는 근육이 약화되면 염좌(sprain, 삠)나 골절(fracture)도 쉽게 됩니다. 요즘은 근육이 감소하면 골다공증 발병률이 높아진다는 논문들도 있습니다. 하체근육은 관절 및 뼈 건강의 충실한 지킴이이지요.

근육운동의 일반적인 유익

이미 근육운동의 유익이 상당하다는 것을 아실 것입니다. 첫째, 근육운동은 힘을 길러줍니다. 힘이 세냐 약하냐가 삶의 많은 분야에 영향을 미치는 것은 설명할 필요가 없습니다. 근육의 힘은 근력(muscular strength)와 근지구력(muscular endurance)로 나눕니다. 이에 대해서는 추후 아사나와 근육운동을 비교할 때 상술하겠습니다.

둘째, 근육운동은 좋은 자세를 갖게 해줍니다. 낱개로 된 뼈들에 골고루 잘 발달된 근육들이 붙거나 감싸서 골격을 균형 있게 정렬시킬 때 좋은 자세가 나옵니다.

셋째, 뼈를 튼튼하게 해줍니다. 골다공증은 나이가 들어갈수록 뼈 건강에 큰 문제가 됩니다. 칼슘 제제를 챙겨 먹고, 칼슘흡수를 돕는 비타민D를 복용하지만 이것으로는 부족합니다. 뼈에서 칼슘을 원하도록 만들어야 합니다. 칼슘과 비타민D를 공급해도 뼈가 원하지 않으면 흡수가 되지 않으며, 과다 복용하면 부작용이 만만치 않습니다. 뼈에서 칼슘을 원하도록 만드는 역할을 근육이 합니다. 그래서 뼈가 튼튼해지는 것이지요. 적절한 근육운동은 조골세포와 뼈성장판을 자극하여 칼슘흡수를 촉진합니다.

넷째, 삶에 즐거움을 더하고 심신을 평안케 합니다. 이는 비단 근육운동만이 아니라 모든 운동이 주는 유익이지요. 아사나 만큼은 아니지만, 어떤 운동이든지 내분비계에 좋은 자극을 줍니다. 적절한 호르몬 분비는 심신의 안정에 일조합니다. 운동하는 순간에는 정신이 현재의 동작에 집중될 수밖에 없습니다. 정신이 집중하면 일, 의무, 걱정, 근심에 사로잡힌 정신 작용이 자연스레 멈추게 되어 평안하게 됩니다.

다섯째, 비만을 방지합니다. 여기서 핵심은 근육이 포도당을 글리코겐화하여 저장하는 기능과 기초대사량을 증가시키는 기능을 가진다는 것입니다. 이 두 기능이 비만 방지에 기여합니다.

여섯째, 질병 예방 기능 및 빠른 회복을 가져옵니다. 특히 대사증후군, 골다공증 등을 예방하는 기능이 뛰어납니다.

일곱째, 근육운동은 혈액 및 림프의 순환을 원활하게 만듭니다. 근육의 수축과 이완을 반복할 때 혈액을 하체 근육이 심장 쪽으로 밀어 올려주는 역할을 하지요. 혈액순환이 좋아지면 그 효과가 광범위합니다.

여덟째, 통증을 감소시킵니다. 특히 척추 통증, 관절 통증에 좋습니다. 뼈와 관절을 둘러싼 근육들이 체중을 분산시켜 주고 바른 자세를 갖게 하기 때문입니다.

아홉째, 상해의 위험을 감소시킵니다. 균형감각, 유연성, 민첩성, 심폐지구력(cardiorespiratory fitness) 등을 발달시키기 때문입니다.

수의근으로 불수의근을 운동시키는 아사나

근육은 생리학적으로 골격근(skeletal muscle), 평활근(smooth muscle), 심근(cardiac muscle)로 분류됩니다. 골격근은 뼈에 붙어 있는 근육으로서 신체의 동작을 위해 사용됩니다. 평활근은 주로 내장의 근육입니다. 심근은 심장근육이고요. 골격근은 수의근(voluntary muscle)으로서 마음먹은 대로 움직일 수 있는 근육입니다. 그래서 맘대로근이라고도 부릅니다. 평활근과 심근은 마음대로 조절할 수 없고 제 스스로 움직인다고 하여 불수의근(involuntary muscle)이라고 부릅니다. 이것을 한글화하여 제대로근이라고 명명했습니다. 하지만 맘대로근이나 제대로근이라는 이름보다는 한자어 이름을 여전히 많이 사용하고 있습니다.

"아사나는 수의근은 물론 불수의근에도 운동효과를 발생시킨다!" 이 차원에서 근육운동과 아사나를 잠깐 비교해볼까요? 근육운동은 수의근인 골격근을 대상으로 합니다. 요가 아사나 또한 골격근을 이용하여 동작을 하지요. 하지만 아사나에는 근육운동에서는 거의 하지 않는 동작들이 많습니다. 관절이나 몸통을 (1) 비틀거나 (2) 쥐어짜는 동작, (3) 몸의 상하를 거꾸로 하는 동작, (4) 자세를 취한 뒤 버티는 동작 등이 있습니다. 그렇게 내장 및 주변 근육에 일반 근육운동을 통해서는 가할 수 없는 자극을 줌으로써 기관들을 활성화합니다. 즉 아사나는 수의근 운동을 통하여 불수의근도 운동을 시켜주는 효과를 가지는 셈이지요.

주동근과 길항근의 균형을 추구하는 아사나

주동근(主動筋, agonist)은 신체의 어떤 부분을 움직일 때 직접적으로 관여하는 근육(골격근)입니다. 예를 들어 팔꿈치를 접을 때 소위 알통으로 불리는 "상완이두근"이 주로 수축 작동하며 주동근이 됩니다. 주된 작용을 하진 않지만 주동근과 동일한 방향으로 힘을 보태는 근육을 공력근(synergist)이라고 합니다. 근육운동 시 주동근에는 못 미치지만 공력근도 힘을 쓴 만큼 영향을 받습니다.

길항근(拮抗筋, antagonist)이란, 수축하는 주동근 및 공력근의 방향과 반대 방향으로 당겨지며 저항하는 근육입니다. 주동근이 수축할 때 길항근은 이완하게 되지요. 예를 들어 팔꿈치를 접기 위해 상완이두근을 수축하면, 알통 뒷부분의 "상완삼두근"은 이완됩니다. 이때 삼두근이 길항근이 됩니다. 굽혀진 팔을 펼 때는 주동근과 길항근이 서로 바뀌게 되지요. 이 관점에서 근육운동과 아사나를 비교해보겠습니다.

예수님은 요가하는 기독교인에게 뭐라 하실까?

근육 건강을 원한다면, 주동근과 길항근이 어느 근육이 되든지 운동을 마쳤을 때 상호 균형이 맞춰야 합니다. 계속 수축에 치중하면 수축으로 인한 긴장이 계속되고 종국에는 수축된 채로 경직되어 근육의 길이가 원래보다 짧아집니다(수축성 긴장 내지 경직). 길항근은 늘어난 채로 긴장이 계속되고 결국 늘어진 채로 굳어집니다(이완성 긴장 내지 경직). 근육의 경직은 건강한 상태가 아닙니다.

근육운동에 몰두하시는 분들, 특히 근력향상이나 벌크업(bulk-up: 근육의 부피 키우기)에 욕심을 내는 분들은 일부 특정 근육의 수축에만 중점을 두어 이러한 불건강한 상태를 초래합니다. 근력과 벌크업은 근육의 강한 수축에 의해서 만들어지기 때문이지요.

아사나는 주동근과 길항근이 균형을 이루도록 체계적으로 구성되어 있습니다. 물론 근육운동에서도 주동근과 길항근의 균형을 중요시합니다. 그러나 일반 운동인들이 이 점을 소홀히 하는 경향이 크고, 실상 균형 추구에 있어서 아사나만큼 전체적이지 못하고 체계적이지 않습니다. 이 점에서 아사나는 분명히 강점이 있습니다.

아사나에는 수축성 경직이든 이완성 경직이든 경직된 부분을 이완시키는 동작이 많습니다. 경직을 풀어줌으로써 주동근과 길항근의 균형을 맞춥니다. 단순히 이완에만 치중하고 근육 수축을 소홀히 하는 것은 아닙니다. 이완 시 주동과 길항의 대칭근육을 수축시키는 아사나도 많습니다. 수축이 목적인 아사나도 있구요. 아사나도 근력강화와 근육량 증진에 기여합니다.

하지만 근육의 수축운동이라는 시각에서 보면 아사나로 인한 근육수축이 근육운동만큼 비중이 높지는 않은 것은 사실입니다. 아사나는 근육의 균형 추구에는 탁월하지만, 근력 강화와 근육량 증진에는 분명히 부족한 점이 있습니다. 요가를 하더라도 근육운동을 보충해야 하는 이유입니다.

적근을 강화하는 아사나

근육을 적근(지근)과 백근(속근)으로 분류하기도 합니다. 적근(赤筋, red muscle)이란 그 색깔이 붉기 때문에 붙여진 이름입니다. 적근은 수축 속도가 느리다는 뜻에서 지근(遲筋, slow-twitch muscle)이라고도 하지요. 백근(白筋, white muscle)은 색깔이 희기 때문에 붙여진 이름입니다. 수축 속도가 빨라 속근(速筋, fast-twitch muscle)이라고도 부릅니다.

범주 　　　　　근육	적근(지근)	백근(속근)
수축속도	느리다	빠르다
순발력	낮다	높다
미오글로빈 & 미토콘드리아	많다	적다
굵기	얇다	두껍다
글리코겐	적다	많다
근력	약하다	강하다
지구력	높다	낮다
주 에너지대사	유산소운동	무산소운동

범주＼근육	적근(지근)	백근(속근)
주요 역할	지속적 운동	고강도 운동
형성 기간	길다	짧다
약화 속도	느리다	빠르다

　적근이 적색을 띠는 이유는 적색인 미오글로빈(myoglobin)이 백근에 비해 훨씬 많기 때문입니다. 미오글로빈은 산소를 비축하고 공급하는 역할을 합니다. 또한 적근에는 미토콘드리아가 백근에 비해 아주 많습니다. 미토콘드리아는 영양소와 산소를 재료로 해서 에너지를 생성해내는 유산소 에너지발전소이지요.

　수축속도의 차이는 신경세포의 발달 수준, 크기, 지배력이 다르기 때문에 생깁니다. 백근(속근)의 신경세포가 더 잘 발달되어 있고 크기도 크며, 신경세포가 지배하는 근섬유 수가 더 많습니다. 근섬유의 근형질세망(sarcoplasmic reticulum) 또한 적근(지근)보다 더 발달되어 있습니다. 근형질세망은 수축명령 전달회로의 한 부분입니다. 백근(속근)은 수축 명령이 신속히 전달되는 구조이지요.

　백근은 수축속도가 빠르고 힘도 세니 순발력이 뛰어납니다. 적근은 순발력은 떨어지지만 에너지 생성이 원활하여 지구력이 높습니다. 오랜 시간 지속적으로 힘을 필요로 할 때는 주로 적근이 사용되며, 유산소운동과 친화적입니다. 백근은 짧은 시간 강한 힘을 발휘할 수 있습니다. 백근은 탄수화물이 원천인 글리코겐을 저장하는 기능이 좋고 글리코겐을 에너지원으로 사용하는 무산소운동에 특화되어 있습니다. 순발력과 힘은 좋지만, 운동의 지속력은 떨어집니다. 백근이 잘 발달된 역도선수와 적근이 잘 발달된 마라톤선수를 연상하시면 감이 잡히실 것입니다.

백근과 적근을 골고루 강화해야 하지만 근육운동 하는 사람들 대부분은 백근에 중점을 두는 경향이 있습니다. 특히 근력(muscular strength) 향상과 벌크업을 빨리 이루려는 사람일수록 그러합니다. 반면에 아사나는 원천적으로 백근보다는 적근 발달에 주효합니다. 장시간 버티는 자세가 많기 때문입니다. 근지구력(muscular endurance)이 강화되지요. 적근은 백근과 달리 형성 시간이 많이 걸리는 대신 약화도 느립니다.

요가를 오래 하여 적근이 잘 발달한 사람은 건강해도 무거운 덤벨(dumbbell, 아령)이나 바벨(babel, 역기)을 쉽게 들어올리진 못합니다. 백근이 약하기 때문입니다. 반면에 근육운동을 오래 하여 백근이 월등한 사람은 힘은 세지만 버티기가 필요한 요가 자세는 부들부들 떨면서 힘들어 하는 것을 봅니다. 적근이 약하기 때문이지요.

적근은 백근보다 굵기가 얇아 마른 근육, 잔 근육이 많습니다. 적근이 강화되더라도 겉으로는 그렇게 표가 나지 않습니다. 그래서 요가 베테랑인 날씬한 여성이 근육질의 남성들도 낑낑거리다 포기하는 버티기 동작을 거뜬히 해내곤 합니다.

근육 건강에 관한 한 요가보다 근육운동이 더 포괄적임을 인정해야 합니다. 하지만 일반 현실을 직시하면, 근육운동은 적근 운동에 소홀한 경향이 있습니다. 요가는 적근 강화에는 뛰어난 점이 있지만, 백근 강화에는 상대적으로 취약합니다.

이런 이유로 근육운동 트레이너들은 적근 운동을 강조하고 있고, 요가원에서는 무게 중심추가 약간 백근 운동 쪽으로 움직인 아쉬탕가요가나 파워요가가 인기를 끌고 있습니다. 타바요가는 근육운동인지 요가인지 구분이 안 될 정도로 백근을 강화하는 근력운동을 도입했습니다. 적근과 백근, 근지구력과 근력이 균형 있게 발달 되어야 최상의 건강 상태를 유지할 수 있다는 원리를 반영한 것이지요.

아사나는 적근 강화에 특화되어 있습니다. 아사나로 적근이 강화되어 근지구력이 좋아지면 구체적으로 어떤 효과가 있을까요? 첫째, 강화된 적근은 사고를 예방하는 기능이 있습니다. 적근의 주요 기능인 근지구력이 약해지면 활동 중에 갑자기 힘이 풀리는 경우가 돌발합니다. 나이가 들수록 유의해야 합니다. 걷거나 오르내릴 때 넘어지지 않으려면 근력과 근지구력 둘 다 필수적이지만, 적근 운동을 통한 근지구력 강화가 우선입니다.

이유가 뭘까요? 보통 근력이 강한 사람은 근지구력이 약하더라도 자기가 힘이 세다고 여깁니다. 그런 사람은 자기 근력을 믿고 활동하다가 갑자기 주저앉는 경우가 있습니다. 지속성이 짧은 백근의 근력이 고갈되었을 때, 적근에 근지구력이 없으면 신체 유지가 어렵기 때문입니다. 반면에 근지구력이 있더라도 근력이 약한 사람은 보통 자신이 힘이 약하다고 생각하기 때문에 힘쓰는 일에 조심합니다. 근지구력이 있어서 의외로 잘 버티면서 말이지요. 이 때문에 근지구력이 강한 사람은 비교적 사고가 덜합니다. 이것이 근력강화에 앞서 근지구력 강화를 먼저 해야 하는 이유입니다. 특히 낙상에 취약한 노인들은 이 점을 꼭 유념해야 합니다.

적근 강화의 둘째 유익은 비만 해소입니다. 비만의 주범은 체지방입니다. 주목할 것은 적근 강화가 체지방을 태우는 지름길이라는 사실입니다. 운동의 1차 에너지원인 포도당이 고갈되면 몸은 체지방을 유산소과정을 거쳐 에너지로 만듭니다. 이 작용이 적근에서 일어나지요. 적근을 강화하는 아사나는 체지방 연소를 통해 비만 해소라는 유익을 줍니다.

어떤 분들은 별로 움직이지도 않고 아주 느린 동작이 대부분인 요가를 해서 과연 살을 뺄 수 있을까 의혹을 가집니다. 빨리 많이 움직일수록 칼로리가 많이 소비된다는 선입견 때문입니다. 틀렸다고 할 수는 없지만 항상 옳은 것은 아닙니다. 빨리 많이 움직이는 동작 못지않게 버티는 동작 또한 엄청난 에너지를 소비합니다. 실지로 아사나를 해보면 어떤 버티기 자세에서는 땀이 비 오듯이 흐르는 체험을 합니다.

무산소 대사(metabolism)를 이용하는 백근 운동에는 지방이 아니라 포도당이 사용됩니다. 백근 강화 운동은 체지방 줄이기 효과가 덜한데다가 근육을 커지게 하니 날씬한 몸매 만드는 데에도 적절치 않습니다. 산소를 지속적으로 충분히 소비하는 유산소운동인 적근 운동을 해줘야 비로소 체지방을 연소하게 됩니다. 아사나는 대표적인 유산소운동인 조깅 못지않게 적근 운동에 최적화되어 있습니다. 적근이 강화되면 기초대사율(basic metabolic rate, BMR)도 올라가 평상시에 칼로리 소비를 많이 하게 되어 비만을 방지하게 됩니다.

기초대사율이란 특별한 활동을 하지 않는 가운데 호흡, 체온조절, 혈액순환 등 신체의 기본적인 생체기능 수행을 위해 섭취한 음식을 필요한 에너지로 전환시키는 비율을 말합니다. 기초대사율이 높을수록 신체의 기본기능 유지에 많은 에너지가 소비되기 때문에 비만을 방지합니다. 물론 기초대사율이 과도하게 높으면 아무리 먹어도 마른 체형이 되지요. 반대로 기초대사율이 낮으면 기본 에너지 소비가 적으므로 소위 물만 마셔도 살이 찌는 체질이 됩니다.

흔히 비만의 원인을 과식에서 찾고 해결책을 음식량 줄이기로 하는 것을 봅니다. 음식 섭취량이 필요 이상 많으면 잉여 포도당이 체지방으로 축적되니까 과식이 원인 중의 하나인 것은 맞습니다. 그러나 음식 섭취량을 줄이는 것만으로 비만을 해결하려는 것은 무모합니다. 비만은 음식량만이 아니라 음식물 열량, 기초대사율, 활동량, 장내유익균, 체질, 신체 크기, 신체구성성분, 성별, 식습관, 생활습관 등등 많은 것과 관련이 있습니다. 종합적인 고려가 필요하지요. 기초대사율을 높이는 것은 비만해소의 필수 요소에 속합니다.

금식에 가까운 과도한 다이어트는 인체의 항상성(homeostasis) 기능 때문에 기초대사율을 떨어뜨릴 수 있습니다. 항상성이란, 인체 외부의 환경이 변해도 내부의 환경을 일정하게 유지하는 성질입니다. 음식섭취량을 줄이면 항상성 기능이 발동되어 기초대사율이 낮아져 적은 음식으로도 생체기능이 유지되도록 몸이 변합니다. 음식량을 과도하게 줄이면 필수 영양소 공급에 차질을 빚어 건강을 해칠 수 있습니다. 체지방 감소보다 근육 손상이 일어나 체지방은 그대로인 채로 허약해지기 십상이지요. 설사 살이 빠진다 해도 건강하고 날씬한 몸매가 아니라 허약하고 야윈 몸매가 됩니다. 체지방 해소에는 적근을 적절히 운동시키며, 기초대사율을 높이는 요가 아사나가 주효합니다.

코어근육을 강화하는 아사나

"코어가 강하면 민첩성 순발력 뛰어나!", "코어근육이 강하면 척추는 물론 각종 내장기관들의 균형이 잘 맞아!", "코어근육은 몸통을 감싸는 복대와 같은 안전장치!", "코어가 약하면, 쉽게 부상 입어!" 운동과 관련하여 회자되는 경구들입니다.

코어근육이 중요하다는 말은 근육운동, 재활의학, 요가에서 한목소리로 자주 거론 강조되고 있습니다. 아사나와 코어근육은 분리해서 생각할 수 없을 정도로 밀접합니다. 아예 코어요가라는 이름을 내건 요가원조차 꽤 있습니다. 코어근육 강화에 아사나가 특효라는 얘기이지요.

코어근육(core muscle)이란, 일반적으로 몸통 중심부(core)의 근육, 즉 허리와 골반 전후좌우에 가까이 위치하며 척추를 강하게 붙들어주어 곧은 자세를 유지하게 하고 장기를 보호하는 근육들을 뜻합니다. 몸의 코어 즉 중심을 든든히 잡아주어 다른 근육들이 힘을 쓸 수 있는 지지대 역할을 하지요.

코어의 의미를 확장하여 피부 쪽이 아니라 뼈 쪽에 가까이 있어 관절이 원활히 움직이게 하는 근육을 총칭하기도 합니다. 척주와 팔다리 뼈 주변의 지지근육이 포함된 것이지요. 그래서 코어근육을 심부(深部)근육 또는 속근육이라고 번역하기도 합니다. 이에 대비되는 근육을 표층(表層)근육 또는 겉근육이라고 하구요. 코어

예수님은 요가하는 기독교인에게 뭐라 하실까?

근육 내지 심부근육은 대부분 적근이기에 때때로 코어근육과 적근을 혼용하기도 합니다.

균형 있게 발달된 코어근육은 척추를 강하게 붙들어주어 곧은 자세를 유지하게 하고 장기를 보호하는 역할을 합니다. 이 때문에 코어근육을 자세유지근이라고도 부릅니다.

잘 발달된 코어근육은 골반을 안정되게 하며 척주를 든든한 중심 지지대가 되게 함으로써 몸통의 움직임은 물론 온몸의 골격근 움직임에 안정성을 부여합니다. 코어근육이 약하면 척주를 제대로 세우기 위하여 주변 근육들이 과도하게 긴장하게 되고 허리와 골반 주변에 통증이 발생합니다. 이 상태가 오래가면 척추들에 퇴행성 변화가 생기고 결국 척추협착증 및 허리디스크(추간판탈출증) 등의 질환이 발생합니다. 이것은 진통제나 수술 및 보철만으론 해결될 수 없고 코어근육을 강화해야 근본적으로 해결됩니다. 재활의학에서 코어근육을 강조하는 이유입니다. 코어근육은 대부분 적근이어서 적근의 장점을 그대로 공유합니다. 당연히 아사나가 코어근육 강화에 주효하고요.

유산소운동과 아사나

"에어로빅"이 세간에 알려진 지 꽤 오래되었습니다. 음악에 맞춰 경쾌하게 춤추는 듯한 체조, 또는 댄스로서 처음 대중에게 알려졌을 때에 큰 인기를 끌었지요. 요즘은 요가와 필라테스 및 줌바댄스에 밀린 감이 있지만, 에어로빅댄스체조대회가 정기적으로 열릴 만큼 여전히 대중성을 유지하고 있습니다.

"에어로빅(aerobics)"라는 용어는 사실 에어로빅댄스체조만을 지칭하는 말이 아닙니다. 유산소운동(aerobic exercise)이라는 의미로서 유산소운동 전체를 가리킵니다. 유산소운동이란 인체가 운동에너지를 생산할 때 산소 사용이 필요한 생산과정을 거치는 운동입니다. 이에 비해 무산소운동(anaerobic exercise)은 운동에너지 생산에 산소를 사용하지 않는 생산과정을 거치는 운동입니다.

유산소운동이라고 불리는 운동의 일반적인 뜻은 많은 산소소비를 촉진하는 운동이지요. 에어로빅댄스체조, 줌바댄스, 빠른 걷기, 조깅, 등산, 줄넘기, 수영, 자전거타기, 배구, 축구, 테니스 등을 꼽습니다.

운동 종목에 따라 유산소운동이냐 무산소운동이냐를 구분하

예수님은 요가하는 기독교인에게 뭐라 하실까?

는 것은 적절치 않습니다. 똑같은 운동이라도 어떤 이에게는 유산소운동이 되고, 어떤 이에게는 무산소운동이 되니까요. 각 사람의 운동역량, 운동의 강도 및 지속시간에 따라 유산소와 무산소 경계가 달라집니다. 대부분의 운동에서 유산소작용과 무산소작용이 흑과 백처럼 명확히 분리되는 것이 아니고 사실은 회색처럼 병행됩니다. 단지 짙은 회색이냐 밝은 회색이냐의 차이지요. 어느 작용이 지배적으로 작동되느냐에 따라 유산소 운동 또는 무산소 운동이 될 뿐입니다.

흔히 달리기는 유산소운동이고, 덤벨(아령) 운동은 무산소운동이라고 분류합니다. 하지만 달리기를 20~30분 계속할 수 있는 속도로 달리면 유산소운동이 되며, 20초도 계속할 수 없을 정도로 전력 질주를 하면 무산소운동이 됩니다. 덤벨 운동도 아주 가벼운 덤벨 들기를 20분 정도 지속할 수 있다면 그것은 유산소운동이고, 덤벨이 무거워 20초도 지속하기 힘들면 무산소운동이 됩니다.

요즘은 운동방법에 대해 참 다양한 주장들이 회자됩니다. 어떤 때는 상반된 주장을 펼치기까지 하지요. 에너지대사에 대한 이해가 부족한 경우도 있고, 연구와 검증이 충분치 않기 때문이기도 합니다. 게다가 사람마다 상태와 상황이 다르고, 동일한 사람도 조석으로 몸 상태가 변하는 것도 한몫합니다. 그래서 지식을 계속 쌓아가며 자기 몸 상태에 가장 적절한 운동 종류와 방법을 터득하는 게 중요합니다.

에너지 대사(energy metabolism)의 관점에서 조금 더 자세히 알아보겠습니다. 유산소냐 무산소냐가 바로 에너지대사 때문에 붙여진 이름이니까요. 에너지대사는 운동의 종류, 운동시간 할당,

운동방법 및 다이어트 방법 등을 결정하는 판단의 기초가 됩니다.

에너지대사란, 인체 에너지의 생산, 전환, 저장, 사용 등을 위해서 인체 안에서 일어나는 화학반응 과정을 의미합니다. 인체가 움직이기 위해 사용하는 에너지의 대부분은 인체 내에서 ATP가 ADP로 바뀔 때 부산물로 발생되는 에너지입니다. ATP(Adenosine Tri-Phosphate, 아데노신3인산)는 단백질 성분인 아데노신에 인산(phosphate)기 세 개가 결합된 분자화합물입니다. ADP(Adenosine Di-Phosphate, 아데노신2인산)는 아데노신에 인산기 두 개가 결합된 화합물이고요. 인산과 인산이 결합될 때는 에너지를 흡수하고, 분열될 때는 에너지를 발산합니다. 인산기가 셋인 ATP가 가수분해 되면서 인산기 하나가 떨어져나와 ADP로 변화될 때 부산물로 에너지가 발생하지요. 인체는 그 에너지를 운동에너지로 사용합니다.

물론 ATP로 인한 에너지가 모두 운동에너지로 변환되는 것은 아닙니다. 열 발생 및 생리작용 등을 위한 에너지로도 사용되지요. 여기서는 운동에 쓰이는 에너지에만 초점을 맞추겠습니다. 어떤 이들은 ATP를 에너지 화폐에 비유합니다. ATP를 지불하고 에너지를 얻을 수 있다는 개념이지요. 이때 ADP는 일종의 거스름돈인 셈입니다. 저는 축전지(재충전이 가능한 건전지)에 비유하고 싶습니다. ATP는 에너지를 발산하면서 ADP가 되고, ADP는 영양소 충전을 통해 ATP 되기를 반복한다는 점에서 말이지요.

ATP는 모든 세포에 분산 저장되어 있습니다. 하지만 소량이어서 쉽게 고갈됩니다. 운동을 시작하면 곧이어 에너지 조달을 위한 ATP 생성작업도 바로 시작됩니다. 즉 에너지대사 시스템이 발동

　　　　예수님은 요가하는 기독교인에게 뭐라 하실까?

되는 것이지요.

에너지대사 시스템에는 인원질 시스템(phosphagen system), 젖산 시스템(lactic acid system), 유산소(성) 시스템(aerobic system)이 있습니다. 유산소운동이란 유산소 시스템이 가동되는 운동입니다. 인원질 시스템과 젖산 시스템은 "무산소(성) 시스템"입니다.

에어로빅(aerobic)	애너로빅(anaerobic)
유기(有氣) 유산소(성) 호기성(好氣性)	무기(無氣) 무산소(성) 혐기성(嫌氣性)

에어로빅(aerobic)은 "유산소(성)", "유기(有氣)", "호기성(好氣性)"이라고 번역합니다. 호기성은 공기를 좋아한다는 뜻으로서 혐기성과 짝을 이루는 말이지요. "무산소(성)"을 흔히 "혐기성(嫌氣性)" 또는 "무기(無氣)"라고도 번역하는데, 모두 다 "애너로빅(anaerobic)"을 번역한 용어이지요. 직역하면 "무기(의)"이고, 의미는 "무산소(의)"입니다. "혐기성"은 공기를 싫어한다는 뜻인데 원뜻에서 좀 벗어나 보입니다.

인원질 시스템

인원질(phosphagen, 포스파겐)은 생체 조직 내의 인산(phosphate) 화합물입니다. 인원질을 이용하여 인산기가 "둘"인 ADP(아데노신 "2"인산)를 인산기가 "셋"인 ATP(아데노신 "3"인산)로 만드는 것이 "인원질 시스템"입니다. 포스파겐 시스템, ATP-PC 시스템(또는 ATP-CP 시스템)이라고도 불립니다. "크레아틴인산"이 결정적인 역할을 하지요. PC는 포스포크레아틴(Phosphocreatine)의 약자이고, 크레아틴 포스페이트(Creatine Phosphate)라고도 부르기 때문에 CP로도 씁니다. C는 크레아틴(Creatine), P는 인산(Phosphate)입니다. 한국어로는 PC든 CP든 크레아틴인산이라고 부릅니다.

운동이 시작되면 저장되어 있던 ATP가 소비되기 시작하고 거의 동시에 인원질 시스템도 작동합니다. 에너지대사 시스템 중 가장 먼저 작동하며 가장 짧은 시간에 ATP를 생성해내지요. ATP 소비가 시작되면 PC에 곧바로 신호가 가고, 크레아틴키나아제(Creatine Kinase) 효소가 촉매가 되어 크레아틴과 인산으로 분열됩니다. 이렇게 분리된 인산은 ADP와 결합하여 ATP를 생성하고, 크레아틴은 홀로 남습니다.

PC도 ATP처럼 세포 속에 저장되어 있습니다. 그러다가 인체가 필요로 할 때 분열되면서 ATP를 만들어냅니다. 문제는 저장된 양이 적다는 것인데 운동 강도가 높을 경우 세포 속 PC는 보통 10초 내외에 고갈됩니다. 인체는 운동 에너지를 위하여 저장되어 있던 ATP를 제일 먼저, 그리고 곧이어 PC를 사용하지만 지속 시간이 짧습니다. ATP와 PC가 바닥나면 젖산 시스템이나 유산소 시스템이 본격적으로 발동되면서 ATP를 만들어내기 시작합니다.

예수님은 요가하는 기독교인에게 뭐라 하실까?

젖산 시스템

젖산 시스템(lactic acid system)은 단당류인 포도당(Glucose)을 재료로 씁니다. 혈중 포도당이 먼저 쓰이고, 이어서 포도당의 저장 형태로서 다당류 중합체인 글리코겐(Glycogen)이 분해되어 생기는 포도당이 사용됩니다. 포도당 1분자는 여러 과정을 거쳐 결과적으로 2개의 ADP와 2개의 무기인산(Pi = inorganic phosphate)과 결합하여 2개의 ATP와 2개의 젖산 그리고 물 2분자를 생산해내지요. 젖산시스템은 산소 사용 없이 당을 분해하는 무산소성 해당작용(anaerobic glycolysis)을 거칩니다.

해당작용은 무산소성 작용과 유산소성 작용 둘 다 가능한데, 후자는 전자에 비해 ATP를 생성하기까지 시간이 많이 걸립니다. 산소공급을 미쳐 기다릴 수 없이 급하게 에너지가 필요할 때는 무산소성 해당작용인 젖산 시스템이 가동되고, 시간적 여유가 있을 때는 유산소성 해당작용이 가동됩니다.

유산소 시스템

유산소(aerobic) 시스템은 산화(oxidative) 시스템이라고도 합니다. 유산소 시스템은 젖산 시스템보다 ATP 생성효율이 좋습니다. 젖산 시스템은 포도당 1분자로 2개의 ATP를 생성하는 반면, 유산소 시스템은 38개의 ATP를 생성시킵니다. 유산소 시스템의 단점은 ATP 생성속도가 젖산 시스템에 비해 아주 느리다는 것입니다.

유산소 시스템의 1차 재료는 탄수화물에서 추출되는 포도당입니다. 혈중 포도당이 먼저 쓰이고 포도당의 저장형태인 글리코겐에서 포도당을 조달합니다. 그 다음엔 일반적으로 지방, 단백질의 순서입니다. 일반적인 순서일 뿐, 상황에 따라 지방과 단백질의 순서가 뒤바뀔 수도 있습니다. 이러한 순서가 선형적으로 칼로 자르듯이 구분되지 않고 병행적으로 사용됩니다. 순서는 단지 사용량이 많은 순서일 뿐이지요.

이상에서 에너지 생산의 세 가지 시스템을 다소 길게 설명을 드린 이유는 유산소 운동의 특징 특히 장점을 부각하기 위함입니다. 이제 그것을 아사나와 비교하며 살펴보겠습니다.

속성 \ 에너지대사	인원질 시스템	젖산 시스템	유산소 시스템
에너지원	(크레아틴인산)	탄수화물	탄수화물,지방,단백질
에너지 생성속도	아주 빠르다	빠르다	느리다
에너지 생성효율	아주 낮다 (1PC에서 1ATP)	낮다 (1포도당에서 2ATP)	높다 (1포도당에서 38ATP)
가동 시간	아주 짧다	짧다	길다
지속성	아주 제한적	지속적	상당히 지속적
일반적 가동 순서	제일 먼저	민원질 다음	젖산 다음
산소 사용 유무	무산소	무산소	유산소
운동 후 피로감	거의 없다	크다	적다

유산소운동의 장점과 아사나

아사나는 유산소운동의 상당 부분을 포괄합니다. 그러나 아사나를 정규적으로 하더라도 유산소운동을 보충할 필요가 있습니다. 유산소운동만의 장점이 있기 때문입니다.

첫째, 유산소운동은 심폐기능(cardiopulmonary function) 강화에 뛰어납니다. 아사나도 심폐를 강화하지만 유산소운동에는 아사나에 부족한 물리적인 효과가 있습니다. 즉 유산소운동은 심장과 폐를 상당한 시간 동안 직접 자극하여 심폐지구력(cardiopulmonary endurance)을 비롯하여 심폐의 전체적인 능력을 강화하지요. 요가의 아사나와 쁘라나야마(호흡)도 심폐기능 강화에 일조하지만, 심폐지구력에 있어서만큼은 유산소운동이 월등합니다. 요가의 오랜 수련자라도 평상 시 유산소운동을 별도로 병행하지 않았다면, 상당한 심폐지구력이 필요한 운동(예: 오래달리기)을 잘하지 못하지요.

심폐기능이 강화되면 혈액순환이 좋아져서 온몸 구석구석에 영양분과 산소를 전달하고 노폐물을 제거하는 능력이 향상됩니다. 또한 폐의 환기능력도 좋아져 산소공급과 이산화탄소 배출이 최적상태가 됩니다.

둘째, 유산소운동은 비만해소에 좋습니다. 에너지 대사 시스템 세 가지 중 체지방을 직접적으로 연소시키는 유일한 시스템이기 때문이지요. 물론 제대로 된 유산소운동 방법을 숙지하여 그대로 해야 높은 효과를 경험할 수 있습니다.

셋째, 정서적 안정과 스트레스 감소 효과가 있습니다. 유산소운동의 대표적인 것이 빨리걷기인 속보입니다. 기왕이면 공원이나 둘레길에서 상쾌한 공기를 들이마시며, 주위의 자연을 만끽하며 걸으면 정서적으로 안정되고 활력을 얻게 됩니다. 이때 중보기도(남을 위한 기도)를 하면 영적으로도 충만해지구요. 속보하며 중보기도를 하면 앉아서 기도할 때보다 집중이 잘 되는 것을 경험합니다. 기독교인이라면 쉽게 누릴 수 있는 은혜로운 효과입니다.

넷째, 유산소운동은 쉽게 누구나 할 수 있습니다. 다른 운동에 비해 상대적으로 안전성이 높아 고령자나 운동초보자도 부담 없이 시작할 수 있습니다.

이외에도 유산소운동은 무산소운동에 비해 덜 피로해져서 다음 날 일에 임하는 데에 큰 부담이 없습니다. 또한 운동을 저강도로 오랜 시간 계속하므로 부분적이기는 하지만 근지구력이 향상됩니다.

쁘라나야마와 기독교 신앙

쁘라나야마(Prāṇāyāma)는 호흡조절 또는 호흡법을 지칭합니다. 호흡은 인간의 생명과 직결되어 있습니다. 숨을 쉴 때 생명이 있다고 하고, 숨이 멈췄을 때 생명이 끝났다고 할 정도이지요. 요가에서는 호흡의 영향력과 중요성에 일찍이 착안하여 호흡조절을 위한 다양한 방법을 개발했습니다. 그러나 여기서는 쁘라나야마의 일반적인 소개하지 않습니다.

쁘라나야마가 기독교 신앙에 미칠지도 모르는 부정적 영향력을 기독교인이 알아차리도록 하는 데에 집중하겠습니다. 요가의 호흡법은 다양하고 효과도 다양합니다. 원래는 호흡을 통해서 심신을 건강케 하려는 것이지만, 잘못 행할 경우 부작용도 만만치 않습니다. 그래서 "쁘라나야마는 전문 지도자와 함께"라는 단서가 늘 붙습니다. 대부분의 요가원에선 호흡훈련을 거의 하지 않기 때문에 부작용이 일어날 일은 거의 없습니다.

일반 요가원에서는 주로 아사나를 가르칩니다. 보통 50분 수업인데 그 시간은 기본적인 아사나를 하기에도 빠듯합니다. 설사 호흡훈련을 한다 하더라도 아주 기초적인 수준에 머물 수밖에 없지요. 더 근본적인 이유는 수요공급의 원칙이 요가 현장에도 작동하기 때문입니다. 요가 수요자들이 호흡훈련이나 명상보다는 아사나를 훨씬 선호합니다. 이는 요가지도자 교육에도 영향을 미쳤습

니다. 지도자과정 커리큘럼만 보더라도 쁘라나야마(호흡조절) 수업
비중이 아사나에 턱없이 못 미치는 현실입니다. 그래서도 쁘라나
야마에 대한 일반적인 개요는 불필요합니다.

그러나 인도에서는 쁘라나야마를 많이 활용하는 편입니다. 특
히 치유요가(therapeutic yoga)가 우리나라나 서구보다 활성화되
어 있습니다. 질병에 아사나를 처방하는 것이 인도와 서구 일부에
서는 인기를 끌고 있습니다. 하지만 호흡을 처방하는 것은 서구에
서도 드뭅니다. 인도에서는 점점 대중화를 시작했습니다. 어떤 질
환에 무슨 호흡을 식전 30분에 몇 번을 하라는 식으로 처방하는
것을 보았습니다.

쁘라나야마의 부작용으로는 소위 상기병(上氣病)이나 하기병(下
氣病) 또는 환상에 빠지는 것을 꼽을 수 있습니다. 이러한 부작용
은 호흡을 위주로 수련하는 단전호흡, 기수련, 단학, 참선수련 현
장에서나 볼 수 있을 뿐 일반 요가현장에서는 거의 보지 못합니
다. 요가원이나 피트니스센터에서는 호흡훈련을 거의 하지 않고,
하더라도 아사나를 보조하는 정도의 미미한 수준에 그치니까요.

인도에서 대중적으로 교육하는 호흡은 "완전 호흡(Full Yogic
Breathing)"입니다. 호흡에 필요한 세 부분 모두를 충분히 움직
이며 하는 호흡입니다. (1) 복식(abdominal) 호흡 또는 횡격막
(diaphragmatic) 호흡, (2) 흉부(thoracic/intercostal) 호흡, (3) 폐
상엽(upper lobar) 호흡 또는 쇄골(clavicular) 호흡으로 구성됩니
다. 처음에는 세 호흡을 따로 훈련하고, 나중엔 연결하는 훈련을
하지요.

이와 더불어 "정뇌(kapālabhāti) 호흡", "풀무(bhastrikā) 호흡",

"교호(nadi shuddhi) 호흡", "승리(ujjayi) 호흡"도 호흡훈련의 주 메뉴에 속합니다. 이외에도 다양한 소리를 내며 행하거나 혀의 다양한 모양을 이용하거나 음양의 기운에 따라 균형을 조정하거나 여러 모음을 소리 내며 공명(resonant) 부위를 달리하는 호흡법 등 아주 다양합니다. 명상 쪽으로도 분류되는 호흡법들도 있습니다. 몸의 감각을 제어하거나 일깨우는 호흡법들, 호흡에 맞춰 수를 세는 수식관 등이 있지요.

인도에서는 다양한 소리를 이용한 호흡법을 대중에게 많이 훈련시키는 게 인상적이었습니다. 부작용이 없이 효과를 보기 때문입니다. 다양한 공명을 통해 인체에 영향을 미치도록 하는 것이지요. 다채로운 호흡법들을 통해서 남다른 포괄성과 다양성을 추구하는 인도인들의 오랜 전통을 엿볼 수 있습니다.

호흡법으로 인한 특이현상

일반 요가현장에서는 호흡 수련을 거의 하지 않지만 간혹 호흡을 중시하는 소수의 단체나 선생님들이 호흡법을 강조하고 가르칩니다. 이때 선호되는 호흡법은 교호호흡, 정뇌호흡 그리고 풀무호흡 정도입니다. 교호호흡은 부작용이 없는 것이므로 여기서 다루지 않고, 특이현상이 있을 수 있는 정뇌호흡과 풀무호흡에 집중하겠습니다.

정뇌(kapālabhāti) 호흡의 산스크리트어 원어명은 "카팔라바티(kapālabhāti)"인데, 카팔라(kapāla)는 머리, 바티(bhāti)는 밝게 하기(shining) 또는 정결케 하기(cleansing)가 어원적 의미입니다. 합하면, 머리를 밝게 하기, 머리를 정결케 하기이지요. 그래서 한자어로 정뇌(淨腦)라고 번역한 것입니다. 이 호흡법은 1분에 60회 이상 빠르기로 호흡하여 산소를 온몸 특히 뇌에 많이 공급하는 것을 목표로 합니다. 뇌혈관 속의 이산화탄소 및 노폐물을 철저히 제거하려는 것이지요.

정뇌호흡을 오래하면, 거의 모든 사람이 특이현상을 겪습니다. 부정적으로 보는 이는 부작용이라 하고, 긍정적으로 보는 이는 신비현상이라고 하지요. 구체적으로 말하자면, 팔이나 다리가 저려오거나 마비되는 느낌은 기본이고, 머리가 서늘해지는 느낌, 감각이상, 현기증, 정신혼미 등이 발생하지요. 이러한 느낌이 오면 다른 생각을 할 여유가 없습니다. 때로는 염려 속에서 때로는 신기함 속에서 그 느낌에 집중하게 되지요. 이러한 증상은 대부분 정뇌호흡을 멈추면 사라집니다. 이상현상을 느끼면서도 계속하면 그 느낌이 감당할 수 없이 몰려오고 사람에 따라서는 경련을 일으키거나 실신까지 하게 됩니다.

두 가지 상반된 해석이 있습니다. 부정적인 관점에서 보면 인위적인 "과호흡 증후군(hyperventilation syndrome)"입니다. 폐질환 또는 심장질환과 같은 신체적 원인 또는 스트레스나 정서적 불안 등의 정신적 원인에 의해서 호흡이 점점 빨라져 과도한 호흡이 일어나고 이산화탄소 과다 배출로 발생하는 질환입니다. 혈중 이산화탄소 농도가 적정 수준보다 낮아져 이산화탄소결핍증이 생기는 것이지요. 이렇게 되면 정뇌호흡의 부작용과 동일한 증상들이 나타납니다. 인체는 혈중 이산화탄소가 많아도 문제지만, 적어도 문

예수님은 요가하는 기독교인에게 뭐라 하실까?

제가 됩니다.

숨이 가빠져 이산화탄소결핍증으로 혼미해지는 주인공에게 봉지를 주어 숨을 쉬도록 하는 장면을 드라마에서 보신 적이 있을 것입니다. 과호흡 증후군 증상을 완화시키는 장면입니다. 과호흡으로 인해 낮아진 이산화탄소 농도를 높이기 위하여 봉지에 내쉰 이산화탄소를 다시 마시게 하는 것이지요. 정뇌호흡으로 인한 과호흡증후군 부작용을 의학적으로 지적한 요가책이 이미 출판되어 있기도 합니다.[87] 부정적으로 보자면, 정뇌호흡으로 인한 이상현상은 일부 요가지도자들이 말하는 호흡을 통해 더 높은 차원으로 나아가는 관문이 아닙니다. 단지 인위적인 과호흡증후군 증상일 뿐입니다. 과호흡 증후군이라는 의학적 결론은 의학적인 뚜렷한 반론이 없는 한 반드시 존중되어야 합니다.

그러나 의학적인 부정적 보고가 정뇌호흡의 모든 것을 밝혔다고 할 수는 없습니다. 그간 전통적으로 내려오는 정뇌호흡의 효능을 쉽게 무시해선는 안 됩니다. 오랜 경험을 통해 체득된 것들을 학문적으로 밝히는 작업이 조속히 이루어지기를 바랍니다. 일반적으로 정뇌호흡은 과하게 하지만 않는다면, 뇌세포를 활성화시키고, 얼굴빛을 밝게 하며, 신경계 강화 및 균형을 이루게 하는 장점이 있습니다. 또한 하복부 근육을 많이 움직이게 함으로써 내장기관을 마사지하여 강화시키고, 소화기 문제나 호흡기질환 치료에도 도움이 됩니다. 정신집중력을 높이고 명상을 위한 준비상태를 만듭니다. 이상의 양면을 고려할 때, 인도의 일반 대중을 위한 정뇌호흡 방식이 의미가 있습니다. 정뇌호흡을 거르지 않고 합니다. 단 1~2분만 합니다. 부작용을 피하면서 효과를 보는 좋은 절충안이라 판단됩니다.

저의 경험을 부연합니다. 제가 지도자과정훈련을 받았던 한국 요가연수원은 호흡을 중시하는지라 매 모임 5시간 수업 중 1시간 이상을 호흡에 할애했지요. 정뇌호흡(15분)과 풀무호흡을 한 세트로 묶어 3~4회 반복했습니다. 정뇌호흡을 15분 정도하면 팔다리가 저려오는 등 과호흡 증후군 증상이 나타나지만, 몸의 감각이 민감해지고 정신집중 효과가 상당합니다. 이어서 실시하는 풀무호흡에서 호흡이 길어지는 효과도 있습니다. 정뇌호흡 없이는 2분 숨 참는 것도 힘들지만 정뇌호흡을 충실히 한 후에는 3분 이상 숨을 멈추는 게 그리 어렵지 않았습니다. 오랜 지식(止息: 숨 멈춤)은 정신집중과 기운용 훈련에 아주 유용하지요.

풀무호흡(bhastrikā)은 들숨과 날숨의 풀무질과 지식(止息, 숨 멈춤)의 두 부분으로 구성됩니다. 풀무호흡은 정뇌호흡과 지식의 반복이라고 할 수 있습니다. 일반 정뇌호흡에 이어 정뇌호흡 때보다도 날숨과 들숨을 더 깊이 더 빨리 1~2분 한 뒤에 지식으로 들어갑니다. 날숨과 들숨을 빠르고 깊게 할 때의 모습이 마치 풀무(bhastrikā: bellows)와 같다고 해서 풀무호흡이지요. 정뇌호흡 없이 1~2분 호흡의 풀무질을 하면 큰 문제가 없지만, 정뇌호흡을 오래 한 후에 풀무호흡을 하면 과호흡을 가중시켜 과호흡증후군이 발생하기 십상입니다. 자주 지속적으로 풀무호흡 훈련을 하면 이 증세가 완화되거나 사라지지만, 때로는 다른 부작용이 추가되기 때문에 주의를 요합니다. 기독교인이 이러한 부작용을 무릅쓰고 행할 필요는 없지요.

정뇌호흡과 풀무호흡을 거론한 목적은 종교적 관점에서 들여다

보고자 함입니다. 주목하고 싶은 것은 과호흡증후군 현상입니다. 그 특이현상을 종교적 관점에서 바라봄으로써 기독교인들이 신앙의 중심을 잃지 않고 실상을 알아차린 가운데 임하도록 돕고자 합니다. 그런 호흡을 훈련시키는 선생님을 만났을 경우에 말이지요.

특이현상에 대한 신앙적 조망

종교 행위들 중에는 합리적으로 이해할 수 없는 모습들이 있습니다. 뭔가 세상과 다른 거룩함이 있고 초논리적인 세련됨이 있습니다. 여기에 반한 사람들은 종교에 대해 동경심과 경외심을 가지게 됩니다. 반면에 몰상식해보이고 정신 나간 듯한 무논리적인 모습들도 있습니다. 그 때문에 종교를 멀리하거나 혐오감을 가지는 분들도 생기지요. 그렇게 해서 종교를 멀리하던 분들 중에 자신이 의지하던 합리가 오히려 착오였다고 깨닫게 되면 돌변하여 그 종교행위의 선봉장이 되는 경우도 있습니다. 세상 아쉬울 것이 없는 좋은 스펙을 가진 분들이 이단종교의 앞잡이가 된 사례를 가끔 뉴스에 나오지 않습니까.

종교에는 좋은 의미에서건 나쁜 의미에서건 합리의 세계를 넘어서는 일들이 종종 있습니다. 합리를 넘어선 세계를 체험하는 것이 종교의 입문이 될 수 있다는 말씀이지요. 종교는 본질적으로 자기초월을 지향하기 때문입니다. 자기초월 체험은 제어할 수 없는 공포와 전율 체험, 정신적인 새 세계를 맛봄, 죽을 것 같은 궁지에서 벗어남, 죽을 병에서 살아남 등 다양합니다. 주목할 것은,

자기초월 체험자는 자기초월을 맛보게 해준 사람이나 원리 및 그 힘에 절대적 권위를 부여하고 복종한다는 사실입니다. 그리고 그 체험의 통로가 된 종교를 자기의 종교로 받아들이지요. 저는 이러한 현상을 "종교적 체험의 사슬"이라고 명명합니다. "종교적 체험의 사슬"은 크게 네 단계로 이루어지며, 이 단계들은 순환하며 강화됩니다.

첫째는 유한성 절감과 자기초월 지향의 단계입니다. 유한한 인간은 부단히 그 유한성을 벗어나고자 애씁니다. 끝없이 "자기초월(self-transcendence)"을 지향하는 것이지요. 자기초월 지향은 흔히 다음 두 가지 양태를 띱니다. 하나는 유한한 자기의 한계를 절감하여 좌절한 상황에서 초월자의 손길을 갈급해 하며 고대합니다. 다른 하나는 자기 초월이 이루어질 궁극적 실재(the ultimate Reality)를 향하여 부단히 나아갑니다. 어떠한 양태이든 자기초월을 간절히 소망하는 단계이지요.

둘째는 무한성 상정의 단계입니다. 자기초월을 고대하던 인간이 어느 순간 자기의 유한성을 초월하는 종교적 체험을 하게 되면, 그 체험을 유발한 대상에게 자기의 유한성과 대비되는 무한성이 있다고 상정합니다. 그 대상을 사람들은 신(God) 또는 궁극적 실재 등으로 부르지요. 어떤 이름으로 부르든지 유한을 초월케 했기 때문에 무한성을 그 대상에게 부여합니다. 그 무한성을 공간적으로는 무소부재(omnipresence), 시간적으로는 영원(eternity), 능력으로는 전지전능(omniscience and omnipotence)으로 구체화하여 표현합니다.

셋째는 절대성 부여의 단계입니다. 체험자의 유한성은 상대성과 맞물려 있습니다. 사람은 유한하기 때문에 절대적이지 못합니다. 상대적인 존재는 초월 체험이 강화될수록 그 상대성을 초월하게 해준 대상(신 또는 궁극적 실재)에게 절대성을 부여하게 되지요.

넷째는 절대성과 배타성의 연결 단계입니다. 자기초월 체험자는, 진정한 절대자는 다른 절대자를 용납하지 않는다는 전제하에 절대성에 배타성을 연결합니다. 이렇게 해서 종교의 배타성이 탄생하게 됩니다. 그러나 이러한 전제는 "단수의 세계 - 단수의 진리(Single World - Single Truth)" 패러다임에서 나온 것입니다. 세계를 단수로 본 것은 치명적인 결함이지요. 요즘 시대에 통용될 수 없는 세계관이기 때문입니다. 오늘날은 "복수의 세계 - 복수의 진리(Plural World - Plural Truth)" 패러다임이 각종 포스트모던 세계관과 가치관의 바탕이 되어가고 있는 시대입니다.

"종교적 체험의 사슬"의 관점에서 보면, 각 종교의 절대성과 배타성 주장은 각 종교의 내부자에게만 타당합니다. 외부자에게까지 타당하려면 보편적으로 수긍할 수 있는 논리적인 접근이 필요합니다. 그렇지 않으면, 각자 나름대로 절대성을 체험하고 배타성을 당연한 것으로 여기는 종교인들끼리 서로 충돌할 수밖에 없습니다. 이런 충돌을 피하려면 보편적이고 논리적인 도구를 이용해서 자기주장을 펼쳐야 합니다. 각 종교는 오늘날 보편적인 논리로 자기주장을 펼치라는 도전적인 요청 앞에 서 있습니다. 물론 기독교도 예외가 아니지요.

보수주의 교회일수록 "단수의 세계 - 단수의 진리" 패러다임을 고집하려는 경향이 있습니다. 그러나 이 패러다임으로는 다양한 현대의 도전을 극복할 수 없습니다. 어떤 종교든지 "복수의 세계 – 복수의 진리" 패러다임의 세상에서 "복수의 세계 – 단수의 진리"의 패러다임을 제시할 수 있어야 절대성을 보편적으로 유지할 수 있습니다. 예수의 케노시스(자기 비움)는 기독교가 복수의 세계 속에서 단수의 진리를 말할 수 있는 열쇠가 됩니다. 하지만 이에 대해서는 여건상 더 이상의 언급을 자제하고 다음을 기약하겠습니다. 다음은 종교적 체험의 사슬이 드러나는 사례들입니다.

한국개신교의 특징 중에 "통성기도"가 있습니다. 모두가 함께 소리 내어 기도하는 행위를 지칭합니다. 단순히 소리를 내는 정도가 아닙니다. 고래고래 소리 지르기도 하고, 울부짖기도 하고, 방언도 합니다. 여기서 말하는 방언이란 언어와 비슷하기는 하나 실제로 사용되는 언어는 아닌 말을 일컫는 용어입니다. 사전 지식과 경험이 없는 분들은 대다수에게는 통성기도 현장이 괴기하게 느껴집니다. 그러나 어떤 분은 첫 순간부터 통성기도 열기에 휩싸여서, 어떤 분은 몇 번 참석하며 차차 익숙해지면서 자기도 모르게 통성기도에 참여하게 됩니다. 자신을 방어하고 억제하던 벽이 무너지면서 눈물을 쏟기도 하고 방언도 하고 목청 높여 외치는 기도를 하게 됩니다. 이러한 체험을 "성령 받았다", "주님을 인격적으로 만났다"라고 표현하며 이것을 계기로 교회공동체의 일원이 됩니다.

모태신앙인이며 성가대원이기도 했던 어느 청년의 이야기입니다. 소위 엄친아요 훈남이어서 모두에게 인기가 있었지요. 그러던 그가 대학입학 후 사회적인 부조리와 모순을 끌어안고 고민하며 진리를 추구했지만 불행히도 점점 더 질곡으로 빠져들었습니다. 교회의 가르침이나 목사님의 설교가 무의미해졌습니다. 그러던

예수님은 요가하는 기독교인에게 뭐라 하실까?

차에 친구를 따라 절에 가게 되었고, 흔치 않은 인연을 따라 일천배를 하게 되었습니다. 고민과 술에 절어 있던 그에게 체력의 한계가 닥쳐왔지만 이를 악물고 일천배를 간신히 마쳤습니다. 마치는 순간 그는 그 자리에 널브러지며 통곡을 시작했습니다. 한참을 통곡하고 나니 부처님의 품에 안긴 느낌이 들고 심신의 자유함이 밀려오면서 부처님의 가피력을 체험했습니다. 그후 그는 대학교 불교 동아리에 가입했고, 불교학생회 회장까지 하게 되었지요. 그의 인생은 일천배 전과 후로 나뉘어집니다. 전에는 그에게 일천배는 우상숭배행위였지만, 후에는 새 세계로 들어가는 관문이 되었지요. 일천배를 통해 자기의 육체적 한계가 무너지면서 정신적 영적 한계도 무너져 그때까지 생소했던 불교의 세계로 입문하게 된 실제 있었던 얘기입니다.

이제 요가로 돌아옵니다. 기독교의 기도나 묵상, 불교의 일천배나 선(禪)과 마찬가지로 요가호흡의 특이현상이 자기초월 체험으로 수용되면서 요가를 스스로 종교화하는 일이 발생할 수 있습니다. 그때부터는 최고의 요가경지인 "범아일여"가 세간에 떠도는 일설이 아니라 자기의 최고 가치요 판단의 준거가 될 수 있지요.

팔이나 다리가 저려오거나 마비되는 느낌, 머리가 서늘해지는 느낌, 감각 이상, 현기증, 정신혼미, 나아가 경련, 실신 등은 결코 일반적인 신체현상이 아닙니다. 요가호흡을 통해서 그런 것을 겪다가 깨어날 때 아사나의 효과로 온몸이 상쾌해진 것을 체험한다면, 뭔가 신비한 일이 자기에게 발생했다고 실감되지 않겠습니까? 이런 체험을 할 때 두려움에서 매혹됨으로, 회피에서 이끌림으로 나아가게 됩니다. 소위 "두렵지만 매혹적인 신비(mysterium tremendum et fascinans)"라고 표현되는 전형적인 종교체험 현상이지요.

호흡의 특이현상을 과호흡증후군으로만 폄하할 필요는 없습니다. 신비의 세계 입문으로 과대평가할 필요도 없지요. 자기초월 체험을 해보지 못한 분들, 그중에 특히 기독교인들이 기억해야 할 교훈은 이것입니다. 신비체험 또는 자기초월 체험은 어느 종교나 다 가지고 있습니다. 자기초월 체험에 절대적 가치를 두거나 그것을 어떤 종교의 진위를 가리는 기준으로 삼아서는 안 됩니다. 기독교인이 분명히 알고 걸어가야 할 길은 이것입니다. 첫째, 자기중심성으로 인한 자기의 죄악됨을 절감하면서 하나님의 무한하신 사랑으로 인한 대속의 십자가와 영생의 부활을 믿는 것입니다. 둘째, 그리스도가 생명을 주시기까지 우리를 사랑하신 것처럼 인류가 서로 사랑하는 것입니다.

> 내가 사람의 방언과 천사의 말을 할지라도 사랑이 없으면 소리 나는 구리와 울리는 꽹과리가 되고, 내가 예언하는 능력이 있어 모든 비밀과 모든 지식을 알고 또 산을 옮길 만한 모든 믿음이 있을지라도 사랑이 없으면 내가 아무 것도 아니요, 내가 내게 있는 모든 것으로 구제하고 또 내 몸을 불사르게 내줄지라도 사랑이 없으면 내게 아무 유익이 없느니라. (고린도전서 13:1-3)

기독교는 신비체험이나 신비한 능력 자체에 최고의 가치를 두지 않습니다. 신비체험의 동기, 과정, 결과가 그리스도 사랑과 별 관련이 없다면 무의미하거나 오히려 없느니만 못하게 여기기는 것이 정상이지요. 신비체험은, 그리스도가 드높아질 때만이, 그리스도의 뜻을 펼치는 데에 도움이 될 때만이 가치가 있습니다. 신비체험은 그리스도를 믿고 본받도록 하는 일종의 마중물로서만 긍정적인 의미가 있음을 기독교인들은 명심해야 합니다. 위에 인용한 고린도전서 구절은, 사랑이신 하나님, 삶 전체가 사랑으로 점철되신 예수 그리스도가 신앙인 내면에 없다면 어떠한 신비 능력도 무의미하다는 웅변입니다.

기독교인이라고 해서 호흡을 통한 특이현상을 기피할 필요가 없습니다. 단지 자기초월 체험이 없던 기독교인일 경우, 특이현상의 위상을 잘 알아차림으로써 특이현상 체험에 과도하게 종교적인 의미를 부여하지 않으면 됩니다.

명상과 기독교 신앙

호흡은 아사나를 돕는 차원에서나마 연결고리가 있어서 요가 수업 중 약간이라도 도입되지만, 명상은 그러한 연결고리조차 없습니다. 당연히 대부분의 현장에서는 행하지 않지요. 그러나 아주 드물기는 하지만 명상을 소개하는 요가 교사도 있기에 교인 보호 차원에서 신앙과 관련된 사항을 언급하겠습니다. 명상 관련 유의점을 말하려면, 일단 간단하나마 명상의 윤곽 소개가 필요합니다. 그런 연후에 부분적인 교리 비교 방식보다 기독교의 가르침을 전체적으로 조망하는 방식으로 유의점을 부각시키겠습니다.

요가원 명상의 위상

"요가원 명상"은 고전적 요가전통에서 말하는 "명상"과 서로 차이가 있습니다. 동일한 용어를 사용하고 있지만, 의미가 다릅니다. 요가단체나 지도자들이 요가의 3대 축을 아사나, 호흡(쁘라나야마), 명상(댜나)으로 꼽는 것도 엄밀히 보면 고전적 요가전통과 마찰을 일으키지요. 그래서 구별이 필요할 경우 요가원에서 하는 명

예수님은 요가하는 기독교인에게 뭐라 하실까?

상을 "요가원 명상"이라고 부르겠습니다.

고전적 요가전통에서는 요가를 8단계로 나눕니다. 요가 8단계 중에 제3단계가 "아사나", 제4단계가 "호흡조절(쁘라나야마)", 제7단계가 "명상(댜나)"입니다. 요가단체들이 말하는 요가의 3대 축은, 아사나와 쁘라나야마를 제외한 나머지 여섯 가지 단계, 특히 5, 6, 7단계를 뭉뚱그려 무리하게 "명상(댜나)"이라고 한 셈입니다. 또는 여덟 단계 중 세 단계만 임의로 뽑았다고도 볼 수 있는데 이 또한 문제가 있습니다. 각 단계가 관련은 있지만, 합쳐질 수 없는 고유한 내용을 가지기 때문이지요. 명상이라는 이름으로 그 단계들을 하나의 범주로 묶을 수도 없고, 다른 단계를 제외시켜도 안 됩니다.

"요가원 명상"은 제7단계의 "명상(댜나)"이 아니라 제6단계인 "다라나"에 가깝습니다. "다라나(dhāraṇā)"는 "응념(凝念)" 즉 "정신집중"을 뜻합니다. 정신집중과 명상은 엄연히 다릅니다. 정신집중은 산만하게 흩어지려는 정신을 한 초점에 모으는 것, 즉 포커싱(focusing)이지요. "명상"으로 번역되는 "댜나(dhyāna)"의 핵심은 디포커싱(de-focusing)입니다. 정신줄을 놓아버렸다는 의미가 아니라 "무위(無爲)의 집중"(effortless dhāraṇā)을 뜻합니다. "무위의 집중"은 행하지 않는 행함이라는 모순을 초월해내야만 가능한 경지이고 그만큼 절묘한 접근법이 필요합니다. 이런 것을 일반 요가원에서 행한다는 것은 불가능에 가깝지요.

요가원 명상에 주로 사용하는 방법은 소위 "TM"(Transcendent Meditation, 초월명상)이나 초보적인 수식관(數息觀)입니다. TM은 정신집중을 요하는 수험생들이나 직업인 사이에서 오래전에 유행했던 방법입니다. 그 당시는 요가와는 별개로 보급됐었습니다. 수식관은 수를 세며 행하는 호흡법입니다. 실은 수식관에 여러 수준이 있어서 설명이 어렵습니다. 과학적인 영역과 종교적인 영역이 혼재되어 있구요.

수식관은 요가에서 뿐만 아니라 불교의 참선에서도 사용합니다. 요가의 수식관과 불교의 수식관이 동일하다는 얘기는 아닙니다. 초보적 단계에서는 별 차이가 없지만, 깊이 들어갈수록 지향하는 바와 방법이 서로 다릅니다.

명상의 효과와 신앙적 조망

요가원 요가에서 행하는 TM이나 수식관은 초보적인 수준이므로 신앙적으로 크게 문제될 것이 없습니다. 집중력 향상과 정신적 안정에 효과가 있으므로 기독교인이라도 그저 효과를 누리면 될 것입니다. 그러나 혹시라도 생길지 모르는 신앙적 도전에대해서 민감하게 대처할 준비는 필요합니다. 이런 의미에서 다음을 언급합니다. 명상으로 말미암아 생길 수 있는 도전을 외적 도전과 내적 도전으로 나눠봅니다.

외적인 도전이란, 명상을 지도하는 교사가 범아일여의 힌두교 가치관이나 요가철학적 세계관을 계속 설명하며 주입하는 것을 의미합니다. 요가지도자가 명상을 빙자하여 계속 말로 자기의 가치관이나 세계관을 수련자 속에 형성하려 한다면 그것은 기독교 신앙에 가해지는 외적 도전이 될 수 있습니다. 마치 치료받으러

온 환자에게 음양오행설을 설파하며 믿으라고 하는 한의사와 유사합니다.

사실 외적 도전보다 내적인 도전이 더 심각합니다. 외적인 도전은 단순히 차단하면 되지만, 내적인 도전은 우리 내부에서 생기는 것이기에 극복을 위해서는 스스로 각고의 노력을 기울여야 합니다. 명상은 일반적으로 외적인 것에 시선을 두지 않고 내적인 것에 집중하도록 인도합니다. 사람이 외적인 것에 매이면 자기주도성과 자유함을 잃게 되는데, 명상은 이런 폐단에서 벗어나게 하는 장점이 있습니다. 이렇게 자기의 내면 세계에 집중하다 보면 외부 세계에 대해 초연함과 의연함이 생깁니다. 여기까지는 좋으나 모르는 사이에 절대타자인 하나님과 타인에 대한 무관심을 초래할 수 있습니다. 이것은 기독교 신앙에 문제가 됩니다. 기독교 신앙도 인간의 온전한 자아회복과 진리 안에서 자유함을 누리게 합니다.

그런데 그렇게 될수록 기독교 신앙은 하나님과 타인에 대해 더욱 관심을 기울이도록 인도하는 특징이 있습니다. 결과적으로 하나님께는 절대 순종이요 타인은 자신같이 사랑하는 상태에까지 이르지요. 물론 이것은 기독교 신앙이 가장 이상적으로 실현된 모습니다. 실제 현실과는 많이 다를 수 있습니다. 여하튼 기독교 신앙은 절대 타자이신 하나님과 타인에 대해 완전히 열린 마음이 되는 것을 지향하는 것은 확실합니다. 명상을 통해 이 점이 약화되면 안 된다는 것을 강조했습니다.

기독교의 하나님은 믿는 이에게 절대타자인 동시에 절대내재자가 되십니다. 이 둘의 균형이 깨지면 신앙이 병들게 되지요. 요가의 종교적 배경인 힌두교는 절대타자 개념이 극히 약하고 절대내재자의 개념이 극대화되어 있습니다. 내재자로서의 개념조차 기독교 하나님의 내재와는 많은 차이가 있습니다. 하나님의 내재를 표현하는 갈라디아서 2장 20절을 살펴봅니다.

> 내가 그리스도와 함께 십자가에 못 박혔나니 그런즉 이제
> 는 내가 사는 것이 아니요 오직 내 안에 그리스도께서 사
> 시는 것이라 이제 내가 육체 가운데 사는 것은 나를 사랑
> 하사 나를 위하여 자기 자신을 버리신 하나님의 아들을 믿
> 는 믿음 안에서 사는 것이라. (갈라디아서 2:20)

힌두교의 내재는 범아일여의 내재입니다. 결국 우주의 본체인 범(梵) 즉 브라만(Brahman)이 나요, 내가 브라만인 세계를 지향하지요. 반면에 기독교 하나님의 내재는 절대타자인 하나님이 은혜로 믿음을 통해서 우리 안에 거하시는 내재입니다. 우리의 유한함과 죄인됨에 의로우신 하나님의 대속이 살아서 역사하는 내재이지요. 명상의 부작용은 하나님의 절대타자성을 망각한 채 내적인 능력 개발에만 집중하게 만드는 것입니다. 이렇게 되면 기독교적 하나님 인식이 왜곡되고 신앙은 위험에 빠집니다.

명상을 통해 내적인 힘이 개발되고, 정신집중력과 정신적 안정을 누릴 수 있습니다. 완전하지는 않더라도 불안과 탐욕에서 벗어나 흔들림 없는 평온함 속에서 자족할 수도 있습니다. 그러다 세상에 초연해지고 자기주체성이 강해지며 자기만의 세계에 빠져드는 경향이 생기기 쉽습니다. 이렇게 되면. 인간 세상에 대해 기독

교의 가르침과는 다른 관념이 형성됩니다.

세상에 초연하고 자기주체성이 강해지는 게 무엇이 잘못되었다는 말인가? 못하는 게 문제지, 될 수만 있다면 오히려 바람직한 게 아닌가? 이런 생각이 드실 수 있습니다. 이러한 생각은 옳을 수도 있고, 틀릴 수도 있습니다. 기독교적인 시각으로 인간 세상을 바라보면서 초연함과 안정을 취한다면 옳습니다. 기독교적 시각과 신앙이 개입되지 않았다면 그것은 위험합니다. 세상에 대해 기독교적 시각을 가졌느냐가 관건이지요. 초연함과 자기주체성 강화를 조망하는 기독교적 시각이란 구체적으로 과연 무엇일까요? 세 가지를 제시합니다.

기독교적 시각의 핵심을 풀어가기 전에 우선 내용의 한계를 밝힙니다. 여기서 거론되는 기독교의 얘기는 교회의 현실과 큰 괴리가 있습니다. 성경에만 입각한 이상적인 기독교상을 기준으로 이야기를 진행하기 때문이지요. 이에 비해 명상과 관련된 얘기는 명상 자체에 관한 것도 있지만 주로 명상이 야기할 수 있는 현실적인 부작용에 관한 내용입니다. 이런 식의 대비는 불공정합니다. 두 대상을 비교하려면 이상상이든 현실상이든 동일한 범주 안에서 그 둘을 다루어야 공정한 접근이 됩니다. 그럼에도 이상적인 기독교상을 기준 삼아 명상의 잠재적인 부작용을 논하려 합니다. 목적은 하나입니다. 성도님들이 입게 될지도 모를 부작용을 부각하여 성도님들의 인지 감각이 민감해지도록 돕기 위함이지요.

이런 고로 명상의 가치를 체험하고 선한 마음으로 다른 사람을 유익하게 하고자 명상을 소개하는 명상가들께 먼저 깊은 양해를 구합니다. 또한 기독교인들에게는 아래에 언급되는 내용을 이용하여 타종교의 산물을 경시하거나 비난하는 도구로 삼지 말기를 당부합니다. 아래의 내용이 기독교인들의 신앙과 삶을 더욱 온전하게 만들어가는 데에만 일조할 수 있기를 소망합니다.

첫째 시각: 혼자서는 온전한 인간이 될 수 없다!

인간이 혼자서 존재하는 것은 하나님이 기뻐하시는 모습이 아닙니다. 창조 때부터 이것이 뚜렷이 선포되었습니다.

> 여호와 하나님이 이르시되 사람이 혼자 사는 것이 좋지 아니하니 내가 그를 위하여 돕는 배필을 지으리라 하시니라.
>
> (창세기 2:18)

하나님께서 태초에 기획하신 선한 인간상이 아담과 하와의 관계를 통해서 표현되어 있습니다. 이 인간상은 창조 질서의 한 표현이고, 창조신앙의 중요한 한 가지 내용입니다. 아담과 하와의 관계는 그들 둘만의 관계를 묘사한 것이 아닙니다. 모든 인간의 관계를 위한 하나의 모델로 제시되었다는 것이 신학계의 정론입니다. 다시 말해서 이 구절은 하나님께서 창조 시 설정하신 모든 인간의 존재와 관계에 관한 질서라는 말씀이지요. 여기에는 두 가지 요점이 있습니다.

첫째, 인간은 혼자 사는 것이 좋지 아니한 공동체적인 존재이다.

둘째, 인간들의 상호관계는 "돕는 배필(에제르 크네그도)"의 관계이다.

"돕는 배필"이라는 한글 번역은 원래의 성경적 의미와는 다르게 종속적 뉘앙스를 풍겨 오해를 불러일으킵니다. 두 단어의 성경적 의미를 풀어봅니다. "돕는"의 도움은 가진 자가 못 가진 자에게 베푸는 행위 수준이 아닙니다. 하나님의 도움, 신적인 도움을 지칭합니다. "배필"은 "짝"이라는 속뜻을 가집니다. 그래서 공동번역성서[88]에는 배필 대신 짝이라고 번역했지요. 짝이란, 한쪽이 없으면 다른 한쪽도 존재 의미를 잃게 되어 정체성이 무너지는 개념입니다. 따라서 "돕는 배필(에제르 크네그도)"은 서로가 서로에게 존재 의미를 부여하는 짝이 되어서 신적인 도움으로 역사(役事, working)하는 존재를 뜻합니다.

하나님께서 뜻하셨던 인간관계는 상호 하나님의 도움이 되는 짝으로서의 관계입니다. 인간은 타인이 있어야 자신도 있게 되며, 서로 함께해야만 비로소 존재 의미가 생깁니다. 나아가 서로는 서로에게 신적인 도움의 존재이지요. 이러한 기독교적인 관점에서 볼 때, 만약 명상이 주는 초연함과 정신적 안정에 매료되어 "함께 잘 살기"가 아니라 "홀로 잘 살기"를 지향하며 자족한다면, 기독교적 가르침과는 다른 삶이 됩니다. 명상을 포함해서 요가는 개인적인 양생에 집중하도록 인도하는 경향이 있음에 유의해야 합니다.

둘째 시각: 샬롬 없이는 온전한 인간이 될 수 없다!

인간은 서로 구분은 있되, "샬롬(평화)"의 존재로 창조되었습니다. 샬롬을 주로 평화로 번역하는데, 단순히 전쟁이 없는 안정된 상태 정도를 의미하지 않습니다. 샬롬은 평화의 한자어 구성 그대로를 뜻합니다. 평화는 차등 차별 없이 평등하고, 분열 불화 없이 화목하다는 의미이지요. 창조 시 인간이 샬롬 속에 있었다는 말은 인간이 상호 "평"등하고 "화"목한 존재였다는 뜻입니다. 이러한 샬롬이 "돕는 배필(에제르 크네그도)"의 의미 속에 함유되어 있습니다. 이를 구체화해 보겠습니다. 창조를 서술한 창세기 1~2장의 곳곳에서 이 주제가 반복됩니다.

> 하나님이 자기 형상 곧 하나님의 형상대로 사람을 창조하
> 시되 남자와 여자를 창조하시고 (창세기 1:27)

이 구절에서 아담과 하와는 분명히 남자와 여자로 구분된 존재요, 대치(replace)될 수 없는 유일무이한 존재입니다. 또한 남녀 각각 하나님의 형상으로 창조되어 하등의 차별이나 종속이 없습니다. 마치 짝으로서의 오른손과 왼손은 서로 대치할 수 없는 유일무이한 존재이며 상호 차별이나 종속이 없는 것과 마찬가지입니다. 이어지는 구절을 보면 이는 더욱 명확해집니다.

> 하나님이 그들에게 복을 주시며 하나님이 그들에게 이르
> 시되 생육하고 번성하여 땅에 충만하라, 땅을 정복하라, 바
> 다의 물고기와 하늘의 새와 땅에 움직이는 모든 생물을 다
> 스리라 하시니라. (창세기 1:28).

축복의 명령을 아담에게만 주신 것이 아니고 "그들" 즉 아담과 하와 모두에게 주셨습니다. 구약의 원어인 히브리어에는 단수명

예수님은 요가하는 기독교인에게 뭐라 하실까?

령문과 복수명령문의 동사어미가 다릅니다. 28절은 복수명령형으로서 아담과 하와에게 차별 없이 평등하게 축복 명령을 내리신 것을 보여줍니다. 이상을 종합해보면, 아담과 하와는 서로 구분은 되지만, 상호 차별이 없는 평등한 관계입니다. 물론 이러한 관계는 하나의 샘플로서 모든 인간으로 확장되지요.

창조질서의 인간관계는 단순히 평등 관계에 머물지 않고 화목 화합의 관계로까지 이어집니다. 다시 말해서 "살롬(평화)"의 관계가 인간들이 이루어야 할 공동체 질서이지요. 이러한 화목의 관계를 적극적으로 묘사한 구절이 2장 22~25절입니다.

> [22] 여호와 하나님이 아담에게서 취하신 그 갈빗대로 여자를 만드시고 그를 아담에게로 이끌어 오시니, [23] 아담이 이르되 이는 내 뼈 중의 뼈요 살 중의 살이라 이것을 남자에게서 취하였은즉 여자라 부르리라 하니라. [24] 이러므로 남자가 부모를 떠나 그의 아내와 합하여 둘이 한 몸을 이룰지로다. [25] 아담과 그의 아내 두 사람이 벌거벗었으나 부끄러워하지 아니하니라. (창세기 2:22-25)

아담이 하와를 일컬어 "이는 내 뼈 중의 뼈요 살 중의 살이라" 했습니다. 이는 자기의 가장 귀한 가치라는 뜻이지요. 혹자는 하나님께서 하와를 아담의 갈빗대를 취해 창조하신 것을 들어 여성의 종속성을 말하지만, 창세기의 언어 용법 연구에 따르면, 갈빗대의 의미는 종속성이 아니라 동질성을 나타냅니다. 이러한 화목의 인간관계는 단순히 정신적인 것에만 머무르지 않습니다. 남녀가 육체적으로도 하나 됨을 통해 전인적인 화합을 표현하고 있습니다. 그들은 벌거벗어도 서로에게 부끄러움이 없는 완전히 둘이 하나가 된 화목한 관계이지요.

이에 대해 어떤 이들은 구약의 다른 인간관계를 예로 들며 반론을 폅니다. 유대민족의 일부다처제, 왕의 전횡, 이방인들을 향한 잔인한 행위 등이 그들이 드는 대표적인 예입니다. 그러나 이러한 예에서 인간관계의 모델을 찾아서는 안 됩니다. 창조질서가 기록된 창세기 1~2장을 제외한 구약의 인간관계는 이미 원죄를 범한 죄인들의 모습일 뿐입니다.

철저한 분들은 이런 반론을 제기하실 수 있을 것입니다. 그렇다면 유대민족의 선민의식은 어떻게 볼 것인가, 그것도 죄의 결과인가? 그건 그렇지 않습니다. 하나님께서 유대민족을 선택하신 이유는 그들이 차별적으로 뛰어나서가 아니라 열방 민족의 본이 되라고 선택하신 것입니다. 만약 그것을 유대민족 우월주의의 근거로 삼는다면 하나님의 뜻을 왜곡하는 것입니다.

> [9] 열방은 모였으며 민족들이 회집하였는데 그들 중에 누가 이 일을 알려 주며 이전 일들을 우리에게 들려 주겠느냐 그들이 그들의 증인을 세워서 자기들의 옳음을 나타내고 듣는 자들이 옳다고 말하게 하여 [10] 보라 나 여호와가 말하노라 너희는 나의 증인, 나의 종으로 택함을 입었나니 이는 너희가 나를 알고 믿으며 내가 그인 줄 깨닫게 하려 함이라 나의 전에 지음을 받은 신이 없었느니라 나의 후에도 없으리라. (이사야 43:9-10)

　예수님은 요가하는 기독교인에게 뭐라 하실까?

하나님은 유대민족을 하나님의 증인이요 종으로 택하셨습니다. 증인은 법정 용어입니다. 증인이 주인공이 아니라 증언해야 하는 대상 즉 하나님이 주인공입니다. 유대민족의 선택에는 그들의 증언을 통해 세상의 다른 민족들을 하나님의 사랑의 품으로 인도해 들이시려는 하나님의 뜻이 담겨 있을 뿐입니다.

그리스도인은 명상을 샬롬(평화: 평등과 화목)의 관점에서 조명할 필요가 있습니다. 만약 명상이 초연함과 자족을 주되 인간의 평등이나 화목을 추구하는 일에 소원하게 만든다면 문제가 있습니다. 명상이 반드시 그렇게 만든다는 얘기는 아닙니다. 그럴 소지가 있다는 것이지요. 기왕에 근본적인 원인 분석을 첨언합니다.

인도인들은 카스트로 인한 불평등을 개혁하려고 하기보다는 너무나 손쉽게 전생의 업(業, karma) 때문이라고 치부하는 경향이 있습니다. 이는 기독교의 샬롬과는 거리가 먼 관습이지요. 요가 및 힌두교의 제일 덕목인 아힘사(ahiṃsā, 비폭력)와 업설(業說, karma theory)을 바탕으로 한 카스트 전통 사이에는 오늘날까지도 여전히 심연이 존재합니다. 사실 이런 분열적인 모습은 기독교에도 있지요. 기독교인들이 하나님은 사랑이시라고 외치며 평화와 사랑을 제일 덕목으로 여기지만, 현실 역사에서는 그 반대의 모습이 비일비재했습니다. 단지 다른 점은 힌두교는 경전에서조차 불평등을 용인한다는 것이지요. 다음은 카스트 제도를 뒷받침하는 유명한 구절입니다. 힌두교의 대표 경전 중의 하나인 리그 베다(Rig Veda)에서 발췌합니다.

그(푸루샤: 우주 본체로서의 신)의 입이 브라만(Brāhmaṇa)이었고, 그의 팔에서 크샤트리아(Rājanya)가 만들어졌으며, 그의 허벅지가

바이샤(Vaiśya)가, 그의 발에서 수드라(Śūdra)가 생겨났다. (리그 베다 10.90.12)[89]

　인도 철학과 종교의 또 하나의 중요한 특징이 있습니다. 외부의 다양한 일을 자기 안으로 내면화시킨다는 것이지요. 인간이 겪는 희로애락의 요인을 외부에서 찾기보다 자기 내부에서 찾는 성향이 강합니다. 똑같은 일을 당해도 사람마다 느끼는 바와 반응이 다르지 않습니까? 결국 모든 문제는 자기 마음과 시각과 해석에 달렸다고도 볼 수 있지요. 이것을 통찰하여 체계화한 것은 높이 평가해야 합니다.

　이러한 전통이 기저를 이루는 명상 또한 외부의 다양한 문제를 자기 안으로 내면화하여 해소하는 힘을 고양합니다. 그 결과 명상은 세상 풍파 속에서도 안정감과 초연함을 유지하는 능력을 발전시킵니다. 그러나 이러한 성향과 성취가 사람들의 평등이나 화목에 소홀하도록 오도한다면 기독교적 인간관과 세계관에서 벗어나게 됩니다. 요가 및 힌두교의 시각에서는 업(karma) 따라 사람의 차이가 생길 수밖에 없다고 봅니다. 기독교는 인간은 서로의 짝으로서 서로 다르지만 샬롬(평등과 화목)을 추구해야 한다고 선언합니다.

셋째 시각: 죄인 의식 없이는 온전한 인간이 될 수 없다!

우리는 때때로 나중에서야 남에게 잘못한 것을 깨닫습니다. 특히 자신이 가해자였다는 것이 느껴져 올 때는 너무나 미안해서 가슴이 아려옵니다. 그 대상이 가까운 사람들, 특히 부모나 부부나 자식일 때는 더욱 그렇지요. 보통은 가까운 사람에게 이런 감정이 생기지만, 사실 따지고 보면 세상 모든 사람에게 이런 마음을 갖는 것이 정상일 것입니다. 세상 모든 이와 우리는 다차원적으로 서로 연결되어 있으니까요. 내가 남에게 행한 잘못이 없다고 생각한다면 정말 없는 것이라기보다는 내 중심의 감각과 사고에 빠져 남에게 행한 잘못을 인지하지 못하는 것일 뿐입니다.

인간은 어쩔 수 없이 자기중심으로, 즉 자기가 구성한 세계에서 자기가 왕이 되어 삽니다. 이것을 넓은 의미에서 원죄에 기인한다고 볼 수 있습니다. 원죄의 근본 의미가 온 세계의 왕이요 모든 것의 주인이신 "하나님과 같이"(창세기 3:5) 되려고 한 것이니까요. 자기중심적으로 자유를 누리려다 보면 알게 모르게 남의 자유를 빼앗는 것이 우리의 현실입니다. 인간은 숙명적으로, 달리 말하면 원죄 때문에, 개인들의 자유를 조화시킬 능력이 없습니다. 자신의 자유를 추구하다 보면 남의 자유를 해칩니다. 인간의 자유와 인간들의 평등은 상호 대척점(antipode)에 있고, 그 둘을 동시에 충족시키는 일에 인간은 계속 실패해 왔습니다. 이에 대해 종교들이 나름대로 길을 제시하며 자유, 평등, 평화, 비폭력, 자비, 사랑을 얘기합니다. 그러나 세상의 잔혹한 폭력과 살상은 자주 종교를 앞세워 저질러져 왔습니다. 기이하고 두려운 아이러니입니다.

가까운 인간관계도 마찬가지입니다. 서로 더욱 위해주고 사랑해줘야 할 부부 부모 자식 형제 친구 동료들조차 심각한 갈등으로 허덕이는 경우가 있습니다. 어떻게 이러한 현실을 해결할 수 있습니까? 무엇보다도 먼저 자기가 죄인이라는 것을 깨닫고 인정하는 게 중요합니다. 기독교에서 말하는 죄는 하나님께서 창조 시에 설정해 놓으신 관계를 파괴한 것을 지시합니다. 하나님께서 설정하신 인간관계란, 앞에서 살펴보았듯이 서로를 "에제르 크네그도"로 여기며 사랑하고, 서로의 독자적인 가치와 신분을 인정하며, 평등과 화목을 유지하는 관계이지요. 이러한 아름다운 관계를 파괴하는 것이 죄입니다. 이런 의미에서 우리 인간은 모두가 죄인입니다.

> 그러면 어떠하냐 우리는 나으냐 결코 아니라 유대인이나 헬라인이나 다 죄 아래에 있다고 우리가 이미 선언하였느니라. 기록된 바 의인은 없나니 하나도 없으며, 깨닫는 자도 없고 하나님을 찾는 자도 없고, 다 치우쳐 함께 무익하게 되고 선을 행하는 자는 없나니 하나도 없도다. (로마서 3:9-12)

이러한 죄인 의식 없이는 온전한 인간이 될 수 없습니다. 기독교인이 되는 출발점은 우리의 이러한 죄를 처절히 느끼며 회개하는 것입니다. "어찌할꼬?"를 절규하다가 인간 문제의 근본적인 해답이 되시는 예수 그리스도를 인격적으로 만나게 될 때 실감 나는 그리스도인이 됩니다.

이상의 기독교적 시각에서 볼 때, 명상 수련은 아차 하면 이러한 죄인 의식에서 멀어질 수 있기에 위험성이 있습니다. 왜냐하면 명상의 결과물인 자기 주체성과 내적 평안 때문에 인간의 죄악된 현실을 간과할 수 있기 때문이지요.

명상을 통해 정신적 평안과 자족을 얻는 것은 좋은 일입니다. 그러나 그것이 전부라는 방향으로 나아가는 것은 분명히 문제입니다. 다른 이들이 자유와 평화와 행복 속에 거할 수 없는데 혼자 안정을 취하고 자족한다면, 그 자체가 교만이요 폭력이 될 수 있지요. 그리스도인이라면, 인간 사회의 불평등과 불화, 사회의 부조리, 타인의 불행, 여러 가지 모습으로 존재하는 현대판 카스트제도 등에 항상 민감해야 합니다. 본의든 본의가 아니든 직간접적으로 참여한 것에 대해 죄의식을 가지고 회개해야 합니다. 명상수련을 잘못하게 되면 이러한 민감성을 무디게 할 수 있다는 점을 명심할 필요가 있습니다.

넷째 시각: 사랑 없이는 온전한 인간이 될 수 없다!

기독교적 시각에서 보는 인간관계의 네 번째 요점은, 인간들은 서로 사랑해야 하는 존재로 초대되었다는 것입니다. 사랑할 줄 아는 인간만이 온전한 인간이 될 수 있습니다. 구약에서는 이것을 "돕는 배필(에제르 크네그도)"과 "뼈 중의 뼈요 살 중의 살"로 표현했음을 이미 거론했습니다. 지금은 신약을 보겠습니다. 다음은 예수님께서 우리에게 주신 유일한 새 계명입니다.

> 새 계명을 너희에게 주노니 서로 사랑하라 내가 너희를 사
> 랑한 것 같이 너희도 서로 사랑하라."(요한복음 13:34)

기독교에 이보다 더 중요한 계명은 없습니다. 원죄 이후 깨어진 인간관계를 하나님의 자녀답게 실질적으로 회복할 수 있는 길은 이것 이외에 없습니다. 문제는 그것을 인간이 실천할 수 있느냐는 것이지요. "내가 너희를 사랑한 것 같이"란 "하나님이 자기를 비

워 인간으로 채우고, 종국에는 인간을 사랑하기 때문에 목숨까지 내어준 것 같이"라는 뜻입니다. 이 구절 속에 예수님의 케노시스(자기비움)와 아가페가 담겨 있지요. "아가페($\alpha\gamma\acute{\alpha}\pi\eta$)"란 무조건적 무한한 사랑을 뜻합니다. 인간이 과연 이러한 아가페의 사랑을 할 수 있을까요?

지금까지의 세상을 보면 불가능하다는 판단입니다. 인간은 자기주체성을 자기중심성으로 변질시켜 이기적이고 독단적인 삶을 삽니다. 그 결과 불평등과 불화의 인간 사회가 되어왔습니다. 사랑 대신 이기심과 배타와 혐오가 판을 치는 세상입니다. 불행히도 기독교를 비롯한 여러 종교가 이러한 일에 앞장선 경우가 적지 않습니다. 앞장서진 않았더라도 무언의 동조 및 무지의 동조를 한 죄과에서 과연 어떤 사람이, 어떤 종교가 벗어날 수 있을까요? 이러한 인간의 모습을 직시할 때 다음의 고백이 나올 수밖에 없습니다. "의인은 없나니 하나도 없으며"(로마서 3:10), "모든 사람이 죄를 범하였으매 하나님의 영광에 이르지 못하더니"(로마서 3:23).

이렇게만 보면 인간은 절망적입니다. 하지만 이러한 절망적인 상황에 하나님의 사랑이 임했습니다. 로마서 3장 23절에 바로 이어지는 말씀입니다. 더불어 아마도 기독교인들이 가장 많이 암송하는 구절을 소개합니다.

> 그리스도 예수 안에 있는 속량으로 말미암아 하나님의 은혜로 값없이 의롭다 하심을 얻은 자 되었느니라. (로마서 3:23-24)

하나님이 세상을 이처럼 사랑하사 독생자를 주셨으니 이
는 그를 믿는 자마다 멸망하지 않고 영생을 얻게 하려 하
심이라. (요한복음 3:16)

기독교인은 아무리 노력해도 인간관계를 스스로 바르게 할 수
없다는 걸 체득하고 철저한 죄인 의식을 갖는 사람들입니다. 성경
에서 말하는 "죄"의 첫 번째 뜻은 "바른 관계의 파괴"입니다. 바른
관계란 창조 시에 하나님께서 인간과 자연 만물이 행복하게 살아
가도록 설정하신 질서를 뜻하지요. 하나님과 피조물의 관계, 하나
님과 인간, 인간과 자연의 최상의 관계를 깨뜨리는 게 죄입니다.
하나님이 원하시는 최상의 인간관계의 핵심은 샬롬(평화)과 아가
페(사랑)입니다. 그러나 아무리 애써도 불가능한 게 우리의 현실입
니다. 도대체 이 죄악의 질곡에서 어떻게 벗어날 수 있을까를 처
절하게 고민하고 몸부림치다가 "그리스도 예수 안에 있는 속량으
로 말미암아 하나님의 은혜로 값없이 의롭다 하심을" 받았다는 사
실을 깨닫게 될 때 그리스도를 주님으로 영접하게 되지요. 이러한
영접을 기독교에서는 바로 믿음이라고 합니다(요한복음 1:12).
나아가 예수님의 속량(Redemption)을 믿는 자마다 온전한 생
명을 누릴 수 있다는 것을 깨닫게 될 때, 비로소 절망에서 벗어나
자기와 세상을 향한 소망을 가지게 됩니다. 더욱 중요한 것은 이
러한 믿음과 소망은 인간 세상을 향한 불굴의 아가페(사랑)를 실행
할 원동력이 된다는 사실입니다. 우리는 이러한 변화의 전형적인
모델을 삭개오(Zacchaeus) 이야기를 통해 접할 수 있습니다.

[1] 예수께서 여리고로 들어가 지나가시더라. [2] 삭개오라 이름하는 자가 있으니 세리장이요 또한 부자라. [3] 그가 예수께서 어떠한 사람인가 하여 보고자 하되 키가 작고 사람이 많아 할 수 없어 [4] 앞으로 달려가서 보기 위하여 돌무화과나무에 올라가니 이는 예수께서 그리로 지나가시게 됨이러라. [5] 예수께서 그 곳에 이르사 쳐다 보시고 이르시되 삭개오야 속히 내려오라 내가 오늘 네 집에 유하여야 하겠다 하시니 [6] 급히 내려와 즐거워하며 영접하거늘 [7] 뭇 사람이 보고 수군거려 이르되 저가 죄인의 집에 유하러 들어갔도다 하더라. [8] 삭개오가 서서 주께 여짜오되 주여 보시옵소서 내 소유의 절반을 가난한 자들에게 주겠사오며 만일 누구의 것을 속여 빼앗은 일이 있으면 네 갑절이나 갚겠나이다. [9] 예수께서 이르시되 오늘 구원이 이 집에 이르렀으니 이 사람도 아브라함의 자손임이로다. [10] 인자가 온 것은 잃어버린 자를 찾아 구원하려 함이니라.

(누가복음 19:1-10)

삭개오는 세리장이요 부자였습니다. 당시 세리는 우리나라 일제 강점기의 일제 앞잡이에 해당하고, 세리장은 그 우두머리입니다. 삭개오는 동족에게 세금을 짜내어 로마제국에 바치고 그 일부를 축재하여 부자가 된 사람이었지요. 그렇기에 세리는 그 당시 혐오의 손가락질을 받는 죄인의 대명사였습니다. 삭개오는 권력자요 부자였지만, 날이 갈수록 인생의 공허함과 영적인 갈급함을 느낀 것으로 보입니다. 그러던 차에 예수님이 그의 마을로 오고 계신다는 소식을 들었습니다. 그의 영적 갈급함은 그를 예수님 곁으로 인도했습니다. 그는 지나가시는 예수님을 보기 위하여 혐오의 손가락질을 무릅쓰고 나무 위로 올라갔습니다. 예수님은 그러한 삭개오를 보듬어주셨습니다. 예수님은 명예에 치명적인 오점이 생기는 것을 상관치 않으시고 죄인의 집에 유하며 진정한 친구가 되어주셨습니다. 예수님을 만나 새로운 생명이 움트는 행복의 세계를 경험한 삭개오는 자기 전 재산을 이웃을 위하여 바칩니다. 예수님을 만나기 이전에 이웃은 착취의 대상이었지만, 예수님을 만난 이후에 이웃은 사랑의 대상으로 인식되었습니다. 그들에게 잘못한 것을 진심으로 뉘우치며 실제로 자기의 모든 것을 이웃을 위해 기쁜 마음으로 내어놓았습니다.

그리스도인의 아가페 구현은 이 모델과 같은 구조를 가진다는 것이 교회사의 증언입니다. 그리스도를 만나 하나님의 은혜를 깨닫게 되면 죄를 회개하게 됩니다. 동시에 무관심했던 이웃에게 관심이 생깁니다. 관심 정도가 아니라 사랑의 마음이 솟아나게 되고 자기의 삶을 이웃을 위해 사용하게 됩니다. 이 모든 과정이 성령의 능력으로 이루어진다고 그리스도인들은 고백합니다. 저 자신 이런 과정을 경험했고 하나님의 아가페를 서로 나누며 살아가는 소망으로 가슴 벅찬 때가 있었습니다. 돌이켜보면 이러한 마음의 원대로 살지 못함으로 인한 실망과 다시 하나님의 은혜를 생각하며 품게 되는 소망 사이를 무수히 왕복하는 삶을 살아왔습니다. 아마도 많은 그리스도인이 그러하리라 생각합니다. 삭개오와 같은 삶의 전환과 실천이 날로 더욱 풍성해지기를 간절히 기원해 봅니다.

자, 이제 본 주제로 돌아옵니다. 기독교인은 명상의 개인적인 (personal) 효과에 젖어 사해동포를 향한 평등과 사랑의 공적인 (public) 도리를 잊어서는 안 될 것입니다. 그리스도인들이 그리스도의 심정과 방법으로 만인의 평등과 사랑을 적극적으로 인류 사회에 펼쳐가기를 소망합니다.

이상, 명상의 내적 도전에 대해 그리고 그것을 극복하기 위해 유의해야 할 점을 기술했습니다. 기술하는 과정에서 계속 마음속을 맴돌며 떠나지 않는 두 가지 생각이 있었습니다.

하나는, 명상과 상관없이 이미 교회가 공적(public) 신앙의 차원을 망각하고 있다는 생각입니다. 공적 신앙은 점점 소멸해 가고, 개인적(personal) 신앙은 사적(private) 신앙으로 변질되어 교회의 많은 추태가 드러나고 있습니다. 교회의 이러한 현실을 볼 때 명상의 부작용에 대해 거론하는 자체가 부끄럽습니다.

다른 하나는, 명상의 위험성을 교회가 자초했다는 반성입니다. 언제부터인가 마치 통성기도가 기도의 전부인 양, QT가 묵상의 전부인 양, 그 이외의 것은 모두 이단적인 것인 양 생각하는 풍토가 생겼습니다. 이러한 풍토는 기독교의 영적 세계를 위축시켜 영적인 가난을 초래할 뿐입니다. 그로 인해 영적으로 허기진 사람들이 생기고, 그들로 하여금 다른 종교의 영적 전통을 기웃거리게 만듭니다.

기독교에는 집중력 향상과 정신적 안정뿐만이 아니라 진정한 기쁨과 영원한 소망을 주는 영성 함양 방법이 얼마든지 있습니다. 그렇지만 아쉽게도 그것을 충분히 활용하지 못하고 있는 게 문제입니다. 영성 함양을 위한 2000년 전통의 다양한 영적 유산을 이

시대에 맞게 개발하는 작업이 시급히 필요합니다. 자기의 제한된 경험을 통해 익숙해진 것 이외에는 모두 이단적인 것으로 몰아붙이며 배타하는 태도는 속히 멈춰야 합니다. 하나님의 광대한 영적 세계를 향해 열린 마음으로 나아가야 합니다. 우선 2000년의 영적 유산을 다각도로 검토하여 적절히 활성화해야 합니다. 나아가 타종교의 유산 중에 접목 가능한 것들에 대해 폭넓은 연구가 필요합니다.

적절한 운동법은 무엇일까?

목사가 요가를 권하는 것, 나아가 요가가 교회의 일반적인 활동이 되기를 꿈꾸는 것은 아직은 평범한 일이 아닙니다. 다른 각도에서 보면, 이 모든 것이 예수님의 3대사역 중의 하나인 육체건강사역을 계승하기 위하여 적절한 운동법을 찾고자 함이었습니다.

결론부터 말씀드리면, 운동법은 각자가 자기에게 알맞게 디자인해야 한다는 것입니다. 개개인의 신체와 건강의 상태가 다르다는 것을 고려한다면 일단 이렇게 결론지을 수밖에 없습니다. 어떤 특정한 운동법을 모든 이에게 좋은 것이라고 제시하는 것이 오히려 위험할 수 있지요. 동일 아이템이 어떤 이에게는 유익되지만, 어떤 이에게는 해가 되기 때문입니다. 특히 질병이 있는 분들은 의사의 조언이 필수입니다.

각자가 자기에게 알맞게 디자인한다는 것이 자기 마음대로 해도 좋다는 뜻은 아닙니다. 운동의 가지 수는 아주 많지만 영향을 미치는 영역과 작동방법에 따라 스트레칭, 근육운동, 유산소운동으로 나눌 수 있습니다. 각종 운동은 이 세 종류의 작용을 다 가지고 있습니다. 단지 주된 작용이 무엇이냐에 따라 이 세 종류 중의 하나로 분류되곤 합니다. 일반적으로 조깅을 유산소운동으로 분

예수님은 요가하는 기독교인에게 뭐라 하실까?

류합니다. 하지만 조깅에는 근육운동 요소도 있고 스트레칭 요소도 있습니다. 단지 정도가 약하지요. 다른 운동도 마찬가지로 정도 차이가 있을 뿐입니다.

온전한 건강을 꾀하려면 세 종류의 운동을 포괄하는 범위가 가장 큰 요가를 주로 하고, 근육운동과 유산소운동을 부로 하여 자신의 상태에 맞게 병합하는 것이 이상적입니다. 셋 중의 하나를 택하지 않고 이 셋을 굳이 병합하는 이유는 각각 고유한 장점을 가지고 있기 때문이지요.

운동 병합을 잘하려면

운동을 병합하여 운동효과의 극대화하려면, 일단 요가에 집중하여 몸의 전체적인 균형을 회복하는 것이 중요합니다. 전체적인 균형이란 골격의 균형만을 뜻하는 것이 아닙니다. 각 기관계를 활성화시켜 신체의 모든 기능이 균형 있게 발휘되도록 한다는 의미입니다. 이러한 균형 맞추기에 요가만큼 좋은 게 없습니다.

몸은 신비할 정도로 유기적인 연동체입니다. 몸의 한 부위 또는 한 기능이 어그러지면 도미노현상이 일어나 결국 온몸의 문제를 야기합니다. 나쁜 습관으로 인해 발의 한쪽 부위에 체중을 싣는 경우를 가정해봅니다. 이것은 단순히 눌린 부위에 티눈이 생기는 정도로 끝나지 않습니다. 체중 쏠림현상이 계속되면, 발목의 비틀림 현상이 생기고, 이것은 무릎, 골반, 척추, 어깨까지 영향을 미칩니다. 심지어는 안면 비대칭 현상까지 유발할 수 있지요. 골반과 척추에 이상이 오기 시작하면 부정적인 여파는 걷잡을 수 없게 됩니다. 이때부터는 단순한 골격의 문제가 아니라 기관들의 기능에 이상이 오게 되기 때문입니다.

온전한 건강을 위해서는 온몸의 골격균형은 물론 모든 기관의 기능 균형과 활성화가 선행되는 것이 아주 중요한데, 요가는 이를 위한 최고의 운동입니다. 온몸의 외적 내적 균형이 바로 잡히고 기관의 기능들이 골고루 활성화될 때까지는 요가를 일주일에 5회 이상 배치하는 걸 권장합니다.

요가로 신체의 기본을 잡은 후엔 본격적으로 운동을 병합하는 단계로 들어갑니다. 이때부터는 각자의 몸과 건강 상태에 따라 운동법을 달리해야 하기 때문에 일괄적으로 말할 수 없으므로 참고하여 적용하시기 바랍니다. 일단 요가 횟수를 점차 줄여 주 사흘 정도로 하며 나머지 3~4일을 근육운동과 유산소운동으로 채웁니다. 근육운동과 유산소운동을 번갈아 격일로 할 수도 있지만, 근육운동을 상체와 하체로 나누어 각각을 격일로 하면서 매일 유산소운동을 할 수도 있지요.

유산소운동을 통해 체지방 연소 효과를 노린다면, 다소 전략이 필요합니다. 유산소운동을 시작하면 먼저 주로 소비되는 것은 포도당입니다. 포도당이 인체에서 줄어들어야 비로소 본격적으로 체지방이 사용되기 시작합니다. 체지방연소 효과가 증대되려면 어느 정도 시간이 경과해야 하지요. 현대인들은 대부분 운동에 많은 시간을 투자하기 어렵습니다. 적은 시간을 투자하면서도 체지방연소 효과를 극대화하려면, 유산소운동 초기에 포도당 사용을 빨리 많이 하는 것이 관건입니다.

이를 위해서 흔히 무산소운동을 먼저 하도록 권장하고 있습니다. 무산소운동은 포도당만을 집중적으로 사용하기 때문이지요. 무산소운동의 대표적인 예는 고강도 근육운동입니다. 무산소운동에는 젖산시스템이 가동되는데, 이는 젖산 축적을 낳고, 축적된 젖산은 체지방연소를 방해합니다. 체지방연소 효과를 짧은 시간에 높이기 위하여 행한 무산소운동이 그 부산물인 젖산으로 말미암아 체지방연소를 억제하는 아이러니가 발생하는 것이지요.

이러한 충돌을 해결하려면 포도당 사용은 촉진하면서 젖산 발생을 최소화해야 합니다. 운동 전반부에 고강도 무산소운동 대신 인터벌 무산소운동을 하는 것이 좋습니다. 무산소운동 사이(interval)를 유산소운동으로 채우는 방법이지요. 예를 들어 질주(무산소운동)와 속보(유산소운동)를 몇 번 반복합니다. 운동의 전반부는 인터벌 무산소운동, 후반부는 속보(유산소운동)로 구성하면, 운동시간을 단축하면서도 체지방연소는 효과적으로 할 수 있게 됩니다.

이상은 현대인들의 큰 고민인 체지방연소에 초점을 맞춘 것입니다. 운동의 거시적 목표는 총체적 건강이지만, 각자의 미시적 목표는 다양할 것입니다. 목표에 따라, 현재의 상태에 따라 자기만의 운동법을 디자인하시기 바랍니다.

요가는 책이나 유튜브를 보고 할 수도 있지만, 처음에는 아무래도 선생님 앞에서 배우는 게 좋습니다. 유산소운동 중에 가장 대표적인 것이 속보인데 걷기라고 얕보면 안 됩니다. 정확한 방법으로 해야 제대로 된 효과가 납니다. 근육운동으로는 푸쉬업(push-up, 팔굽혀펴기), 덤벨(dumbbell, 아령), 풀업(pull-up, 턱걸이), 스쿼트(squat), 런지(lunge)를 꼽을 수 있습니다. 이 다섯 가지를 3세트씩 하려면 족히 1시간은 걸립니다. 운동으로서 충분하다는 얘기이지요. 도구 마련도 간편합니다. 덤벨과 풀업바(pull-up bar, 철봉)만 있으면 되니까요. 공스장(공원+헬스장)이나 산스장(산+헬스장)이 가깝다면 굳이 풀업바를 살 필요가 없겠지요. 풀업바를 살 때에 낙하방지장치가 있는 게 아무래도 안전을 위해서 좋습니다.

특정 운동종목을 유튜브나 블로그를 통해서 배우려 할 때, 교육효과를 높이고 위험을 줄이는 아주 간단한 방법 하나를 짚어드립니다. 그 종목을 소개하는 영상이나 블로그를 10개 이상 섭렵하셔서 나름대로 일가견이 섰다고 판단되실 때 그 종목을 실행에 옮기시기 바랍니다. 유튜브나 블로그는 여건 상 내용을 짧게 구성하기 때문에 충분한 내용을 담을 수 없습니다. 또한 허접한 내용을 올리는 유튜버도 있습니다. 그래서 프로그램 두 세 개 정도로는 부족합니다. 열 개 이상! 꼭 기억하시기 바랍니다.

요가를 하면 무병장수하는가?

어떤 이들이 질문합니다. "요가를 하면 모두 무병장수하나요?" 직답을 드리자면, "아닙니다." 질문의 전제에 대한 대표적인 반증으로 라마크리슈나와 비베카난다를 들 수 있습니다. 지난 2세기 동안 가장 영향력이 큰 요가지도자 두 분입니다. 라마크리슈나는 50세, 비베카난다 40세로 일기를 마감했습니다. 평균수명이 짧았던 시대임을 감안하더라도 장수했다고 볼 수는 없습니다. 더구나 두 분 모두 질병에 시달렸습니다. 라마크리슈나는 인후암(throat cancer)으로 사망했다고 알려져 있습니다. 사망진단서에는 인후궤양(throat ulcer)로 기록되어 있구요. 비베카난다는 31개나 되는 질병에 시달렸습니다. 특히 불면증, 간질환, 신장병, 편두통, 당뇨병 등 만성질환으로 고통을 받았지요. 그렇기에 요가를 하면 누구나 무병장수한다고 얘기할 수 없습니다.

하지만 요가가 건강에 아무런 도움이 되지 않는다는 얘기는 물론 아닙니다. 요가는 분명히 건강에 아주 유익합니다. 요가로 인해 건강 유지 및 증진을 체험한 분들도 많구요. 요가지상주의에 빠져도 안 되고, 요가무용론에 빠져도 안 됩니다. 요가는 여전히 건강을 위한 최고의 대안입니다. 그러나 질병과 건강 특히 생명은 전적으로 하나님 손에 달려 있습니다. 인간은 그저 건강을 위해 최선을 다할 뿐이지요.

요가를 하는 저의 개인적인 목적은 "팔팔이삼사(88234)"입니다. "팔팔하게 살다가 2~3일만 아프고 죽는다."는 뜻입니다. 기대수명과 건강수명의 격차를 최대한 줄인다는 뜻이지요. 이것은 과학적으로도 의미가 있습니다. 요가는 모든 기관의 기능을 활성화시키고 균형을 잡아줍니다. 각 기관이 연동되어 함께 최선으로 작동하다가 끝날 때 같이 끝날 수 있는 여건을 만드는 것이지요.

수명은 전적으로 하나님의 권한이므로 사람이 말할 대상은 아닙니다. 사실 "팔팔이삼사"도 하나님 손에 달렸습니다. 그저 최선을 다할 뿐입니다. 하나님께서 맡기신 사명을 건강한 가운데 힘차게 감당하다가 부르시는 때에 주저 없이 하나님 곁으로 가기를 소망합니다.

결문 : 신앙과 건강은 함께 지킬 수 있다!

이 책의 지상 목표는 "기독교 신앙 보수"였습니다. 여기서 말하는 보수는 두 가지 의미를 가집니다. 첫째는 귀한 것을 보전하고 지킨다는 의미의 보수(保守, conserving)입니다. 둘째는 낡거나 변형된 것을 보충하고 고친다는 의미의 보수(補修, repairing)입니다. 진정으로 신앙 전통을 보수(conserve)하길 원한다면 계속 보수(repair)해야 합니다. 신앙의 세계에 계속적인 보수(repairing) 즉 개혁이 없다면, 보수(conserving)는 수구(守舊, clinging to the past)가 될 뿐입니다. 수구는 진정한 보수(conserving)가 아닙니다.

사람과 상황은 계속 변하고, 의미도 사람과 상황에 따라 변합니다. 원래의 의미를 지키려면 오히려 보수(repairing) 개혁이 필요합니다. 제멋대로 변화시키자는 뜻은 아닙니다. 제멋대로 변화하면 의미 파괴이지요. 과거의 의미를 살리고 사람과 상황에 맞는 역동적 변화를 이뤄야 진정한 계승입니다. 부모가 자식을 사랑할 때를 보면 내용과 방법이 계속 변화 발전하지요. 과거에 매여 있으면 사랑은 고집으로 변질될 뿐입니다.

저는 이 책 전반에 걸쳐 현대 문화의 각종 도전으로부터 전통적인 기독교 신앙을 보수(保守, conserve)하고자 했습니다. 특히 요가의 모태인 힌두교로부터 기독교 신앙을 지키고자 했습니다. 이는 자연스럽게 종교다원주의나 포괄주의로부터 기독교 신앙을 보호하는 작업이 되었습니다. 동시에 경직되고 왜곡된 교회 관습을 보수(補修, repair) 개선하는 작업을 병행했습니다. 무엇보다도 교회 안팎에 대중적으로 인식되어 있는 '기독교와 배타주의의 등식'을 파기했습니다. 배타주의는 기독교를 가장 심하게 왜곡시킨 교회 관습입니다. 두 종류의 보수 작업을 바탕으로 예수님의 3대 사역 중 교회가 소홀히 해왔던 육체건강사역을 활성화하고자 했습니다. 요가를 교회에 가장 적합한 운동으로 권장했지요.

이 모든 작업의 절대적인 표준은 "오직 예수"입니다. 때로는 명시적으로 때로는 함축적으로 예수를 "참 하나님 참 인간(vere deus vere homo)"으로 고백했습니다. 필요한 경우 예수의 한 인격 안에 거하는 절대 모순의 두 본성(two natures in one person)과 그것의 역동적 표현인 케노시스(Kenosis)를 논했습니다.

기독교 내부자의 소리에 그쳐서는 안 되기에 외부자에게도 통할 수 있는 내용과 방법도 사용했습니다. 여러 가지 논리적 접근 및 종교학적 접근을 시도했습니다. 종교와 과학의 구분을 종교의 종교학적 정의와 과학의 과학적 정의를 기초로 하여 풀었습니다. 더불어 현장의 소리를 책에 담아냈습니다. 글이나 이론만으로는 알 수 없는 현장경험들을 바탕으로 요가와 신앙을 다루었지요.

기독교 신앙 보수를 지상 과제로 삼았기에 각 종교를 비교할 수밖에 없었습니다. 현상 비교에 멈추는 것이 아니라 내용 비교를 수행했습니다. 현상 비교는 객관적인 입장에서 종교를 다루는 종교학의 성취물을 사용했기에 비교적 수월했습니다. 내용 비교는 난이도가 무척 높습니다. 종교학에서는 각 종교를 다룰지라도 내용을 개별적으로 진술하는 선에서 그칩니다. 내용 비교는 특정 종교 입장에 서기 쉽고 특히 다종교 상황에서 한 종교의 신앙 보수를 목표로 할 경우는 더욱 그렇습니다.

자기 목소리를 무작정 키워 자기 귀에 크게 들리도록 하기는 쉽지만, 타종교인도 귀를 기울이게 하는 소리를 내기는 무척 어렵습니다. 짧은 지면을 통해서 여러 종교를 공정하게 아우르기는 불가능에 가깝습니다. 비록 자종교를 옹호하는 내용일지라도 타종교인도 시선을 멈추도록 하는 방법을 모색하다가 찾아낸 언어적 도구가 초월(transcendence)과 내재(immanence)입니다. 특별히 창안한 용어는 아니고 종교학이나 신학에서 즐겨 사용되는 용어이지만, 하나의 틀로서 적극적으로 사용했다는 뜻입니다. 이와 더불어 개인과 사회의 연결성이라는 관점으로 기독교와 힌두교의 시각과 태도를 비교했습니다.

이상의 작업들을 통해 기독교 신앙관을 재정립했습니다. 요가와 힌두교의 연속성과 불연속성을 명확히 했습니다. 힌두교와 불연속적인 요가 부분은 기독교 신앙에 문제를 일으키지 않지만, 연속성이 있는 부분은 문제가 되기에 기독교인이 주의하도록 인도했습니다.

요가원 요가는 힌두교와 불연속적 부분 위주로 이루어지는 것이 대부분입니다. 그럼에도 교회는 그간 습관적으로 행했던 "뺄셈의 논리"로 대처했습니다. 그 부당성을 밝히고 접목의 논리로 임할 것을 강조했습니다. 뺄셈의 논리는 하나님의 창조세계의 왜소화를 초래합니다. 접목 모델을 통하여 예수님의 3대 사역을 교회가 온전히 구현하는 길을 제시했습니다. 구체적으로, 교회의 육체 건강사역을 회복하기 위한 최고의 대안이 요가임을 생리학과 체육학적 관점에서 밝혔습니다.

최종 결론입니다. "요가하는 기독교인은 신앙과 건강을 함께 지킬 수 있다!"

미주

1 종교다원주의(religious pluralism)는 모든 종교가 추구하는 진리가 각각 절대적인 가치가 있다고 보는 입장이다. 배타주의(exclusivism)는 이와 정반대로 오직 하나만이 참 진리이므로 나머지 종교적 진리를 배척하는 입장이다. 포괄주의(inclusivism)는 자기 종교의 우월성을 견지하는 가운데 타종교를 아류로 보며 포괄해 들이는 입장이다. 신중심주의(theocentrism)는 궁극적 실체로서 하나인 신을 각 종교가 시대와 문화에 따라 달리 표현하고 있다고 보는 입장이다.

2 원래 예수(Jesus)는 이름이고, 그리스도(Christ)는 신분이다. 그리스도의 어원적 의미는 기름부음을 받은 자이고, 실질절 의미는 구세주(세상을 구원하는 주님)이다. 이 둘이 결합되어 일반적인 이름처럼 불린다.

3 https://www.nocutnews.co.kr/news/5229037

4 "성육신(成肉身, incarnation)"과 "케노시스(kenosis)"는 동일 내용을 가리킨다. 그러나 성육신은 많이 알려진 반면 케노시스는 목회자에게조차 아직 생소하다. 그럼에도 굳이 케노시스를 등장시킨 이유는, 성육신이라는 용어가 가진 부족함 때문이다. 우선 낱말 풀이를 해보자. 성육신(成肉身)은 하나님이 육신(肉身)을 이루셨다(成: 이룰 성)는 한자어이다. 성육신을 뜻하는 영어 단어는 인카네이션(incarnation)이다. 라틴어 "in(안으로; 되다)"과 "caro(육신, 살)"의 합성어이다. 그 뜻은 "육신이 되다"로 한자어 성육신과 같은 의미이다.

성육신의 대표적인 근거는 요한복음이다. "말씀이 육신이 되어 우리 가운데 거하시매 우리가 그의 영광을 보니 아버지의 독생자의 영광이요 은혜와 진리가 충만하더라."(요한복음 1:14) 여기서 "말씀(logos)"은 성자 하나님 예수를 의미하고, "아버지"는 성부 하나님을 가리킨다. 말씀이 육신이 되셨다는 이 구절은 예수님의 탄생을 묘사한 것이다. 그래서 성육신이라는 용어는 예수님의 탄생 장면을 강력히 연상시킨다. 그러다 보니 성육신이 예수님의 탄생에 국한되는 듯한 뉘앙스를 주는데, 이것은 심각한 문제를 일으킨다. 성육신이 예수님의 인격과 삶과 사역 전체의 특징이 되는 것을 제한하기 때문이다. 성육신이라는 용어는 예수님이 항상 100% 하나님인 동시에 100% 인간이라는 기독교의 핵심 진리를 드러내는 데에 부족함이 있다.

게다가 성육신의 영어 용어인 인카네이션(incarnation) 또한 예수님의 성육신을 오도한다. 힌두교의 화신(化身)과 불교의 화신도 동일한 용어를 사용하기 때문입니다. 힌두교나 불교의 화신은 일종의 양태론(modalism)인데 이것은 기독교의 성육신과는 아주 큰 차이가 있음에도 용어가 같아 혼동을 일으키는 것이다.

케노시스(예수의 자기 비움)는 바로 이상의 문제점들을 개선한다. 케노시스는 신약성경의 원어인 희랍어 "$\kappa \acute{\epsilon} \nu \omega \sigma \iota \varsigma$(케노시스)"의 음역인데, 문자적 의미는 "비움(emptying)"이다. 이 용어는 빌립보서 2장 7절 "자기를 비워"의 동사 "비워(에케노센 $\dot{\epsilon} \kappa \acute{\epsilon} \nu \omega \sigma \epsilon \nu$)"에서 비롯된 명사이다.

"[6] 그는 근본 하나님의 본체시나 하나님과 동등됨을 취할 것으로 여기지 아니하시고 [7] 오히려 자기를 비워[에케노센 $\dot{\epsilon} \kappa \acute{\epsilon} \nu \omega \sigma \epsilon \nu$, emptied] 종의 형체를 가지사 사람들과 같이 되셨고 [8] 사람의 모양으로 나타나사 자기를 낮추시고 죽기까지 복종하셨으니 곧 십자가에 죽으심이라." (빌립보서 2:6-8)

신학적 용어로서의 케노시스는 "예수의 자기 비움"(Jesus' self-emptying)을 일차적으로 뜻하며, 기독교인의 "자기 비움(self-emptying)"이라는 뜻으로 확대되어 사용되기도 한다. 예수님의 케노시스(자기 비움)는 기독교의 핵심 진리 "예수는 참 하나님(vere deus)인 동시에 참 인간(vere homo)이다."를 잘 드러낸다. 여기서 우리는 두 가지 질문에 답해야 한다. 첫째, "참 하나님·참 인간" 즉 "100% 하나님·100% 인간"이 왜 그리 중요한가? 둘째, 도대체 그것이 어떻게 가능한가?

예수님의 이중 정체성이 중요한 이유는, 그것이 훼손되면 대속(Redemption)을 바탕으로 하는 기독교적 구원에 이상이 생기기 때문이다. 하나님으로서의 100%

가 1%라도 감소하면 하나님의 전능함이 손상된다. 전능함의 손상은 구원 능력의 부족함을 초래하고, 결국 하나님은 온전한 구원자의 자격을 상실하게 된다. 반면에 인간으로서의 100%가 1%로라도 감소하면 인간의 죄값을 대신 치를 대속물 (ransom)로서 하자가 발생한다. 온전한 인간이 아니라 약간이라도 신성이 남아 있다면 십자가의 고통과 대속이 무의미하게 된다. 십자가의 고통은 신이 연기한 것에 지나지 않기 때문이다. 이렇게 대속물이 부실해지면 결국 구원을 위한 대속의 질이 저하되어 온전한 구원이 이루어질 수 없다. 그래서 예수님은 100% 하나님인 동시에 100% 인간이어야만 한다. 이것은 이론적 추론에 의해 요청되어 귀결된 대전제가 아니고, 성령에 의해 그리스도를 체험한 신앙인들의 고백적 결론이다.

"참 하나님•참 인간" 즉 "100% 하나님•100% 인간"이 어떻게 가능할까? 빌립보서 2장 6-8절은 이 모순적 대립을 "케노시스"를 통해 풀어낸다. 자기를 비웠다는 말이 도대체 무슨 뜻인가? 신성의 포기(renunciation)인가? 신성 포기라면, 전체적 포기인가, 아니면 부분적 포기인가? 혹은 신성 자체의 포기가 아니라 신성 사용의 포기인가? 아니면 신성의 은폐(concealment)인가? 신성 전체의 은폐인가, 신성 사용의 은폐인가? 이러한 복잡한 케노시스 논쟁은 오래 전부터 계속되었다. 여기서 이 논쟁을 더 소개하는 것은 적절치 않다. 오히려 케노시스의 다섯 원리를 음미할 것을 권한다. 이 원리에 복잡다단한 논쟁을 해결할 실마리가 담겨있기 때문이다. 그 원리란 첫째, 케노시스는 자기의 정체성으로 충만히 채움으로 시작된다. 둘째, 케노시스는 채워진 상태에 머무는 것이 아니다. 셋째, 케노시스는 비워져 버린 상태에 머무는 것이 아니다. 넷째, 케노시스는 단순한 자기 비움이 아니라 자신을 다른 존재로 채움을 의미한다. 다섯째, 케노시스는 자기로 채움과 자기를 비움 즉 남으로 채움의 무궁한 역동적인 작용이다.

5 메카시즘(McCarthyism)은 1950년대 극단적인 반공주의를 펼친 매카시 (McCarthy) 미국상원의원의 이름에서 유래된 용어이다. 약간이라도 용공(공산주의 동조)의 기미가 보이는 사상이나 언론, 정치 활동을 무자비하고 무분별할 정도로 비난 색출하여 탄압한 운동을 지칭한다. 여기서 의미가 확대되어 기존의 가치를 보수하는 사람들이 자기와 반대의 입장에 있는 사람들을 진위를 철저히 가리지 않은

채로 죄인으로 몰아세우는 운동을 뜻하기도 한다. 물론 예수님에겐 매카시즘적 모습이 전혀 없다. 메카시즘은 오히려 예수님을 핍박한 유대 지도자들이 가졌던 모습이다. 교회는 이러한 비판을 받는 행위를 해서는 안 된다.

6 http://www.yonhapnews.co.kr/bulletin/2016/06/13/0200000000AKR20160613064800009.HTML

7 종교개혁의 5대 솔라(sola, 오직): 오직 성경으로(Sola Scriptura), 오직 그리스도(Solus Christus), 오직 은혜로(Sola Gratia), 오직 믿음으로(Sola Fide), 오직 하나님께 영광(Soli Deo Gloria).

8 William M. Marsh, Martin Luther on Reading the Bible as Christian Scripture: The Messiah in Luther's Biblical Hermeneutic and Theology, Princeton Theological Monograph Series (Eugene, OR: Pickwick Publications, 2017), p.140: "Whatever does not teach Christ is not yet apostolic, even though St. Peter or St. Paul does the teaching. Again, whatever preaches Christ would be apostolic, even if Judas, Annas, Pilate, and Herod were doing it." 이것은 LW 35:396; WA, DB 7:384에서 인용, 영어로 번역된 것.

9 http://www.hani.co.kr/arti/economy/economy_general/822091.html

10 산냐시(sannyasi)란 힌두교인의 최후 최고의 경지를 사는 사람을 뜻합니다. 일종의 탁발수도승(mendicant)이지요. 힌두교인들은 인생을 네 주기(aśrama 아쉬라마)로 나눕니다. 배움의 시기(bramacharya 브라마차르야), 가정을 꾸리는 시기(grhastha 그리하스타), 은둔하며 구도하는 시기(vanaprastha 바나프라스타), 그리고 마지막이 유랑의 시기(saṃnyāsa 산냐사)입니다. 이 마지막 단계를 적극적으로 살아가는 사람을 산냐시라고 합니다. 산냐시는 모든 것을 뒤로 하고 브라만(우주의 본체)와의 합일을 꿈꾸며 객사를 마다치 않고 유랑하는 순례자입니다. 노그리스도인임에도 여전한 세상 염려와 노욕을 가지고 있다면, 과연 산냐시에게 전도가 가능할까요? 노그리스도인의 이상적인 모습이 구체적으로 어떤 것일까요? 이 질문이 나이 들어가는 그리스도인의 공통적 화두가 되어야 하지 않을까요? 노그리스도인은 그리스도의 내주로 인해 모든 염려와 욕심에서 산냐시보다 더 자유로워야 할 것입니다. 그러나 동시

366

에 십자가에서조차 어머니를 챙기신 예수님을 심정을 품은 따듯한 가슴을 소유한 모습이 아닐까요? 저의 편견일지는 몰라도 이 후자의 모습을 산냐시에게선 발견하지 못했습니다. 저는 이 점 때문에 예수님을 좋아하게 되었고 저의 구주로 선택했습니다.

11 https://www.igoodnews.net/news/articleView.html?idxno=37596

12 Swami Vivekananda Yoga Anusandhana Samsthana Team, YIC: Yoga Instructor's Course Self-learning Material 1 Theory, 2nd ed. (Bangalore: S-Vyasa Yoga University, 2014), p.3.

13 도의 종교와 철학에는 비주류도 있다. 비주류의 대표적이고 가장 강력한 것이 바로 불교다. 불교는 범아일여를 철저히 파기한다. 이외에도 자이나교나 사문(沙門,śramana)에 속한 사상과 종교들은 범아일여에서 벗어나 있다.

14 정태혁, 인도철학 (서울: 학연사, 1988), p.232.

15 Swami Vivekananda Yoga Anusandhana Samsthana Team, 전게서, p.53.

16 상게서, p.33.

17 Swami Vivekananda Yoga Anusandhana Samsthana Team, YIC: Yoga Instructor's Course Self-learning Material 2 Practical, 2nd ed. (Bangalore: S-Vyasa Yoga University, 2014), p.23.

18 이태영, 하타요가: 심신의 건강을 위한 체위법과 호흡법 (서울: 도서출판 여래, 2013), p.20.

19 상게서.

20 B. K. S. Iyengar, Light on Yoga, 현천 역, 요가 디피카: 육체의 한계를 넘어 (서울: 도서출판 禪요가, 2014), p.64.

21 Swami Vivekananda Yoga Anusandhana Samsthana Team, 전게서, p.55.

22 상게서.

23 상게서.

24 상계서.

25 상계서, p.47.

26 정태혁, 전게서, p.245.

27 B. K. S. Iyengar, 전게서, p.19 참조.

28 대부분의 테러가 무슬림에 의해서 저질러진다는 인식은 수정되어야 한다. 영국의 유력 일간지 가디언(The Guardian)의 2021년 9월 8일자 보도에 따르면, 9.11 이후 미국에서 테러를 일으킨 다수자 그룹은 무슬림이 아니라 백인 우월주의자이다. 9.11 이후 미국 내의 테러 251건 중 백인 극우파에 의한 것이 31건이고, 무슬림에 의한 것이 14건이었다. 백인 극우파에 의한 사망자는 114명, 무슬림에 의한 사망자는 107명이다. 게다가 9.11 테러로 인한 무고한 희생자 수는 2,977명인데 비해 '테러와의 전쟁'을 통해 아랍권에서 무고하게 희생된 사람들의 수는 대략 370,000여명에 이른다. 미국 내 테러리스트의 다수 그룹이 백인 우월주의자에 관한 더 자세한 보도는 https://www.theguardian.com/us-news/2021/sep/08/post-911-domestic-terror에서, 9.11 이후 아랍권의 무고한 희생자에 대해서는 https://www.hani.co.kr/arti/international/america/1012300.html를 참조하라.

29 이충웅, 크리스천요가에 대한 복음주의 선교신학적 비판, 파주: 한국학술정보주, 2011.

30 이충웅, 전게서, p.23.

31 상계서, p.133.

32 상계서, p.70-71.

33 상계서, p.71.

34 http://www.yonhapnews.co.kr/bulletin/2017/04/11/0200000000AKR20170411187151030.HTML

35 http://www.yonhapnews.co.kr/bulletin/2018/02/08/0200000000AKR20180208072300003.HTML

36 http://www.yogakorea.com 〉 수련안내 〉 연수원 소개.

37 http://www.koreayoga.net/page/sub1_2

38 http://m.yogaok.com/page/page27

39 심준보, "한국에서 요가는 어떻게 시작되었는가", 기독교사상, 통권 710호, 2018년 2월호 (서울: 대한기독교서회, 2018), pp. 20-21.

40 배윤종, "스포츠 요가로서의 한국 요가", 기독교사상, 통권 710호, 2018년 2월호 (서울: 대한기독교서회, 2018), p.37.

41 상게서, pp.37-38.

42 이 번역은 법정 스님의 번역으로 알려져 있다. 직역이 아니라 의미 중심의 번역으로 불자들에게 많이 알려진 번역이다.

43 이충웅, 크리스천요가에 대한 복음주의 선교신학적 비판 (파주: 한국학술정보주, 2011), pp.184-185.

44 상게서, pp.182-183.

45 http://www.narendramodi.in/pm-modi-at-the-21st-international-conference-on-frontiers-in-yoga-research-its-applications-398396.

46 상게서.

47 "Yoga is not a religious activity, embrace it: PM Modi", Rediff News, 21 June 2016. (http://www.rediff.com/news/report/pix-yoga-is-not-a-religious-activity-embrace-it-pm-modi/20160621.htm)

48 상게서.

49 https://www.theguardian.com/lifeandstyle/2017/sep/17/yoga-better-person-lifestyle-exercise

50 http://www.yonhapnews.co.kr/bulletin/2017/04/11/0200000000AKR20170411187151030.HTML

51 http://www.yonhapnews.co.kr/bulletin/2018/02/08/0200000000AKR20180208072300003.HTML

52 Doireann Fristoe, "Is it Okay for Christians to Do Yoga?", Relevant (25 Oct 2010. http://www.relevantmagazine.com/life/whole-life/features/23243-is-

it-okay-for-christians-to-do-yoga).

53 Michelle Arnold, "The Trouble with Yoga", Catholic Answers Vol. 23 No. 3, 21 Dec 2012. http://www.catholic.com/magazine/articles/the-trouble-with-yoga.

54 Nuryn, "Islamic Seminary in India Says Yoga Is Acceptable Form of Exercise", A Big Message, 15 June 2015. http://www.abigmessage.com/islamic-seminary-in-india-says-yoga-is-acceptable-form-of-exercise.html.

55 상게서.

56 https://ifpnews.com/tehran-hosts-largest-gathering-of-iranian-yogis

57 http://www.livescience.com/20896-science-scientific-method.html,

58 http://www.businessdictionary.com/definition/science.html.

59 S-Vyasa Yoga University, YIC: Yoga Instructor's Course Self-Learning Material, 1 Theory (Bangalore: Swami Vivekananda Yoga Prakashana, 2014), p.55.

60 "Yoga is not a religious activity, embrace it: PM Modi", Rediff News, 21 June 2016. http://rediff.com/news/report/pix-yoga-is-not-a-religious-activity-embrace-it-pm-modi/20160621.htm

61 Joachim Wach의 Types of Religious Experience: Christian and Non-Christian (Chicago: The University of Chicago Press, 1950)와 The Comparative Study of Religions (New York and London: Columbia University Press, 1958)을 참조했다. 이 책들이 출판된지 반 세기가 지났지만, 현대종교학은 여전히 이 책에 나타난 바하의 통찰력을 근간으로 한다.

62 이충웅, 크리스천요가에 대한 복음주의 선교신학적 비판 (파주: 한국학술정보 주, 2011), p.133.

63 https://christianyogaassociation.org/what-is-christian-yoga

64 https://christianyogaassociation.org 방점은 필자가 추가했다.

65 https://christianyogaassociation.org/membership 방점은 필자가 추가했다.

66 https://christianyogaassociation.org/about-us 방점은 필자가 추가했다.

67 https://holyyoga.net 방점은 필자가 추가했다.

68 https://www.familyinchrist.com/holy-yoga 방점은 필자가 추가했다.

69 이정현, 새찬송가에 대한 소고 (www.isomang.net bbs downloadFile), p.9.

70 원의범, 인도철학사상 (서울: 불교사상사, 1977), p.12.

71 https://www.yogajournal.com/yoga-101/beyond-belief

72 https://www.doyou.com/the-spiritual-side-of-yoga

73 https://www.yogajournal.com/yoga-101/beyond-belief

74 상기 사이트.

75 https://www.yogajournal.com/yoga-101/beyond-belief

76 https://www.newsweek.com/us-views-god-and-life-are-turning-hindu-79073

77 Kelly MacLellan, "Jesus and Yoga" (https://christianyogaassociation.org/jesus-and-yoga).

78 https://christianyogaassociation.org/yoga-malas-mantras-stones

79 https://www.wholyfit.org

80 https://www.who.int/about/who-we-are/constitution

81 김창임, 오성천, 한진숙, 김숙희, 인체생리학 (개정판) (서울: 도서출판 효일, 2017), p.10. 이하의 생리학적 지식은 주로 이 책을 참조했다. 있는 그대로 인용할 경우는 각주에 쪽수를 표기했고, 필자가 정리 요약한 것은 인용부호 없이 기술했다.

82 상게서, p.12.의 도표에 약간 가감했다.

83 상게서, p.16-18.

84 Swami Vivekananda Yoga Anusandhana Samsthana Team, YIC: Yoga Instructor's Course Self-learning Material 1 Theory, 2nd ed. (Bangalore:

S-Vyasa Yoga University, 2014), pp.50-51.

85 김창임, 오성천, 한진숙, 김숙희, 인체생리학 (개정판) (서울: 도서출판 효일, 2017), p.63.

86 http://m.health.chosun.com/svc/news_view.html?cont id=2017041801931.

87 권수련, 요가 아사나 해부학의 모든 것 (각광: 서울, 2015), pp.66-68.

88 공동번역성서란 한국 개신교와 천주교가 함께 번역한 성경이다. 1977년 부활절에 신구약 초판이 출시되었다. 공동번역성서에는 "외경"(개신교 용어) 또는 "제2경전"(천주교 용어)이 포함되어 있어 성경 이해의 폭을 넓히는 데에 공헌했다.

89 Rgveda saṃhitā, translated by H.H.Wilson & Bahasha Sayanacarya, Parimal Publication pvt. Ltd., 2016.

참고 문헌

권수련. 『요가 아사나 해부학의 모든 것』. 각광, 2015.

김창임, 오성천, 한진숙, 김숙희. 『인체생리학 (개정판)』. 도서출판 효일, 2017.

대한성서공회. 『성경전서 개역개정판』. 대한성서공회, 1998.

레이 윤겐. 『신비주의에 물든 기독교』. 김성웅(역). 부흥과 개혁사, 2009.

배윤종. "스포츠 요가로서의 한국 요가". 『기독교사상』. 통권 710호. 2018년 2월호. 서울: 대한기독교서회, 2018.

심준보. "한국에서 요가는 어떻게 시작되었는가". 『기독교사상』. 통권 710호, 2018년 2월호. 서울: 대한기독교서회, 2018.

아헹가. B. K. S. 『요가 디피카: 육체의 한계를 넘어』. 현천(역). 도서출판 禪요가, 2014.

원의범. 『인도철학사상』. 불교사상사, 1977.

이태영. 『하타요가: 심신의 건강을 위한 체위법과 호흡법』. 도서출판 여래, 2013.

이충웅. 『크리스천요가에 대한 복음주의 선교신학적 비판』. 한국학술정보 주, 2011.

정태혁. 『인도철학』. 학연사, 1988.

Bach, Joachim. 『The Comparative Study of Religions』. New York and London: Columbia University Press, 1958.

Bach, Joachim. 『Types of Religious Experience: Christian and Non-Christian』. Chicago: The University of Chicago Press, 1950.

Brundage, James A. 『Law, Sex, and Christian Society in Medieval Europe』. Chicago: The University of Chicago Press, 1987.

Marsh, William M. 『Martin Luther on Reading the Bible as Christian Scripture:

The Messiah in Luther's Biblical Hermeneutic and Theology』. Eugene OR: Princeton Theological Monograph Series. Pickwick Publications, 2017.

Neal, Susan. 『Scripture Yoga: 21 Bible Lessons for Christian Yoga Classes』. Christian Yoga, LLC, 2016.

『Rgveda saṃhitā』. translated by H.H.Wilson & Bahasha Sayanacarya, Parimal Publication pvt. Ltd., 2016.

Swami Vivekananda Yoga Anusandhana Samsthana Team, 『YIC: Yoga Instructor's Course Self-learning Material 1 Theory』. 2nd ed. Bangalore: S-Vyasa Yoga University, 2014.

Swami Vivekananda Yoga Anusandhana Samsthana Team, 『YIC: Yoga Instructor's Course Self-learning Material 2 Practical』. 2nd ed. Bangalore: S-Vyasa Yoga University, 2014.

예수님은 요가하는 기독교인에게 뭐라 하실까?

신앙과 건강을 함께 지키고 싶은 당신이 알아야 할 모든 것

초판 1쇄 발행 / 2022년 9월 22일

지은이 / 황창선
브랜드 / 각광

펴낸이 / 김일희
펴낸곳 / 스포트라잇북

제2014-000086호 (2013년 12월 05일)
주소 / 서울특별시 영등포구 도림로 464, 1-1201 (우)07296
전화 / 070-4202-9369   팩스 / 02-6442-9369
이메일 / spotlightbook@gmail.com

주문처 / 신한전문서적 (전화)031-942-9851 (팩스)031-942-9852

책값은 뒤표지에 있습니다.
잘못된 책은 구입한 곳에서 바꾸어 드립니다.

ISBN 979-11-87431-26-8 03230